教育部人文社科项目"改革开放前后两个三十年边疆移民的社会融入问题研究"（18YJA770016）

普洱学院高层次人才科研启动项目"从'支援边疆建设'到'西部大开发'中的边疆移民与社会"（RCXM010）

中国民族史研究丛书

从湘鄂
到版纳

——共和国十七年"支边"移民研究

文婷 著

云南大学出版社
YUNNAN UNIVERSITY PRESS

图书在版编目（CIP）数据

从湘鄂到版纳：共和国十七年"支边"移民研究 /
文婷著. -- 昆明：云南大学出版社，2019
（中国民族史研究丛书）
ISBN 978-7-5482-3618-4

Ⅰ.①从… Ⅱ.①文… Ⅲ.①人口迁移－研究－中国
－1950-1966 Ⅳ.①C922.2

中国版本图书馆CIP数据核字（2019）第008776号

策划编辑：赵红梅
责任编辑：周　飞
特约编辑：周元晖
装帧设计：刘　雨

中　国　民　族　史　研　究　丛　书

从湘鄂
到版纳
——共和国十七年"支边"移民研究

CONG XIANGE DAO BANNA:
GONGHEGUO SHIQINIAN ZHIBIAN YIMIN YANJIU

文　婷　著

出版发行：云南大学出版社
印　　装：昆明理煋印务有限公司
开　　本：787mm×1092mm　1/16
印　　张：15.5
字　　数：300千
版　　次：2019年12月第1版
印　　次：2019年12月第1次印刷
书　　号：ISBN 978-7-5482-3618-4
定　　价：60.00元

社　　址：云南省昆明市一二一大街182号（云南大学东陆校区英华园内）
邮　　编：650091
电　　话：（0871）65033244　65031071
网　　址：http://www.ynup.com
E-mail：market@ynup.com

若发现本书有印装质量问题，请与印厂联系调换，联系电话：0871-64167045。

序

林超民

这是第一部研究云南省西双版纳傣族自治州移民史的学术专著，也是研究中华人民共和国云南边疆移民史的第一部专著。

这部专著，重点论述二十世纪五六十年代，从湖南湖北向西双版纳的两次移民。一次是中华人民共和国为种植战略作物橡胶从湖南向西双版纳的移民；另一次是为支援云南财贸工作从武汉等大城市向云南的移民。

两次移民的目的不同、规模不同、方式不同、效果也不同，但其间又有本质的一致性。本书对两次移民的不同特点和相同的本质做了系统深入的记述、探究、分析，使我们不仅看到移民的历史过程，更看到移民对中华人民共和国边疆建设、国防建设、生产建设、社会建设的重大贡献。

从湖南、湖北向西双版纳移民这样重大的事件，在当时并没有公开宣传报道，事后也没有人做专门研究，几乎消失在历史的深处。文婷将这两次移民第一次真实生动地展现在我们面前，让我们看到湖南乡村农民、湖北知识青年不远万里，从华中地区奔赴祖国边疆，扎根边疆，建设边疆的艰辛岁月和无数无名英雄动人心弦，令人感佩，催人奋进的无私奉献。

这是前人从未涉及的课题，一切都从头开始。

文婷孤身一人到省、市（州）、县、农垦局等档案馆查找尘封已久，几乎无人问津的湖南和湖北支边移民的档案，到各级图书馆查阅报刊资料。这是繁琐、寂寞、冷清、迟缓的细致工作。

文婷孤身一人到湖北武汉、湖南山乡、版纳农场、机关学校、商场粮店等有湖南、湖北移民的地方，走访当时的移民及其亲友、同事等，面对面获取口述资料。这是冒险、艰难、复杂、多变的探寻工作。

无论是查阅档案报刊资料，还是登门寻找当事人做口述采访，都需要勇气、耐心、毅力、智慧、技巧。

文婷兢兢业业、孜孜不倦、一往无前，经过三年的搜寻、采访、考察、研究，完成《从湘鄂到版纳——共和国十七年支边移民研究》，以此申请博士学位。

盲审（匿名评审）的三位专家和七位专家组成的博士论文答辩委员会，十分赞赏这篇选题新颖、观点正确、资料详实、论述允当、文笔流畅的论文。一致认为，论文首次对西双版纳乃至云南省 1950 年之后的边疆移民资料进行了详细的搜集和梳理。文章在可信、可考、可证资料基础上的研究，厘清了两批"支边"移民的历史过程，通过对他们的比较又进一步分析了中华人民共和国 1950—1966 年"支边"的不同情况，与其他历史时期移民潮流的不同特点。文章的内容不仅仅是移民缘起、过程、发展、生产和生活的描述，更突出了个体生命与祖国命运，移民集体与边疆社会、华中劳力与西南开发，橡胶种植与民族兴旺，是研究共和国移民史的创造性成果。

获得博士学位后，文婷又对论文做了不少补充，反复修订，仔细打磨，使之有较大的提高。

全书结构很有特点，绪论、前论、本论、后论、结论五部分逻辑严密，论述清晰，语言生动；生活气息与学术意蕴并存，乡土怀恋与天下视野同心，历史大势与社会细节共在，科学精神与人文情怀兼具。

全书用"战略性农垦移民"概括湖南乡村农民到西双版纳开辟橡胶农场的属性，颇为贴切传神。湖南农民是为种植国家急需的战略物资橡胶而背井离乡到边地的。这是共和国农民为国家强大，为民族兴盛，长途跋涉，风餐露宿，到边远的热带雨林，筚路蓝缕，开山辟地，为中国的橡胶事业做出巨大的贡献。"支边"对国家的贡献尚不只此，还有团结民族、保卫边防，维护统一等关乎国家大局的贡献；尚有提供原料、开拓市场等效用；更有解决内地就业问题的功能等。文婷用"援内"来说明："支边"的背后隐含着支援内地的本质和意义。揭示被忽视的边疆"援内"的价值是文婷论文的创新之点。无论是内地还是边疆，无论是东部还是西部都同为"支援"的主客体，"支边"和"援内"是一种互动、互利、互惠，共同"开发"的关系。这一独到的见解令人耳目一新，对于从国家整体上认识中原与边疆、内地与边地、东部与西部的关系，具有较高的学术价值，其社会意义也因学术价值不言而喻。

从湘鄂到版纳，从内地到边疆，汉族移民与西双版纳傣、哈尼、拉祜、布朗、基诺、佤、彝、壮等相互依存、相互了解、相互尊重、相互包容、相互欣赏、相互学习、相互帮助、相互交融，在共同团结奋斗，共同繁荣发展的社会主义道路上，结成一个亲密无间的整体。文婷将这个整体称为"版纳人"。"版纳人"是用地理空间来命名居民，以地缘涵盖族缘，以整体涵盖个别。版纳人，犹如北京人、上海人、武汉人、昆明人、湖南人、湖北人、云南人一样都是中国人的一部分，都是中华民族共同体的一部分。"版纳人"的称谓，对于加强民族团结、铸牢中华民族共同体意识的意义，随着时间的推移会越来越得以彰显。这是文婷的著作给我们的重要启示。

文婷将共和国十七年的移民放在西双版纳发展的历史长卷中考察。西双版纳很早就有人类的活动，两汉时期西双版纳与中央王朝设置的益州郡、永昌郡有一定联系，唐代这里属南诏开南节度管辖。这里出产的茶叶及饮茶方式见于唐人樊绰所著《云南志》。自元代设立云南行省后的元明清三朝，西双版纳是臣服于中央王朝的土官土司辖地。元代以来，在中央对地方的开拓、发展过程中，也有一些汉族移民自发进入西双版纳，因零星分散，很快融合到傣族或其他族类中。明末清初，大西军将领李定国败退后进入西双版纳，与当地土司和民众建立了良好的关系，结下深厚情谊。傣族称他为"汉王""诸葛亮""孔明"。他病逝后，土司和民众在勐腊为他建立坟茔，在坟茔旁建盖"汉王庙"纪念他。李定国带来的汉军将士后裔大都居住在山区，传承汉人文化风俗，当地傣族称他们为"山头汉"。西双版纳六大茶山所产茶叶闻名于世，明清时期，傣、哈尼、基诺诸族与汉人交易茶叶，颇为兴盛。乾隆年间檀萃所著《滇海虞衡志》卷十一说："普茶名重于天下，此滇之所以为产而资利赖者也。入山作茶者数十万人，茶客收买，运于各处，每盈路，可谓大钱粮也。" 数十万人涌入西双版纳经营茶叶生意也许有点夸张，不过数万人还是会有的。二十世纪二十年代，纳西商人杨守其开辟"普洱茶新路"，用马帮约 6 日程将茶叶从西双版纳的勐海运至景栋，从景栋用汽车 2 日程运至曼德勒，装上火车 3 日程运至仰光，再装上轮船 3 日程运至印度加尔各答，再用火车 2 日程运至西里古里，又用缆车 1 日程运至葛伦堡，再用马帮 18 日程到拉萨。从勐海经缅甸、印度到拉萨的新茶路约 3821 千米，比传统的马帮路路程增加 468.5 千米里，全程需 35 天，而传统马帮路至少要走 99 天，时间缩短了，行程便捷了，也使普洱茶的运输成本降低，市场竞争力增强，扩大了销路，推动了生产，为普洱茶打开了世界市场。为适应中外市场需求，1940 年中茶公司的佛海（勐海）茶厂正式建成投产，掀起一小股外来人口到西双版纳六大茶山经营茶叶的潮流。历史上，除李定国率领的大西军残部是兵败不得已到西双版纳外，其余都是与茶叶相关的移民。小茶叶把各族民众联在一起，小茶叶和大世界联在一起。

西双版纳是茶叶原生地。茶叶是生活消费品。茶叶的利润吸引了外来移民；移民为发财而来。

橡胶是外来物种。1950 年以前，西双版纳没有橡胶种植。为打破帝国主义国家的封锁，新建立的共和国在海南岛，云南的河口、德宏、版纳引种橡胶，打破西方敌对势力的禁运。橡胶移民一开始就与国家存亡、民族兴盛紧密相连，具有自力更生、发愤图强的悲壮色彩。

以前西双版纳的外来移民基本上都是民众求生发财的自发行动。而共和国十七年的"橡胶移民"与"财贸移民"完全是有计划有组织有纪律的国家举措，完全是为国家强大为民族兴旺的无私奉献。这在中国乃至世界都是极为罕见的。尽管困难重重，但最终取得巨大成功。只有将共和国十七年的支边移民放在历史的长河中加以分析研究，才能更深刻地理解共和国十七年在云南、在西双版纳的移民的历史地位、经济价值、社会功用、现实意义。这是文婷这部著作给我们带来的新的领悟。

回顾历史，重温"激情燃烧的岁月"，是为了以更加火热的激情创造更加美好的明天。共和国七十多年来向西双版纳的移民一直没有中断过，文婷对西双版纳移民问题的研究也一直在延续。时代所限，我们还不能把西双版纳整个历史全部展现。当把部分章节忍痛割爱时，我们不无遗憾，也无可奈何。相信，随着时代的发展，社会的进步，将来一定会有机会加以弥补。文婷还年轻，她一定有更美好的将来。我们处在一个不忘初心、牢记使命的美好时代。历史不能割断，也割不断！只有不断从历史中学习，我们才有光辉灿烂的未来。

文婷是湖南移民的后代，她出生在西双版纳，在胶林农场读完小学初中，在思茅读完高中，在云南大学获得学士、硕士、博士学位。36 岁时成为普洱学院，可能也是云南省最年轻的女教授。她的人生道路生动地证明，共和国有计划有组织有纪律地向西双版纳移民是多么的正确！这本书就是她追寻父辈的足迹，对从湘鄂来到版纳的移民披荆斩棘为祖国创建丰功伟绩的书写。

　　乡愁，是近年来的一个热词。移民群体对于乡愁有更深切的体悟。无论是来自湖南乡村的农民，还是来自武汉、天津、北京、上海、成都、重庆等大城市的知青，他们在西双版纳这片热土上生活了半个多世纪，他们的儿孙在这里出生，他们已经把根深深扎进这片热土。有的人终老于此，埋骨于此。移民的后代，无论是留在版纳的，还是走出版纳求学、参军、打工、谋职的，他们都会把版纳作为眷恋的故乡。我自己在版纳生活工作了八年，在版纳找到爱情，结婚生子。尽管离开多年，一提起版纳，总是热泪盈眶，因为我对这土地爱得深沉！这就是伴随一生的乡愁。细细体悟，乡愁就是对祖国，对中华每一片大地的眷恋，乡愁就是中华民族对中华大地共有的人文情怀。

　　文婷的这部著作充满了浓郁深厚的乡情。

目 录

绪论："支边"移民
—— 一个诱人的课题

当下，"西部大开发"的浪潮方兴未艾，"一带一路"的建设热火朝天，那些来自各地，在市场经济促动下到西部寻求新发展、新机会的人们，在中国广阔的内陆边疆处处都会遇见自己的"老乡"，他们大多是二十世纪五六十年代"支援边疆建设"的前辈，他们在边疆落地生根、安家落户，他们"乡音无改鬓毛衰"，他们的后代已融入当地的主流群体，这些四五十年前的移民，将我们带回到那段热火朝天的"支边"历史中。"支援边疆建设"是计划经济时代政府有目的、有计划、有组织、有管理的边疆开发。

1950 — 1966 年，是中华人民共和国建立和稳定政权、逐步开始经济建设、探索社会主义发展道路的时期，其间的种种体制、事件和运动，共同构成了十七年共和国史，影响着那个时代的人口迁移与流动，社会又因此不断发生着或显著或细微的变化。随部队南下的大批干部，在完成政权的组建任务后，大部分都在当地扎根定居下来。新生的中华人民共和国在逐步发展生产，安置大批国民党政府时期遗留下来的失业和社会闲散人员，并在国民经济恢复的基础上开始进行有计划、按比例的经济建设。第一个五年计划制定了"集中主要力量发展重工业，建立国家工业和国防现代化"的方针，工业建设大发展带来了大规模的人口迁移。同时，工业起飞面临着一个尖锐的矛盾：落后的农业经济满足不了人民生活的需要，更适应不了工业发展的要求。粮食短缺成为牵制经济发展的全局问题，医治战争创伤，克服经济困难，恢复和发展生产显得尤为重要。因此，战争结束后需要安置的大量军人被首先转向农业，于是便有了人民解放军整师转为建设师（兵团）参加农业生产，建立军垦农场，"进军北大荒"，"开发大西北"。国家为了控制农村人口盲目拥入城市，制定了户籍管理制度；为减轻城市粮食供销及就业等各方面的压力，将干部下放农村，精简城镇人口并动员中小学毕业生参加农业生产。边界危机的出现和战备的需要又带来了企业内迁、"橡胶移民""三线建设"等各种形式的人口迁移。由内地城镇向边疆和农村的各种计划型移民①持续贯穿了中华人民共和国成立初的十七年。

"支援边疆建设"是共和国历史上的重要事件，由此出现了一个新名词"支边"，"支边"与各式各样的边疆移民联系在一起。1958 年，中共中央在"北戴河会议"上提出，从内地动员青年到边疆和少数民族地区"参加社会主义的开发和建设工作"②，这是国家第一次直接出面组织青年的移民垦荒工作，也是第一次对动员和安置移民的经费作出了统一规定③，不过在这之前，"支边青年"就作为一个专门的新名称出现了。20 世纪 50 年代，到边疆和少数民族地区去支援建设的各行各业青年，包括移民中的青年，都被称为"光荣的支边青年"。第一个五年计划开始以后，成千上万的建设者奔赴青海、甘肃、新疆等边远省、区，其中有工人、科技人员，也有大中学校毕业生和农民，他们在那里兴建工厂、开发矿山，也有的从事行政、教学和财贸等方面的工作，当时人们将这些统统称为"支边"④。1958 年，几万青年和移民奔赴边疆，也是这一行动的组成部分之一。参加"支边"的人有的原来就是国家干部或职工，到边疆之后并未改变身份，而很多移民没有进过校门，大都是青壮年农民。由于"计划大，进度急，物资准备严重不足"，于是"从一九六〇年下半年起有关各省、区均已停止移民"⑤，全国性的"支边"运动宣告结束，但"支援边疆建设"却继续实行，并在边疆社会被赋予了新的内容。许多人口迁移都正式或非正式、或多或少、有意无意地与"支边"联系在一起，有的正式定名为"支援边疆建设"，有的以"支边"为动员迁移和招募人员的宣传口号。

无论"支援"与否，1950 — 1966 年的"支边"移民确实在很大程度上在各

---

① 由政府统一部署，有计划有组织有管理的硬性移民，本书称之为"计划型移民"。

② 《中共中央关于动员青年前往边疆和少数民族地区参加社会主义建设的决定》，云南省档案馆藏，档案号：125-2-0512。

③ 财政部农业财务司编：《中华人民共和国财政史料》第七辑，中国财政经济出版社 1988 年版，第 50 页、793 页。

④ 定宜庄：《中国知青史——初澜（1953 — 1968 年）》，中国社会科学出版社 1998 年版，第 153 页。

⑤ 《中央批转农垦部党组关于动员青年参加边疆建设工作情况和今后意见的报告》（中发［62］542 号），载农垦部政策研究室等编《农垦工作文件资料选编》，农业出版社 1983 年版，第 571 页。

个方面建设着边疆。他们是计划经济时期的迁移人口，无论是国家为了战略和国防需要统一部署的移民，还是地方为了建立各项事业和发展经济而引入的各行各业人员，都是在一定程度上考虑边疆社会建设的需要而进行的，他们迁入后大多定居当地，从事某一特定领域的工作，为边疆的发展贡献了力量。他们与"文化大革命"时期大规模、"串联"式的人口流动有所不同，"文化大革命"时期，许多部门连工作都无法正常开展，许多迁移人口在活动结束后又返回原籍，时间短、作用小。这种经过统筹组织和计划的行政移民，与20世纪80年代后以生存和牟利为直接目的的经商务工流动人口不同，与20世纪90年代由政府组织的三峡库区移民、扶贫移民（将贫穷的山区民众移到适宜生存、便于发展的地区）等也有所不同。因此，"支援边疆建设"能够很好地概括这一时期的各类人口迁移，是探讨共和国十七年中国移民问题所不能忽视的。

20世纪80年代以后，我国经济体制由计划经济转向市场经济，在世界经济全球化与区域经济一体化发展过程中，东部沿海地区成为国家建设和政策扶持的重点。在经济高速发展的同时，东西部差距不断加大，最终制约着东部经济的继续增长与国家整体实力的提高。为此，中央于2000年又提出"西部大开发"的战略与目标，与以国家计划、政府指令为依托的"支援边疆建设"不同，"西部大开发"是在政府扶持与提倡下由市场主导进行的，其中产生了大量以牟利为目的流动人口。但是，"西部大开发"的潮流正是"支援边疆"行动的延续与发展，这种转变不仅是认识中国国内移民的关键，更反映出20世纪50年代以来中国政治、经济、社会、文化的发展变迁。

客观地说，"支援"和"帮助"实际上也是为了国家战略的需要，边疆在被作为落后的一方接受"支援"的同时，也"帮助"了其他地区。计划经济时代，"支援边疆建设"极大缓解了人口稠密地区的人口压力，更主要的是提供了国家急需的战略物资如橡胶，人民生活必需品如粮食、棉花、木材等。在市场经济的发展中，"开发西部"又为东部和中部的经济发展提供了廉价的劳动力、资源和商品市场。所以"支边"和"援内"是相互的，人们通常看到"支边"的现象，而忽略了隐含其后的"援内"的本质与意义。

云南历史是中国历史整体不可分割的组成部分，如同历史上中原王朝对云南的经营和开发总是从全局战略出发一样，中华人民共和国人口迁移的趋势也不可避免地会对云南产生影响，共和国各种类型的移民都能在这里找到对应的群体。同时，作为边疆省份，云南人口迁移的历史又有着与内地省份不同的特点，例如，在全国以垦荒为主的移民潮中，云南国营农场迁入的大量人口就与其他地方参加农业生产的农垦移民不同，云南农垦以橡胶垦殖为主，农垦人口大多从事橡胶种植和生产，甚至被称为"橡胶移民"。[①]在内地省份和沿海城市精简城镇人口、中小学毕业生就业困难、大量社会青年无法安置的时期，云南却缺老师、缺卫生人员、缺汽车驾驶员、缺技术工人、缺财会工作者……各行各业都存在基本从业人员不足且本省劳动力无法解决需求的状况。云南农垦系统因大规模发展橡胶需要增加劳动力，又恰逢 1958 年中共中央"北戴河会议"提出从内地动员青年到边疆和少数民族地区"参加社会主义的开发和建设工作"，经云南省委给中央政府打报告后，划出一部分原计划支援新疆的湖南人口到云南。[②]由于缺乏财贸行业人员，云南主动报请中央批准，在上海、天津、武汉"招收、抽调部分学生和商业职工，支援边疆商业工作"。[③]因此在很多情况下，云南人口迁移不仅是国家统一政策和运动实施的结果，更体现和反映着地方的需求。

相比同时期"进军北大荒"和"开发大西北"这样的中华人民共和国历史上浓墨重彩的移民运动，地处西南的云南无论在人口迁移的规模还是数量上都远远不及它们，因此往往为人们所忽略，但是共和国十七年中的云南移民与其他边疆地区的人口迁移不尽相同，独具特色。作为共和国接纳移民的重要系统或部门，东北、西北农垦以军队建制建立，以垦荒和生产粮、棉等生活资料为主，而云南农垦却走了一条不同的"非军垦之路"，它是以发展战略物资橡胶为主建立和发展起来的非军事化的国营农场。在 1950 — 1966 年中国工业大发展、农业垦荒大开展的时期，与东北和西北边疆轰轰烈烈的人口迁移相比，云南的工农业移民是相对较少的。但是，迁入云南的移民却包罗了各行各业、社会各个阶层的人员，相对均衡的行业、阶层人口迁移是云南这一时期的又一重要特点。另外，共和国十七年中的云南移民具有与同时代其他边疆地区不同的特点，而纵观历史又在一定程度上体现了人口迁移的历史延续性。

1950 — 1966 年，作为政府移民和建设重点的西北、东北边疆，其广阔的生存空间也吸引了大批自流人口，同一时期的云南人口迁移，规模并不是最大的，

---

① 苍铭：《云南边地移民史》，民族出版社 2004 年版。

② 《云南省经济大事辑要（1911 — 1990）》，《云南省经济综合志》编纂委员会1994 年编印，第 177 页。

③ 《请协助云南省做好招收学生和抽调商业职工工作的通知》（1965 年 10 月 19日），云南省档案馆藏，档案号：13-2-35。

数量不是最多的，自发移民也不多，更具有共和国计划移民的特征。在这种历史现实和条件下，云南边疆发挥自身的主动性，根据不同的需要向外招徕移民，因此移入人员涉及的从业领域非常广泛，不同于移民西北、东北主要从事农业生产，或到工厂、矿区、林区工作的人口的情况，也不同于过去云南的移民主要是政治移民和军事移民的历史。所以，无论从纵向历史，还是从横向地域的角度，共和国十七年的云南移民历史都非常具有时代特征。

人口迁移在人类发展史上不断发生，内地移民进入云南的大致情况是"元代汉人主要住在城市，明代主要住在坝区，清代则山险荒僻之处多有汉人居住，且在边境莫不有汉人踪迹"[①]。不同朝代的移民特征不同，影响不一，外来移民持续流入地的社会整合情况错综复杂。为了能够更清楚地考察共和国十七年边疆移民史，本书以 1950 年至 1966 年为时间段限，以西双版纳为具体研究范围，并择取该地具有代表性的移民群体作个案分析。

西双版纳作为一个有着特殊自然环境和气候条件，历史悠久、文化多样的地区，其丰富的自然资源、独特的民情风俗吸引着来自世界各地、社会各界的游客、商贾、学者专家。然而，历史上这是一个长期与外界相对隔绝的地区，高山深谷、大江急流限制了中国内地人口的移入和此地居民的北上，瘴气盛行还制约着外来移民的定居，而西双版纳"民情隔阂，每由于交通之阻塞，土人对于内地之见闻，仅及于思茅普洱，再北少有所知"[②]，正是在这种自然及社会历史状况下，封建领主制牢固地建立和发展起来。普思沿边行政总局时期，西双版纳设立县政府开始了"土流并治"，行政总局长柯树勋推行的一系列措施，一定程度上削弱了当地的封建领主制经济与土司势力，因贸易出入或短暂停留西双版纳的人口有所增加，但外来移民定居此地者仍然很少。

1950 年 2 月，中国人民解放军二野第四兵团和滇桂黔边纵队配合，渡过澜沧江，进驻西双版纳；1951 年春，中央访问团到达西双版纳，2 月在佛海（勐海）县城召开西双版纳地区各族人民代表会议；1953 年 1 月 23 日，"西双版纳傣族自治区"宣告成立；1955 年 6 月，根据中华人民共和国宪法，西双版纳自

---

① 方国瑜：《明代在云南的军屯制度与汉族移民》，载《方国瑜文集》（第三辑），云南教育出版社 2003 年版，第 332 页。

② 黄国璋：《滇南之边疆情势及今后应注意之点》，载《边政公论》1944 年第三卷第 3 期。

治区改名为西双版纳自治州。之后，随着医疗卫生条件的改善、和平协商土地改革的完成及社会各方面的发展，内地移民进入西双版纳的壁垒逐渐消除，移入人口日益增多。据 1982 年第三次全国人口普查统计，西双版纳已大体形成傣族、汉族和其他少数民族人口各占三分之一的格局。这一格局源自中华人民共和国成立后大量内地人口的移入，开始于 1950 — 1966 年十七年中的边疆移民。

在厘清十七年人口迁移状况的基础上，本书中择取了西双版纳较有代表性的两次"支边"事件和人群作为个案研究的代表：迁入农垦系统的西双版纳湖南"支边"青壮年集体迁移，集中居住，数量大，稳定性较强，循着一种比较明晰的轨迹群体变迁；武汉"财贸支边"人员可以看作各类迁入地方行政事业单位从业者的缩影，他们临时集中迁移，之后又很快地散布于边疆各个领域，走上了各自不同的道路，是个体生命多彩历程的代表。通过个案的考察，进一步从移民自身的角度去理解他们的生活与历史，分析他们所处的时代和社会，探讨特定的时代和社会对他们各自的生命旅程造成的影响，在文化接触过程中他们的行为和思想的变化，最终揭示湖南人和武汉人为什么会在西双版纳相遇，他们怎样走到一起，走到一起后怎么样等问题。

今天的中国社会，正是从共和国最初的十七年走过来的，"支援边疆建设"是这一时期的重要历史事件。如今"支边"一词已经渐行渐远，正在被"开发"所取代，这是一个极大的转变，"支边"和"开发"分别代表了共和国最初的十七年与中共十一届三中全会以后四十年两个不同时代的边疆移民。因此 1950 — 1966 年移民状况的研究、十七年"支边"的经验教训、"支边"历史现象与深层次"援内"意义的揭示，对于回顾我们走过的计划经济时代，认识我们正在经历的市场经济时代，以及思考我们正要经历的中国特色社会主义新时代，都有不可忽视的借鉴作用。

边疆移民的原因，移民的分布，移民及其后裔的适应定居、发展变迁是移民史研究的重要课题，十七年"支边"的边疆移民如今大都健在，通过对他们和他们后代的观察与访谈不但可以弥补文字材料的不足，还能重现移民变迁的生动过程，并印证历代移民变迁，是对新领域、新方法的尝试和探索，对移民研究具有理论意义。

边疆移民怎样与其他人群交往融合，怎样对当地社会产生影响，是我国边疆历史及社会研究的重要领域，研究和了解当时移民社会遗留下来的特点，对于认识经历过移民社会的国家和地区，具有现实参考价值。

在这样的认识基础上，本书以唯物主义的历史观为指导思想，客观分析考订 1950 — 1966 年间中国人口迁移与流动的概况、特点；以"支援边疆建设"为切入点，探讨十七年间的边疆人口迁移与社会发展；深入分析这一阶段的云南人口迁移并通过访谈，结合文献资料，以西双版纳湖南人、武汉人为个案，考察他们是怎么迁入的，怎样生活的，他们的心态怎样变迁，并通过对二者的研究和对比，探讨不同类型边疆移民的具体情况；与西双版纳的政治、经济、文化发展相联系，深入揭示边疆人口流动与社会变迁，以完善、深化中国移民史及边疆社会史研究，对国家实施西部大开发战略中边疆的经济建设、民族发展、国防巩固及今天社会历史条件下的移民问题提供一定的借鉴。

本书的研究对象为 1950 — 1966 年间迁入边疆并实现定居的人口，即对十七年边疆移民的考察，并以移民西双版纳的湖南人和武汉人为个案研究的对象，具体内容包括迁移的背景、时间、过程及迁入后的发展变化历程，实际上涉及半个多世纪的时间段。鉴于内地迁入边疆移民分布的广泛性，探讨某地某人群的变迁历史，不可避免地要联系其他地区特别是周边地区的情况，并可能使用相关情况例证客观对象。此外，在讨论移民与边疆社会的关系时，其空间范围则不受此限制，可以扩展到整个云南或中国的其他边疆地区。

几个概念的说明：沿海、内地、东部、西部、边疆等是文中多次出现的重要概念。在学术研究中，有地理边疆、政治边疆和文化边疆等不同的边疆概念，它们之间互相区别又相互联系。本书中所使用的边疆概念主要是从地理角度出发的内陆边疆。一般来说边疆与内地相对应，同时因毛泽东的《论十大关系》一文中有关于沿海与内地关系的论述，在 20 世纪 80 年代以前，大致以京广铁路为界区分的沿海和内地两个区域经济概念在中国被广泛使用，之后，这两个概念逐渐被东部与西部取代[①]。也就是说，"内地"一词在不同的语境范围内所指代的意义不同，中国的内陆边疆在不同的历史时期又分别被称为内地或西部地区。本书的"边疆"所指范围大致等于 20 世纪 80 年代以前的内地，20 世纪 80 年代以后的西部区域中与境外接壤的省区。在具体的写作过程中，内地与边疆相对，在实际指以京广铁路划分的"内地"概念时，将会加上引号以示区别。

本书涉及的几个主要领域的研究状况如下。

---

① 陈东林：《中国共产党三代领导集体的西部开发思想与实践》，载《当代中国史研究》2001 年第 4 期，第 77 页。

一、理论和方法

移民研究受到人口学、经济学、地理学、社会学、历史学、人类学等多门学科的关注，国内外学者们从不同的理论角度探讨移民问题。国际上比较有影响的移民理论有雷文斯坦（E.G.Ravenstein）的"人口迁移法则"（the Laws of Migration），①以及博格（Donald J. Bogue）、李（E.S.Lee）②等人的理论和补充。这些成果对于中国移民研究具有特别重要的启发作用与参考价值，但它们都带有十分突出的时代与区域特征，不能解释全部的移民现象。它们强调经济因素在引发人口迁移运动中的主导作用，与之形成鲜明对比，历史时期中国移民运动最主要的动因却源自政治因素的影响，因而与政治相关的迁移规律也就更多、更复杂。另外，国外研究的各种理论均以市场经济和人口自由迁徙制度为背景，特别强调了工商业发展与城市化趋势对移民运动的重要影响。中国是一个高度制度化的国家，移民的迁出及迁入是在国家制度、政策和行政命令的强有力保障下实施的。种种国外移民或迁移理论并没有探讨在计划经济体制下、非自由迁徙制度下的人口或劳动力迁移，更没有研究经济体制转轨、迁徙制度变异，即制度变迁背景下的人口迁移。

在社会人口学领域，李若建编著的《人口社会学基础》、胡伟略的《人口社会学》等书都涉及有关移民研究的理论、观点和方法。覃明兴的《移民身份建构研究》，从建构主义的视角分析了移民的身份；还有通过移民问题梳理理论的文章，如李进的《罗伯特·E. 帕克关于移民问题的传播研究》。更多如移民人类学、移民文化、移民地理等不同视角的移民理论，在这里不一一赘述。这种多学科交叉研究，成果丰富的状况为本书的写作拓展了视野。

本书主要从移民史的角度出发，考察中国人口迁移与社会变迁。葛剑雄主编的六卷本《中国移民史》，对中国古代的移民迁徙活动作了纵向梳理。其第一卷第一章阐述了移民的定义，移民史研究的范围、方法、意义等问题。安介生《历史时期中国人口迁移若干规律的探讨》一文，提出了历史时期发生于中国境内移民运动五个方面的规律（法则）。陈孔立的《有关移民与移民社会的理论问题》

---

① E.G.Ravenstein. *Birthplace and Migration*. Geographical Magazine，1876（3）：173–177; *The Laws of Migration*. Journal of the Royal Statistical Society，1889，LⅡ：241–301.

② Donald J. Bogue. *Principles of Demography*. New York: John Wiley and Sons，Inc，1969; E. S. Lee. *A Theory of Migration*. Demography，1966（1）.

等论文补充完善了移民研究的各种概念。以上著作和论文的一般性理论指导和借鉴作用不言而喻，对推动移民研究的深入都有莫大裨益。

马克思主义的创立者们曾说过："每一种特殊的、历史的生产方式都有其特殊的、历史地起作用的人口规律"①，人口迁移规律也应该如此，而且决定人口迁移的主客观因素绝不仅限于生产方式，社会制度、地理环境、大众心理、人口构成、人口密度等也都会有不可忽视的作用。不同的生产方式与社会制度，必然会产生出不同的人口迁移规律。人口迁移的复杂性和边疆社会的特殊性，客观上决定了简单套用固有的法则或理论来探讨历史时期的中国边疆人口变迁是行不通的，移民史研究的理论仍然需要新的实践来完善。

由于档案、报刊、文字记录等材料极易受到其他因素的影响，它们既为客观可考的事实记载，又是流动体系中相关各色人物的主观表述。因此，本书必须在文字资料的基础上，进一步作田野考察和访谈，通过移民本身的"言说"分析他们的历史。口述历史是近年来学界研究的热点，关于口述史的理论和应用方法也有大批著作论文问世，如美国人唐纳德·里奇（Donald A. Richie）的《大家来做口述历史：实物指南（第二版）》，采用问答的形式，以实际案例交代了口述历史的理论、方法与实践。另外，周兴国的《构建中国特色、中国风格和中国气派的中国口述史学——关于口述史料与口述史学的若干问题》，杨祥银的《与历史对话——口述史学的理论与实践》，胡鸿保、王红英的《口述史的田野作业和文献》，定宜庄、徐新建、彭兆荣等的《口述与文字：谁能反映历史的真相》；英国人保尔·汤普森的《过去的声音——口述史》，陈三井的《口述历史的理论及史料价值》，英国人约翰·托什的《口述的历史》等文章和著作也不乏可借鉴之处。除了介绍性的文章和应用方法的著作外，可供参考的口述史成果也不胜枚举，如定宜庄的《最后的记忆——十六位旗人妇女的口述历史》等。传统史学研究对象以文献为主，口述材料的运用可以补史、证史，给研究开拓了新领域、扩大了新视野、补充了大量的新资料，从而可深化对历史的认知，但口述材料也有缺陷和不足，也包含各种不真实成分。科学的办法是使口述史料与文献史料相得益彰，以最大限度地接近历史的真实。应该说，口述史是一种研究方法，其重点在"做"，强调的是由实践操作来学习研究的理念，因此具体的运用应依研究者

---

① 中共中央马克思、恩格斯、列宁、斯大林著作编译局译：《马克思恩格斯全集》第 23 卷，人民出版社 1972 年版，第 692 页。

和具体的访谈对象的不同而有所变化。

引入各种社会科学的新方法，给予史学突出的理论色彩，有助于推动历史问题的研究，但是社会科学理论的应用以及历史研究的理论深度，与事实的发现、具体问题的考据并没有矛盾。因此，考虑到理论与方法的空间差异和立场差异，笔者力求从小心求证和细心考据的实际研究出发，切实地运用并补充完善移民研究的方法与理论。

二、移民研究概况

（一）中华人民共和国移民史研究

历史上的移民是近年来历史学、人口学、社会学所关注的重要问题，不同历史时期中国移民的原因、类型与路线，迁移的方式与地域分布，移民的社会结构与特点，移民与开发，移民社会的转型与嬗变等方面，国内外学术界已有较为丰硕的研究成果。相比之下，中华人民共和国移民史的研究较为稀疏，在研究领域、方法和资料来源等方面需要进一步拓宽、整合和挖掘。

中华人民共和国前三次人口普查都没有人口迁移的项目，这为研究带来了一定困难，但仍然有一些资料分散在其他领域和统计资料中。其中，中国财政经济出版社于 20 世纪 80 年代末 90 年代初陆续出版，孙敬之、袁永熙主编的《中国人口》系列，分为总论及各省、市、自治区分册，其中有关的迁移数据是当代移民研究的基本资料。《当代中国的人口》第十一章，田方、张东亮的《中国人口迁移新探》，石方的《中国人口迁移史稿》，沈益民、童乘珠的《中国人口迁移》第四章等书篇，都归纳概括了中华人民共和国成立后的人口迁移概况。另外，还有李德滨、石方的《黑龙江移民概要》，马戎的《西藏的人口与社会》，闫天灵的《汉族移民与近代内蒙古社会变迁研究》，徐黎丽、陈文祥的《当代西北少数民族地区移民对民族关系的影响》，刘月兰的《新疆生产建设兵团人口迁移研究》等区域移民史、人口史的相关著作和文章。这些成果是本研究的重要参考。

20 世纪 80 年代以前，我国人口迁移以计划为主，通过开展运动的形式进行，如支边、精简城镇职工、机关干部下放、企业内迁、三线建设、上山下乡等等。这一阶段的移民研究以关于知青的著作和文章最多，除了各种描述性的回忆录、纪实文学作品以外，还有资料性的书刊如顾洪章等编的《中国知识青年上山下乡大事记》；刘小萌、定宜庄的《中国知青事典》。研究性的成果有定宜庄的

《中国知青史——初澜（1953 — 1968 年）》及刘小萌的《中国知青史——大潮
（1966 — 1980 年）》等。

包括大部分知识青年在内的农垦移民是这一时期人口迁移的主流之一。20
世纪 80 年代以前，作为国营企业的农垦被关注的焦点在于农业机械化，1958 年
创办的刊物《中国农垦》前身为《机械化农业》，主要研究范围是农业科技和机
械技术；随着我国经济体制的改革与转变，人们开始注意如何提高农垦经济效
益、改革农场体制等问题，如吕清的《当前天然橡胶生产中的三个问题》，贾大
明的《关于解决农垦政企分开问题的若干思考》，普廷荣、付开伟的《云南农垦
"东风"模式的非公有制经济之路》等。也有一些文章涉及农垦移民问题，如郑
加真的《北大荒移民录》，曾键的《风雨支边四十年》，柴小羊的《四十年支边
不悔路》，李惠兴的《40 余载新疆情——王震与上海支边知识青年》等，主要
内容以文学描述为主，缺少学术性的研究。

精简城镇职工、干部下放农村，是这一时期人口流动的又一重要内容，相关
研究有张清满的《社会主义建设史上的一项大工程——60 年代初期精简职工和
减少城镇人口的回顾》，李若进的《困难时期的精简职工与下放城镇居民》，罗
平汉的《大迁徙——1961~1963 年的城镇人口精简》，游海华的《集体化时期农
村人口流动剖析——以赣闽粤边区为例》等。

随着我国经济体制的变化发展，人口迁移的自发性越来越强，以农村劳动
力流动为主要特征的城市化运动，加上因工程建设项目而形成的工程移民，基
本上构成了 20 世纪 80 年代后国内移民的主要形式。社会学的复兴使这两种移
民研究成果众多，如施国庆等的《工程移民中的社会学问题探讨》，许佳君等
的《三峡外迁移民与浙江安置区的社会整合现状研究》，魏城的《中国城市化
系列》等。

中华人民共和国成立以来，移民活动一直没有停止过，并因时段、事件以
及类型的不同而显得十分复杂，而学界的共和国移民史研究或者偏向整体性的概
括，或者局限于某一特定类型的移民，缺乏对同一地域范围、特定历史阶段移民
的考察，也很少注意对不同移民群体交往联系的研究。

（二）云南移民研究

云南地方史的专家学者深入研究历代移民，成果丰硕，如方国瑜的《明代
在云南的军屯制度与汉族移民》，江应樑的《明代外地移民进入云南考》，美国
学者李中清的《1250~1805 年西南移民史》，陆韧的《明代汉族移民与云南城镇

的发展》《明代云南的驿堡哨铺与汉族移民》《变迁与交融：明代云南汉族移民研究》《明朝统一云南、巩固西南边疆进程中对云南的军事移民》《明代云南汉族移民定居区的分布与拓展》，秦树才的《清代云南绿营兵研究——以汛塘为中心》，秦树才、田志勇的《绿营兵与清代云南移民研究》，古永继的《元明清时期云南的外地移民》《从明代滇、黔移民特点比较看贵州屯堡文化形成的原因》《秦汉时西南地区外来移民的迁徙特点及在边疆开发中的作用》《明代滇西地区内地移民对中缅关系的影响》，李晓斌的《清代云南汉族移民迁徙模式的转变及其对云南开发进程与文化交流的影响》等。苍铭的《云南边地移民史》，梳理和总结了云南历史上的各种移民。

根据林超民教授的观点，秦汉以降，直到唐宋，不断有华夏居民通过军事征伐、武装屯田、官员履职、商业贸易、流徙放逐、逃亡流浪等方式进入云南，唐代南诏曾不止一次掳掠西川等地的人口入云南，不过这些汉族移民大多被"夷化"。宋代大理国时期，云南社会具有各种民族不断融合的"白族化"趋向。蒙古大军平定大理后，元王朝采取一系列措施加强对云南的统治，建立儒学，移民屯垦，云南"白族化"趋向中断，从元代开始大量中原移民不断迁入。[①]因此，以上的云南移民研究也主要集中在元以后的朝代，学者们通过大量文献深入考察了近代以前的云南移民情况，厘清了云南人口变迁的历史脉络。本书研究中华人民共和国时期的云南移民，依靠诸如《中国人口·云南分册》《云南省人口统计资料汇编（1949—1988）》《当代中国的云南》《跨世纪的中国人口（云南卷）》《世纪之交的中国人口（云南卷）》《当代云南大事记要（1949—2006）》等各种统计资料和文献，能够进一步补充云南移民史的研究，并利用田野调查和访谈弥补单纯依靠文献研究的不足，力求真实地复原移民多彩的社会生活、发展变迁。

三、西双版纳研究

西双版纳历史悠久、文化多彩，包括《泐史》在内的傣文文献最早记录了这一地区的状况，李拂一据此写成《十二版纳志》《十二版纳纪年》等书。就汉文文献记录来说，"唐因南诏而认识茫蛮及骠（古缅之一族），但唐而后中原多

---

① 参见林超民《汉族移民与云南统一》及《白族形成问题新探》，载《林超民文集》第二卷，云南人民出版社 2008 年版，第 115 页、176 页。

难。至宋代把云南划作化外，先后六百年间，中原书籍没有任何关于云南泰族的记载。直到元宪宗二年（1253年），元灭大理之后，记载泰族文字始渐多"①，方国瑜先生的《元代云南行省傣族史料编年》，细细梳理并深入分析研究有关元代傣族社会历史的资料。自20世纪30年代以来，傣族社会的调查研究一直方兴未艾，从民国时期江应樑、陶云逵等人深入的实地考察，到20世纪50年代国家组织的大规模民族调查，及后来出版的《傣族社会历史调查》中都留下了大批关于西双版纳土司情况、土地制度、经济状况、宗教信仰、风俗习惯等方面的材料；除了学者的研究外，还有游记性质的姚荷生的《水摆夷风土记》；行政长官柯树勋的《普思沿边志略》等，在此不一一赘述。

　　1950年以后，西双版纳社会发生了许多变化，但学界研究讨论的重点仍集中在宗教、语言、传统历史等以傣族社会文化为中心的方面。移民是造成边疆社会变化的重要原因，相关的研究有邓永进的《移民与开发——近现代西双版纳人口变动与民族经济文化发展问题研究》，张宁的《勐捧模式研究——国营农场与边疆少数民族的协调发展》，和渊的《西双版纳：整合中的西南边疆》等。这些文章和著作都以农垦移民为主或以国营农场为研究单位，邓文认为中华人民共和国建立后迁入西双版纳的几批较大规模的移民几乎都分布在农垦系统；张著以勐捧农场为单位；和文考察的具体范围是东风农场。这一方面说明农垦移民在我国人口迁移中的地位，另一方面也反映出当代移民研究的不足，由于人口迁移的持续性、多发性、复杂性，给资料收集带来了很大的困难，甚至有的人口迁移不一定见诸文字记录，因此边疆人口迁移的研究仍然有很大的深入余地。

　　总的说来，目前学术界比较偏重的库区移民、扶贫移民等属于社会学、社会工作、经济学等研究的课题，共和国时期的移民史研究则是一个成果极少的新的课题。关于1950—1966年的中国移民，已经有一些学者做出了有价值的研究，但是仍需继续深入。笔者在客观考订史实的基础上，提出了用"支援边疆建设"概括这一时期的边疆移民，并将"支边"作为一种类型的独特移民，以区别于共和国其他历史阶段，更通过"支边"触及"援内"等深层次的、尚无人涉及的问题提出观点。共和国十七年的边疆移民也有不少区域性的成果问世，但对云南的

---

　　① 陶云逵：《云南摆夷族在历史上及现代与政府之关系》，载《边政公论》第一卷第9期、10期。笔者认为此说值得商榷，唐代的《蛮书》中就有银生节度的记录，涉及今西双版纳。

支边移民尚未见系统深入的研究，本书在前人研究的基础上拓展研究范围，深化研究内容，认为云南十七年移民是共和国边疆移民史的重要组成部分，有许多不同于其他区域的特征，力图在云南移民史的研究中取得创造性成果。

第一章 前论：十七年移民状况
—— 宏观历史

第一节 1950 — 1966 年的共和国人口迁移

一、大图景

人口迁移对一个健全和发展的社会来说必不可少。它可以使整个生产力诸要素的配置趋于合理，提高效益；可以使市场机制更好地运转，促进地区间的竞争。同时，人口迁移与社会变迁密切联系，在人类社会历史上，战争、灾荒往往导致大规模的人口流动；社会的体制变迁、产业结构调整、区域经济布局都伴随劳动力的地域转移。1950 — 1966 年，是中华人民共和国建立和政权逐步稳定、开始经济建设的时期。国家为巩固政权、发展经济采取的各种政策措施，发起的历次运动，都不可避免地带来人口流动；同时政府还有计划、有组织地开展了一系列具有一定规模的人口迁移运动。下面我们择取其中几个侧面，尽可能地复原这一复杂的移民图景。[①]

（一）建立和初步稳定政权的过渡时期（1950 — 1953 年）

1949 年 10 月 1 日，中华人民共和国成立，全国统一在即。为接管和组建各地政权，中共中央决定从东北、华北、山东、陕西、河南等根据地抽调干部，按组建省的行政区划、政权建制，对口配置各级政权、群众团体和企事业单位的领导班子。他们随中国人民解放军南下，和各地干部一起组建地方政权，主要流向

---

① 本部分使用的数据材料，除另行标注外，均来自沈益民、童乘珠《中国人口迁移》（中国统计出版社 1992 年版）第四章的内容，文中不再单独注出。

是从北向南。例如，到江西的南下干部是从东北三省抽调的，共抽调省、地、县、区级干部 6038 人；1949 年秋，随部队南下到贵州省的干部有 8015 人。南下干部大都在当地扎根定居，很少返回。

在中国人民解放军进驻全国各地的过程中，也有一些部队干部和战士转入地方工作，宁夏回族自治区 1949 年解放时，从部队留下 1149 名干部；上文提到的贵州省南下干部中，除老干部外，还包括解放军转地方的干部 2400 人及西进途中吸收的新干部 2600 人。

根据《中国人口迁移》一书的统计，除上海、四川、广西、云南四省、区、市外，全国包括老干部、新干部、部队留下做地方工作的干部战士在内的南下干部有 13 万人左右，加上随迁的家属约有 40 万人。分布情况见表 1-1。

表 1-1　中华人民共和国成立初期参加政权建设随军南下干部分布情况表

迁出地区	南下省区							
	江苏	安徽	浙江	江西	贵州	湖南	广东	湖北
山东	数千人	—	万人	—	—	—	—	—
山东、山西、河北、陕西和东北	—	万人	—	—	—	—	—	—
东北	—	—	—	数千人	—	—	—	—
北方老区部队等	—	—	—	—	近万人	万人	2 万人	5 万人

各地建立政权后，即开始整顿社会秩序，恢复发展经济。1950 — 1952 年，在中华人民共和国经济发展史上称为国民经济恢复时期，主要完成的工作包括：没收官僚资本，建立和扩大社会主义国营经济；实行土地改革；统一财经工作，平衡国家财政收支，稳定金融物价；调整资本主义工商业；开展"三反""五反"运动；恢复生产等。

安置城市失业人员和社会闲散劳动力是这一阶段人口迁移和流动的主要原因之一。中华人民共和国成立初期，城市失业人员达到 400 多万人，相当于 1949 年年末全国在职职工人数的一半，1951 年 1 月 12 日，政务院发布《关于处理失业知识分子的补充通知》[①]可以做为佐证。对国民党政府留下来的几百万军政公

---

① 张静如等编：《中国共产党通志》第一卷，中央文献出版社 2001 年版，第 42 页。

教人员，政府一律采取包下来的政策，并尽量地扩大就业人数，成功地解决了国民党政府长期没有解决的失业问题。当时主要采取了就地安置就业、组织回乡生产自救、支援外地建设和垦荒等方法。1953年以前，新的经济体制尚未建立，所有制的改造也没有开始，社会各项事业处在一个相对封闭、停滞的状态，因此就地安置的失业人员并不多，而以回乡和支援外地垦荒为主，这就带来了人口的迁移与流动。如20世纪50年代初，天津市除动员原是农村人口的居民约15万人还乡生产外，还在对无固定收入者进行调查的基础上，由政府通过民政部门向青海省移民5.9万人。另外还有对大批原国民党军队的人员及城镇闲杂人员、犯人等的安置与遣返，主要是由城镇流向农村。①这一工作自中华人民共和国建立之初便开始进行，但因人数众多，安置工作也持续了很长时间。上海市在中华人民共和国建立初期与江西省协议把社会上清理出来的闲散人员迁到江西垦荒，但人员的迁出实际上集中在第一个五年计划期间，共迁出9万劳动力，加上随迁家属，约30万人到九江、上饶、南昌、吉安、抚州等地区18个县市落户。

共和国政府在大中城市大力解决国民政府遗留下来的失业问题，并取得了很好的成绩。随着经济和医疗卫生事业的发展，人民生活水平的提高，加之当时没有实行节制人口、计划生育等政策和措施，人口增长很快，全国人口由1952年的约5.748亿人增长到1957年的6.465亿人，净增了0.66亿人，平均每年净增率约为2.2%。其中城镇人口1952年为7163万人，1957年增加到9949万人，城镇人口在全国人口中的比重，由1952年的12.5%增长到15.4%。②较高的人口增长率，必然会给就业和人民生活的改善带来很大压力，因此1953年以后，每年都会产生一批不能升学且未能参加工作的中小学生，他们成为新的待业人员，与之前迁移后又返籍的人员、尚未安置的遗留无业人员混在一起，都存在被安置的问题。回乡生产和支援外地建设及垦荒，是中国长期以来解决城市就业问题的主要方法，由此带来的人口流动将会在下文中详细介绍与论述。

---

① 翟振武、段成荣：《跨世纪的中国人口迁移与流动》，中国人口出版社2006年版，第77页。

② 罗平汉：《大迁徙——1961~1963年的城镇人口精简》，广西人民出版社2003年版，第24页。

（二）发展经济、恢复生产的建设时期（1953—1966年）

1. 两个五年计划——工业建设大发展与人口迁移

经过三年恢复期，中国国民经济开始好转，有计划的经济建设成为可能。为了发展社会主义经济，1952年中共中央在过渡时期总路线中提出：要在相当长的时期内，逐步实现国家的社会主义工业化，并逐步实现对农业、手工业和资本主义工商业的社会主义改造。根据过渡时期总路线与社会主义经济有计划按比例发展的法则，1953年中央开始实施国民经济发展的第一个五年计划，其基本任务是：集中主要力量进行以苏联帮助设计的156个建设项目为中心的、由694个大中型建设项目组成的工业建设，以建立社会主义工业化的初步基础；发展集体所有制的农业生产合作社，并发展手工业生产合作社，以建立对农业和手工业社会主义改造的初步基础；基本上把资本主义工商业分别纳入多种形式的国家资本主义轨道，以建立对私营工商业社会主义改造的基础。[①]1956年9月，中国共产党第八次代表大会根据第一个五年计划的执行情况及其主要经验，提出了1958—1962年开展国民经济第二个五年计划的建议，提出在"二五"期间继续进行以重工业为中心的工业建设，推进国民经济的技术改造；巩固和扩大集体所有制和全民所有制。[②]两个五年计划期间，以"156项"[③]为中心的近千个工业建设项目，奠定了中华人民共和国的工业基础。

（1）新工业基地建设

据1952年统计，沿海粤、闽、浙、苏、鲁、冀、辽七省和沪、京、津三市的工业总产值，约占全国的73%。重工业中钢铁工业80%以上的生产能力在沿海地区，而资源丰富的内蒙古、西北、西南、中南地区几乎没有什么钢铁工业。轻工业中纺织工业80%的纱锭和90%的布机分布在沿海，内地广大产棉区的纺织工业却很少。[④]为了改变这种不平衡，156个重点建设项目，被有计划地分布在东北、西北和内蒙古、湖北、河南、安徽等省、区新筹建的工业基地，并从东部沿海各省原有基础较好、人口稠密的工业城市，抽调几百万工人、科技人员及随

---

① 马洪主编：《现代中国经济事典》，中国社会科学出版社1982年版，第51页。

② 马洪主编：《现代中国经济事典》，中国社会科学出版社1982年版，第54页。

③ 关于"156项"的详细情况，参见董志凯《关于"156项"的确立》，载《中国经济史研究》1999年第4期。

④ 陈东林：《中国共产党三代领导集体的西部开发思想与实践》，载《当代中国史研究》2001年第4期。

迁家属迁入各个新工业基地。

1949 — 1960 年，国家为了建设以鞍山钢铁公司为中心的东北工业基地，从全国组织了大批的工程技术人员、经济管理的专门人才和熟练工人调入东北三省。12 年间，辽宁省累计净迁入的各类技术人员、管理干部及随迁家属 227.4 万人，平均每年迁入 18.95 万人；黑龙江省累计迁入科技人员、干部、工人以及随迁家属约 230 万人，平均每年迁入 19 万人；据不完全统计，1953 — 1954 年，长春第一汽车制造厂从外省招聘参加建设或由国家分配来厂工作的行政管理干部、技术人员和工人达 1 万余人。

1953 年初，国家决定在内蒙古兴建以包头钢铁公司为中心的华北工业基地时，仅有筹备人员 51 人；到 1954 年底包钢的建设队伍已经发展到 1.19 万人；1958 年，包钢开始边建设、边生产，又先后从辽宁省的鞍山和本溪钢厂调来技术骨干 7432 人。到 1960 年，包头市的非农业人口已从 1952 年的 11.93 万人增加到 93.6 万人，9 年间增加了 81.7 万人，翻了将近三番，其中从外省迁入人口约 69.4 万人，占增加人数的 85%。

东北、华北地区如此，西北、中南等其他地区的新基地建设与人口迁移也毫不逊色，此处仅用上面的一些例子，以一斑窥全豹而已。

（2）工业资源勘探与开发

与发展工业相适应，资源勘探与开发也全面开展起来，许多钢铁企业、有色金属冶炼企业、化工企业等，选在矿产资源丰富及能源供应充足的中西部地区；机械加工企业则布局在原材料生产基地附近。

石油是非常重要的工业能源，1949 年，中国只有西北地区的甘肃玉门老君庙、新疆独山子和陕西延长三个油田，四川圣灯山和石油沟两个汽田，以及东北辽宁的两个页岩油厂，年产油仅 12 万吨。石油部门在国民经济恢复时期和"一五"期间，做了大量普查工作，在西北地区先后发现和建设了新疆克拉玛依油田和青海冷湖油田；第二个五年计划期间在东北、华北、西南几个大盆地展开区域勘探，1959 年在东北松辽盆地发现工业性油流，继而开发建设了大庆油田；从 1964 年起，勘探重点转移到渤海湾盆地，相继发现和建成山东胜利油田、天津大港油田、辽宁辽河油田及河北冀中油田。在江苏、河南、湖北和陕甘宁等省、区，也找到一批新的油田。随着油田的开发建成，原来荒无人烟的地区，出现了一个个新兴的石油工业城市，相应地迁入了一批批技术人员、干部、工人及随迁家属。1959 年，国家组织大庆油田会战，自 3 月份起，全国 37 个石油厂矿、院校的工人、干部、技术人员以及教授、讲师、学生 4 万余人与转业官兵 3 万人，组成会战大军，相继开进了松辽平原。为油田第一线服务的医院、学校、商业网点等企事业单位也同时兴建和迁入，这些单位的各类人员也从全国各地调来大庆；随着职工的不断增加，职工家属也陆续前来油田安家落户，使大庆很快建成为一个拥有几十万人口的新兴石油工业城市。

我国煤炭资源丰富，品种齐全，全国 2000 多个县（市、区）中，半数以上有煤炭蕴藏，因建设煤矿而引起的人口迁移也具有相当的规模。煤田建设迁入的职工，带有暂时性质，基本建设人员在任务完成后，即迁往其他地区或返回迁出地，但是煤田建成后要招收工人和技术人员，并与之配套相关产业，加上随迁家属，往往也有许多人口迁入矿区。山西省是全国重要的能源基地，煤炭资源的开发，直接影响到山西省的人口迁移，大型煤矿的职工几乎都来自全国各地，如大同煤矿有职工 12 万人，来自全国 21 个省、市、自治区的 454 个县（包括本省的 60 个县）。1950 — 1960 年间，净迁入人口达 125.94 万人，平均每年迁入 11.45 万人。黑龙江的鸡西、鹤岗、双鸭山、七台河四大煤矿在"一五""二五"期间大规模建设新矿井，迁入了大量人口，1954 — 1961 年，双鸭山市人口迁移增长达 36 万人，鸡西市人口增长了 27 万人。

中华人民共和国成立后，为开发林业资源，调集人员办起了多个国营林场和森林采运企业，林区的人口流动也非常频繁。1958 年，国家从多处调入近万名职工，在沿呼玛河流域及其支流塔哈河建立了 13 个林业局；1962 年国民经济调整时期，近万名职工撤离大兴安岭；1964 年进行了第二次开发，调入铁道兵三个师。林业部又从吉林、内蒙古等省、区抽调近万名工人、干部组建大兴安岭特区 4 个林业公司及许多林场；1965 年又调入 4 个森林调查队 1800 人搞资源复查，以及进行规划设计的两个设计组共 1200 人；1968 年又调入了 7000 名复员军人，参加大兴安岭开发建设。

甘肃省地处边陲，资源丰富，"一五"期间，国家将兰州炼油厂、兰州化学工业公司、白银有色金属公司、兰州石油化工机械厂等重点建设项目放在甘肃兴建。大型厂矿企业的建设，抽调和吸引了大批工人技术人员到甘肃。据推算，20 世纪 50 年代净迁入 127.55 万人。平均每年迁入 12.7 万人。河南省是全国主要棉花产区之一，1953 — 1956 年间国家在郑州兴建国棉一厂、三厂、四厂、五厂，在新乡兴建中原棉纺织厂，在三门峡市兴建纺织器材厂，陆续从上海、武汉、济南、青岛、湖南、江苏等地迁入纺织技术骨干和职工 6000 多人。

工业建设的发展带来了规模宏大的省际人口大迁移，十七年的迁移总人数达5594.5万人。

2. 矛盾与对策——农业型人口迁移

农业在国民经济中占有重要地位，不仅要供应国民口粮，工业设备和建设器材所需的外汇也要用农产品换取，同时还要为工业提供原料，农村经济发展更有利于扩大工业品市场，可以说社会经济发展的基础就是建立在农业之上的。中华人民共和国成立以后，在生产逐步恢复、国民经济一定程度复苏的基础上，制定并基本完成了以发展重工业为中心的第一个五年计划，但农业经济落后，无法满足人民生活需要，更适应不了工业发展需求的矛盾始终存在。"二五"计划在实施过程中，变动不断，最终没能形成计划文件，就是这种矛盾的体现。"二五"计划实际上分为1958 — 1960年的"大跃进"阶段和之后的调整阶段。"大跃进"是1957年整风"反右"运动之后提出的为了"经济建设高潮"的一场包含层层高压和层层虚报的政治运动，各工矿企业、事业单位大批招工，城市人口急剧膨胀。然而到1960年，各项事业非但没有"跃进"，经济建设的冒进和自然灾害还带来了共和国成立以来经济负增长最严重、困难最大、人民生活最苦的一年，工农业生产之间本身存在的矛盾更加凸显。1960年9月，中央提出了国民经济"调整、巩固、充实、提高"的八字方针，进入调整时期。

应该说，粮食短缺始终是共和国十七年中牵制经济发展的全局性问题，发展农业生产显得尤为重要，农业型人口迁移的数量与规模丝毫不逊于工业人口迁移。这一阶段的农业人口迁移包括国家和政府为了发展农业而主动采取的移民垦荒，及因粮食短缺而被迫采取的以减轻商品粮供应负担为目的的各项精简城镇人口措施。

（1）农业垦荒与农垦移民

中华人民共和国成立之后，克服经济困难，迅速恢复生产显得尤为迫切。鉴于农村生产总体处于小农经济的发展水平，不能提供大量的剩余产品以供工业生产和商业消费的现实，为了迅速提高粮食和农产品产量，保证人民生活和工业发展的需要，党和政府实施了各种旨在规模发展农业的措施。从理论上说，集体经济能够提供更多的农产品，集体化能够使收购粮食的工作更为简单，合作化中的互助组、初级社、高级社都旨在一步步建立起集体经济，直到"大跃进"时期发展为大办人民公社。

以发展大农业、促进增产为目的二十世纪五六十年代的农业垦荒运动轰轰烈烈，至 1955 年，全国垦荒移民将近 60 万人；1956 年全年共移民 72.5 万多人。当时的垦荒主要采取几种方式：一是发动群众，结合农业生产合作社的生产规划，逐步地把合作社附近零星小片的荒地全部开垦出来。二是移民垦荒，由国家用机器开垦，然后移民耕种。三是在连片而适合于机械耕作的荒地上有计划地扩建或新建国营农场。①规模庞大的农垦移民是垦荒移民最主要的部分（见表1-2）。

表 1-2　全国农垦系统国营农场情况表②

年份	农场数（个）	耕地面积（万公顷）	职工人数（万人）	粮豆总产量（万吨）	棉花产量（万吨）
1949	26	3	0.43	1.4	0.005
1952	562	37.7	35.90	22.6	0.46
1957	804	105.4	44.06	72.9	1.82
1962	2123	291.5	216.84	190.2	1.25
1965	2062	333.5	260.03	358.3	7.10
1970	1763	328.8	385.58	421.9	5.88
1975	2320	398.6	481.71	585.3	6.22
1979	2093	445.5	492.00	766.5	9.30

中国农垦是从军垦农场发展起来的，戍边是军垦的重要职能之一。1950 年以后，随着国内战争的结束，大量军人需要安置，同时为了迅速发展生产，一批中国人民解放军成建制地转为生产建设（师）兵团，建立军垦农场。与此同时，农业部及其他省、自治区、直辖市人民政府都陆续建立了地方国营农场。为加强对国营农场的管理，1949 年底农业部设立了垦务局，1950 年改为国营农场管理局。1952 年 12 月，农业部成立国营农场管理总局，进一步加强管理。1956 年 5 月，中共中央、国务院决定成立农垦部，王震任部长，农垦部统一管理全国的军

---

① 敖羽：《谈谈移民垦荒问题》，载《光明日报》1957 年 1 月 15 日第 3 版。
② 马洪主编：《现代中国经济事典》，中国社会科学出版社 1982 年版，第 123—124 页。

垦农场和地方经营的国营农场。①农场是规模经营大农业、发展农业机械化的主要场所；农垦系统是中国农业中的一支重要力量，拥有数量庞大的来自全国各地的，包括转业军人、城镇知识青年、农村青壮年移民及科学技术人员的农业企业职工队伍。

部队复员转业军人是农垦系统建立初期的骨干力量。1949 年 12 月 5 日，毛泽东主席发布《关于一九五〇年军队参加生产建设工作的指示》指出："人民革命军事委员会号召全军，除继续作战和服勤务者而外，应负担一部分生产任务，使我人民解放军不仅是一支国防军，而且是一支生产军，借以协同全国人民克服长期战争所遗留下来的困难，加速新民主主义的建设。"②1952 年 2 月又号召人民解放军要"站在国防的最前线，经济建设的最前线，协同全国人民，为独立、自由、繁荣、富强的中华人民共和国进行奋斗"，并在军队整编命令中指出："你们过去是久经锻炼的有高度组织性纪律性的战斗部队，我相信你们将在生产建设的战线上，成为有熟练技术的建设突击队。……你们现在可以把战斗武器保存起来，拿起生产建设的武器。"③同时发布《人民革命军事委员会命令》，批准中国人民解放军 31 个师转为建设师，并以其中 15 个参加农业生产的建设师为主建立了一批农场。④1958 年 3 月 20 日，中共中央通过《关于发展军垦农场的意见》，并于 4 月 8 日由中央政治局正式下达，其中指出："军垦既可解决军队复员就业问题，又可促进农业的发展，在有些地区还可以增强国防和巩固社会治安。因此，在有大量可垦荒地、当地缺乏劳动力，又有复员部队可调的情况下，应实行军垦……"精减或复员转业的军人大批进入军垦农场参加生产。

1958 年，中共中央北戴河会议发起了"动员青年前往边疆和少数民族地区参加社会主义建设"运动，决定：1958 — 1963 年，从内地动员 570 万青年到边

---

①　《当代中国的农垦事业》编辑部编：《当代中国的农垦事业》，中国社会科学出版社 1986 年版，第 14–15 页。

②　毛泽东：《毛泽东军事文集》第六卷，军事科学出版社、中央文献出版社 1993 年版，第 55 页。

③　农垦部政策研究室等编：《农垦工作文件资料选编》，农业出版社 1983 年版，第 46–47 页。

④　《当代中国的农垦事业》编辑部编：《当代中国的农垦事业》，中国社会科学出版社 1986 年版，第 14–15 页。

疆和少数民族地区"参加社会主义的开发和建设工作"。①这是国家第一次直接出面组织青年的移民垦荒工作，也是第一次对动员和安置经费做出统一的规定：安置经费"由中央和地方共同负责解决"，列入中央级预算开支的有车船费、冬装费、途中伙食补助费和医疗补助费、宣传费、抚恤费等共八项，其余开支由地方解决。据不完全统计，1959 和 1960 两年，国家财政在这项活动上一共支出了 2 亿元。②经国务院批准，内务部移民局合并到农垦部，负责移民工作，大量人口迁入国营农场。"一九五八年至一九六一年到边疆和少数民族地区农场工作的青年共 93 万人，随迁家属 43.8 万人"③；在 1959 — 1960 年的支边热潮中，山东省移出 43.4 万人到黑龙江开荒支边；1957 — 1960 年期间，苏、皖、鄂三省向新疆移民 80 多万人。

移民垦荒持续贯穿 1950 — 1966 年的十七年，早在"支边"和知识青年上山下乡被作为运动发起之前，移民垦荒就一直是内地农村安置剩余劳动力、全国各大中城市安排城市失业人口和社会青年的主要途径。1957 年，河南省从商丘、新乡等八个地区抽调青壮年民工 4 万余人，迁入新疆军垦农场当职工。1958 年，又动员青年垦荒队员 2.08 万人，迁到新疆军垦农场开荒。1960 年下半年，"计划大，进度急，物资准备严重不足"的跃进式"支边"运动被迫停止，"有关各省、区均已停止移民"，转为"巩固留在边疆地区的支边人员"。④运动停止了，移民仍在继续，一些内地农村人口自流边疆谋生存，城镇人口迁入边疆参加农业生产的潮流也从未停止过。1963 年，周总理指示国营农场要准备安置一部分城市职工，解决城市的困难，从垦区调出商品粮可以减少一些；中共中央、国务院发出《关于国营农、林、牧、渔场安置家居大中城市精减职工和青年学

---

① 《中共中央关于动员青年前往边疆和少数民族地区参加社会主义建设的决定》，云南省档案馆藏，档案号：125-2-0512。

② 财政部农业财务司编：《中华人民共和国财政史料》第七辑，中国财政经济出版社 1988 年版，第 50 页、793 页。

③ 《当代中国的农垦事业》编辑部编：《当代中国的农垦事业》，中国社会科学出版社 1986 年版，第 17 页。

④ 《中央批转农垦部党组关于动员青年参加边疆建设工作情况和今后意见的报告》（中发［62］542 号），载农垦部政策研究室等编《农垦工作文件资料选编》，农业出版社 1983 年版，第 571 页。

生问题的补充通知》。①1962 — 1966 年间有上海知青 15 万人到新疆生产建设
兵团参加屯垦。

农场经营大农业，能接纳大量人口，是垦荒人口持续、集中迁入的团体。
全国农垦系统到 1984 年底拥有近 500 万职工，主要包括：复员转业和荣誉军人
145.4 万人，占职工总数的 30%；由农民转为农垦职工的有 145 万人，占职工总
数的 30%；青年职工有 172.5 万人，占职工总数的 34%。其中城市知识青年 40.5
万人；大、中专毕业的知识分子、科技人员有 11.3 万人，占职工总数的 2.5%。②
此外，还有一些归国华侨、当地招收的职工等。从以上的组成来看，农垦职工的
最大来源为军人、农民及随迁家属，包括部分城市知识青年，他们的迁移大多处
于共和国的前十七年时期。

（2）减少商品粮供应人口

中华人民共和国建立后的很长时间里，农业生产一直满足不了工业发展的需
求，为了将农业劳动力比较固定地限制在农业生产领域，控制农村人口盲目拥入
城市，1958 年，全国人大常委会通过并公布《中华人民共和国户口登记条例》，
制定户籍管理制度；1959 年 2 月 4 日，中共中央发出《关于制止农村劳动力流
动的指示》；1959 年 3 月 11 日又发出《关于制止农村劳动力盲目外流的紧急通
知》。③

"大跃进"使各行各业职工人数和城镇人口激增，1958 — 1960 年，全国共
增加城镇人口近 3000 万人，增加职工人数 2580 多万人。④1949 年 5 月，上海全
市人口为 536 万人，历年来先后动员输送了 108 万人到外地参加生产和工作，
到 1958 年，人口仍增达 720 万人。⑤一方面，城镇人口大幅度增长，另一方面，
粮食产量大幅度减少，城镇人口的发展超过了农村商品粮可能承受的程度。1961

---

① 《当代中国的农垦事业》编辑部编：《当代中国的农垦事业》，中国社会科学出
版社 1986 年版，第 465 页。

② 《当代中国的农垦事业》编辑部编：《当代中国的农垦事业》，中国社会科学出
版社 1986 年版，第 436–537 页。

③ 张静如等编：《中国共产党通志》第一卷，中央文献出版社 2001 年版，第 586
页。

④ 罗平汉：《大迁徙——1961~1963 年的城镇人口精简》，广西人民出版社 2003 年
版，第 89 页。

⑤ 《文汇报》编辑部：《动员城市剩余劳动力上山下乡（社论）》，载《文汇报》
1958 年第 8 期。

年 1 月,中共八届九中全会决定实行"调整、巩固、充实、提高"的八字方针,把整个工业生产调整到同农业提供商品粮和原材料的可能性相适应的水平。

"大跃进"是在农业领域率先发动的,之所以在 1960 年下半年无力再"跃进",不得不对国民经济大调整,也是以工农业比例关系的严重失调导致粮食供应的极度紧张为起因的,因此,"调整第一条"就是"调整农村生产关系,加强农业战线"。1961 年 3 月 15 日至 23 日,中共中央在广州举行工作会议,制定了《农村人民公社工作条例(草案)》(简称《农业六十条》)。9 月 27 日,中共八届十中全会通过《农村人民公社工作条例修正草案》。《农业六十条》及其修正草案在一定程度上解决了人民公社化以来在所有制上刮"共产风"、在分配上吃平均主义的"大锅饭"等困扰农民的问题,取消了农民最有意见的供给制,解散了吃饭不自由的公共食堂,恢复了社员的自留地和家庭副业,大大调动了农民的生产积极性,农村形势显露好转的迹象。

"调整第二条"是"大力缩短基本建设战线,压缩重工业生产"。缩减计划指标和基本建设,必然使企业的生产任务相应减少,部分企业因此减产甚至停产,一批基本建设项目也将缩小规模或停建缓建,必然会出现大量的富余人员。这样就必须实施"调整第三条",即"坚决对工业企业实行关停并转,精简职工,减少城市人口"[1]。为此,周恩来总理在 1961 年 5 月 31 日的会议上做了《关于粮食问题和压缩城市人口》的报告。[2] 1961 年 6 月 28 日,中共中央发出《关于精减职工工作若干问题的通知》,规定了精简的对象,被精简人员的待遇、精简人员的安置、精简人员应注意事项等;1962 年 2 月 14 日,做出《关于 1962 年上半年继续减少城镇人口 700 万人的决定》;1962 年 5 月 27 日,发出《关于进一步精简职工和减少城镇人口的决定》;1963 年 3 月 3 日,做出《关于全部完成和力争超额完成精减任务的决定》。在"力争多减、早减,必须认真从大局出发,下狠心减人,不要怕减人员过头"[3]的批示下,1961—1963 年全

① 马洪主编:《现代中国经济事典》,中国社会科学出版社 1982 年版,第 56—57 页。

② 马洪主编:《现代中国经济事典》,中国社会科学出版社 1982 年版,第 144 页。

③ 张静如等编:《中国共产党通志》第一卷,中央文献出版社 2001 年版,第 559 页。

国共精减职工 1800 万人，压缩城镇人口为 2600 万人；[1]减少吃商品粮人口 2800 万人。[2]1961 — 1963 年间，内蒙古自治区包头市各大中型企业共精简职工 21.38 万人，同时压缩城镇人口 41.54 万人。甘肃省 1960—1963 年因粮食歉收，大批工矿企业停建，动员干部职工到外省，"以工就食"渡过困难，据统计共迁出 94.18 万人。

调整国民经济取得了全党的共识，但经济的恢复发展需要一个过程，粮食问题依然十分严峻。为了解决工农业发展之间的矛盾，使农业生产得以恢复，粮食产量得以回升，除了要控制农村人口向城市的盲目拥入，减轻城市粮食供应以及就业等各方面的压力，调整农村政策，提高农民的生产积极性外，还必须加大对农业的投入，其中也就包括劳动力的投入，将工业和基本建设富余的劳动力充实到农业生产第一线去，即"坚决认真地清理劳动力，以加强农业第一线"。1960 年 11 月 2 日，中共中央发出《关于妥善安排精简下来的职工的通知》，通知指出，各地精简下来的职工，可以根据具体情况，采取以下处理办法：①一部分新吸收的职工不再由国家开支工资，到农村去参加农业生产；②压缩县以上企业、事业的一部分职工到县办、社办企业顶替出一部分不熟练的劳动力参加农业生产；③一部分较老的职工可以到国营农场参加生产……④一部分较老的职工可以仿照干部下放的办法，保留原工资，组织起来到农村人民公社与农民同吃、同住、同劳动，必要时经省、市、区委批准再调回来。[3]精简下来的职工，绝大多数回到农村参加农业生产，有的还迁往外省垦荒，如青海省 1962 年全民所有制单位职工精简下放回外省农村 55 710 人，干部下放调往外省 8789 人。酒泉钢铁公司大批职工迁往新疆，1961 年净迁出 56 221 人。1961 — 1962 年，宁夏回族自治区压缩城镇人口 13 万人，其中迁往外省 7.6 万人，占 58%。天津自 1961 — 1965 年精简还乡职工 21.5 万人，其中五分之四约 17.2 万人迁往农村。上海市 1961 — 1962 年精简下放干部职工 28.4 万人，其中迁往市外的 8.4 万人，大部分返回原籍农村。

① 杨子慧主编：《中国历代人口统计资料研究》，改革出版社 1996 年版，第 1553 页。

② 翟振武、段成荣：《跨世纪的中国人口迁移与流动》，中国人口出版社 2006 年版，第 77 页。

③ 张静如等编：《中国共产党通志》第一卷，中央文献出版社 2001 年版，第 557 页。

经济困难带来的不只是商品粮供应问题，同时也伴随着城市就业压力的不断增加。在教育调整中学校招生减少，大批不能升学的青少年进入社会，而经济低谷时期的工矿企业、机关单位正处处裁编，无业人员大量增加。到1962年底，全国的社会青年已达200万人，其中上海约7万人，如果将当年暑期毕业不能升学的近4万初高中毕业生计算在内，则达11万人。四川成都市有社会青年1万余人，重庆市有8万人；辽宁全省未升学就业的城市青年有10万人左右，加上当年暑期毕业不能升学的3万人，也将达到13万人。[①]湖北省的社会青年约有7万人，占全省人口的2‰，其中武汉市有47 000余人，且还有当年不能升学的中小学生18 000人左右。[②]1963年，据北京、上海、天津、沈阳、哈尔滨、旅大（今大连）、重庆、西安、武汉、广州、南昌、南京、杭州、福州、济南15个城市的统计，共有社会青年50万人，已作安排的20万人中，上山下乡的近5万人，在城市就业的10万余人，入民办学校的近5万人，还有30万人未得到安排。[③]

当时的中国，最能够容纳人口的地方是农村，容纳劳动力最多的产业是农业，加强农业的迫切需要，使得从事农业成为安排中小学毕业生、社会青年的主要方向。《人民日报》1957年4月8日发表社论《关于中小学生参加农业生产的问题》指出：很多中小学毕业生不能升学，必须参加生产，这是正常的、长期的现象；并劝告下乡学生先老老实实去种地，用心搞好自己同农民的关系，成为"中国第一代有文化的新式农民"。10月，《1956年—1967年全国农业发展纲要（修正草案）》即"四十条"正式公布，其中规定："城市的中、小学毕业的青年，除了能够在城市升学、就业的以外，应当积极响应国家的号召，下乡上山去参加农业生产，参加社会主义农业建设的伟大事业。……到农村去工作是非常必要和极其光荣的。"动员中小学毕业生，主要是社会青年参加农业生产，成为

---

① 《王伟在共青团三届七中全会上关于城市青年下乡问题的发言》（1963年6月25日），转引自定宜庄《中国知青史——初澜（1953—1968年）》，中国社会科学出版社1998年版，第194页。

② 《团中央书记处关于城市社会青少年安排问题向中央的报告》（1962年11月8日），转引自定宜庄《中国知青史——初澜（1953—1968年）》，中国社会科学出版社1998年版，第194页

③ 定宜庄：《中国知青史——初澜（1953—1968年）》，中国社会科学出版社1998年版，第200–201页。

城镇新增加的无业和失业人员就业的主要途径，也是后来知识青年上山下乡运动的先声。

发展农业，扩大耕地面积，增加商品粮食和工业原料，是全面实现国民经济计划，保证工业与农业的发展速度相适应的重大措施和主要条件之一。一般来说，农业型人口迁移较之工业人口流动更具有稳定性与持续性。在中华人民共和国历史上，工业领域内的规模人口迁移源于国家集中主要力量建设工业基地和兴办大批工厂，一旦建成投产，需要的人力就会相对减少，厂矿企业增添的劳力可以就地解决。此外，工厂吸纳劳动力的能力取决于其发展水平，在经济衰退、经营不善的时期还要裁减职工人数，而且工业裁减下来的人员中，很大一部分又转入了农业领域。相对来说，农业生产较少受到其他产业和经济环境的影响，在有足够适宜耕种土地的区域，总是不断有垦荒移民持续迁入，他们能够通过发展农副业解决生计，能够长时期地居住下来。因此共和国十七年的人口迁移呈现出工业型移民规模曲线波动农业型移民持续走高的态势。

3. 战备型人口迁移

中华人民共和国成立初期，国内社会经济落后，同时还面临着比较严峻的国际形势：1950 年 10 月开始的朝鲜战争；1961 年 9 月和 1962 年 9 月，美国在台湾海峡以袭击中国东部沿海港口、机场和军事设施，最后登陆为内容的两次大型战争演习；1962 年，中苏边界武装冲突、印度入侵中国领土；1964 年 8 月"北部湾"事件等，及台湾蒋介石政权"反攻大陆"的威胁。"备战、备荒、为人民"成为全国上下行动的口号和准则，一些战略和战备工作也影响了人口迁移。

①橡胶移民。

1952 年，中国政府决定在广东、广西、云南、福建等省、区办农场，建设我国的橡胶工业基地，在广东的湛江地区和海南岛、广西的钦州地区、云南的西双版纳州和德宏州等地建立了一批橡胶农场，相应地带来了种植和生产橡胶的移民。如在海南岛，1959 — 1962 年的 4 年间，共动员了 30 万人建设橡胶基地，4 年中每年平均有七八万人，其中从复员军人中动员四五万人，其余由移民补足。

②早期"三线"建设移民。

为克服经济建设的冒进和自然灾害造成的困难，中央暂停了五年计划，经过 60 年代初期的国民经济整顿和调整，新的经济建设和五年计划在 1966 年重新开始。"三五"计划指导思想经历了由"解决吃穿用"到以战备为中心的变化，在此期间，国家从战略角度考虑，有计划、有步骤地将沿海和内地工业布局密集地区的企业，向西北、西南和中南转移，建设"三线"。沿海工业基地能迁的都迁往"大三线"——陕甘川云贵，内地则流向安徽、江西和山东小三线地区，工业人口流动较调整时期缓慢回升。

"三线"建设从 20 世纪 60 年代中期起到 70 年代中后期结束，人口迁移的规模也很可观，如上海市从 1966—1979 年的 14 年中，为支援内地"三线"建设，共迁出职工 26.24 万人，平均每年 1.87 万人；江苏省自 60 年代到 70 年代中期的十余年间，随同部分工厂内迁"三线"的职工约有 10 万名，分别迁往湖南（湘东）、湖北（襄樊）、四川、贵州和皖南（广德、宁国）等地。西南地区是"三五"计划期间工业建设和发展的重点地区，这里仅以贵州省的情况简单概括"三五"初期的"三线"建设人口流动。

贵州省工业基础较差，自第三个五年计划起，开始了大规模的"三线"建设。大批工业企业从华东、华北、东北等老工业地区迁入贵州，随迁职工 10 万人。"三线"建设时期，也是 20 世纪 50 年代以后贵州省最大的省际人口迁移时期（见表 1-3）。

表 1-3　"三线"建设时期从外省迁入贵州职工情况表

工业部门	迁入时间	从何省、市、区迁入贵州	迁入职工数（人）
冶金工业	1964—1965	从辽宁鞍山迁入炼铁、炼钢设备和职工	1577
		从辽宁大连迁入炼铁、炼钢设备和职工	311
		从江西大吉山坞矿迁入采矿设备和随迁职工	200
		从辽宁鞍山耐火材料厂迁入设备和职工	（不详）
		从河北马家沟耐火材料厂迁入设备和职工	（不详）
		从湖北、河南、辽宁等地迁入职工	2736
		从辽宁锦州、吉林迁入职工	136
		从湖南湘乡钢铁厂迁入职工	20
机电工业	1964—1965	从上海迁入光学仪器、轴承、电机、电表业职工	3710
		从黑龙江哈尔滨轴承厂迁入职工	310
		从江苏无锡机床厂迁入职工	300
		从天津拖拉机厂迁入职工	900

续　表

工业部门	迁入时间	从何省、市、区迁入贵州	迁入职工数（人）
军工	1964—1965	从华北、华东、东北等地迁入设备建军工基地随迁职工	36 000 余
化学工业	1964—1965	从上海迁入化肥、橡胶、制药等企业和职工	1871
		从辽宁大连化工公司迁入职工	60
煤炭工业	1965	从辽宁抚顺矿务局等单位迁入职工	3300
		从黑龙江舒兰、双鸭山矿务局迁入职工	1800
		从河南鹤壁工程处迁入职工	550
		从华东煤炭公司迁入职工	2400
		从山东孔集建井工程处几个煤矿迁入职工	6000
		从北京建筑安装公司迁入职工	8000
		从基建工程兵迁入	6500
		从江苏徐州迁入煤机厂部分设备和工人	700
水电	1968—1970	水电部从湖南拓溪工程局迁入职工	7000 多
铁路交通	1970—1971	从东北招收汽车驾驶机修理工	500 多
		从辽宁迁来职工	1000 多
基本建设	1965	从四川迁入西南建筑三公司	4061
		从广西迁入建筑五公司	2727
		从上海迁入建筑公司	850
		从浙江迁入省建一公司	1932
		从四川渡口迁入华北建筑三公司	3179
		从上海迁入浦江家具厂	250
合计			约 100 000

以上提及的橡胶移民及"三线"建设移民，又分别属于农垦系统移民和工业移民，但影响他们迁移的主要原因，他们迁移后主要从事的工作及目的，是为了解决国家急需的战略物资，或是为了战备的需要，因此橡胶移民与农业垦荒型移民有不同之处，"三线"移民也并非仅仅只是工业人口迁移，二者都具有战备型移民的性质。

4. 其他类型的人口迁移

（1）高校院系调整与招生分配

20 世纪 50 年代以来，根据不同时期的具体需要，中国教育事业经历了一些变化，在中华人民共和国成立之初，主要是改造过去不合理的教育制度，确立党对学校的领导。1952 年以后，对原有的集中在沿海省份和大城市的高等院校，进行院系调整和教育改革，实行高等学校统一招生和毕业生统一分配制度，从而加速了知识分子和各类人才在全国的流动。

高等院校的调整和搬迁，基本上平衡了各地高等教育机构和部门的分布，做到了各省、自治区、直辖市都有理、工、农、医、师等专科院校，很多省市还有综合大学，在这一过程中，部分学生和教职员工也随同迁移。如安徽医学院是1952 年自上海迁入的，当时随迁教职员工 350 多人；浙江省是在全国高等院系调整中变动较大的一个省份，当时浙江大学、之江大学和浙江财经学院等院校，除在省内调整外，有 1000 余名教职员工、学生及家属，作为省际调整而迁往上海、南京，有少数迁往厦门、青岛，其中迁出的教授、副教授就有 90 余人，另外又从外省迁入师生员工 300 多人；在 1953 年全国高校院系调整中，贵州大学机械系迁往云南昆明，与云南大学工学院一同组建昆明工学院，电机系迁到四川重庆大学。

中国高等院校面向全国招生，并长期实行毕业后由国家统一分配就业的政策，也成为一个独特的人口流动途径。1956 — 1960 年间，天津市平均每年从省外录取新生 12 071 人；1961 — 1966 年，平均每年录取新生 2.2 万人，其中有相当一部分是跨市招生。1950 — 1965 年，上海市分配到外地的大专院校毕业生有12.3 万人。内蒙古牙克石林区的 2706 名工程技术人员，都是国家历年统一分配的大中专毕业生。1949 — 1985 年，国家从全国的大专院校毕业生中分配到青海的累计有 1 万人左右。西双版纳的中小学教师、医院的医生护士等基本上是由国家统一分配来的大专院校毕业生。

（2）兴修水利的水库移民

中国的河流地区分布不均，北方少南方多；雨季分布不匀，又使水旱灾害频繁发生。兴修水利自远古以来就是一项极为重要的事业，中华人民共和国成立之后也不例外，水库水利建设会带来不同规模的人口迁移。

兴修水利需要水利干部的管理及技术人员的专业支持，因此水利建设首先涉及相关人员的调迁工作。中华人民共和国建立初期，国家号召"一定要把淮河治好"，水利部治淮委员会在蚌埠市设立指挥部，为此从外省迁到安徽省一批水利干部和技术人员支援治淮工程，1957年迁入蚌埠市的就有9.3万多人。这些迁入人口有的定居下来，有的随着工程的完成又迁往其他省区。

在各项前期准备、测绘等工作完成后，水库库区或水利工程范围内居民的搬迁是施工前的主要工作与任务。一般来说，库区移民大多数在本省就地安置，但也有一些迁往外省去生活。河北省在20世纪50年代末60年代初修建岳城、岗南、王快、潘家口和大黑汀五大水库，库区居民移居外省的共有5087人（见表1-4）。1954年兴建三门峡水库时，经国家决定，将山西境内水库淹没区部分农民移居宁夏，先后迁去3万多人，在银川、陶乐、贺兰等县、市共建立了74个生产基地集中安置；河南灵宝和陕县（今河南省三门峡市陕州区）两县境内的三门峡水库淹没区，共有5.59万人，在外省安置1375户6000人，主要迁往甘肃敦煌。1953年，山东修建东平湖水库时，迁入河南412户3000余人。

表1-4　河北岳城、岗南、王快、潘家口、大黑汀五大水库移民外省情况表

水库名称	移入地区及人数（人）					
	合计	河南	山西	辽宁	北京	其他省市
岳城水库	1991	700				1291
岗南水库	177		177			
王快水库	1620		1620			
潘家口水库	609			609		
大黑汀水库	690			448	242	
总计	5087	700	1797	1057	242	1291

二、大图景中的移民趋势

（一）人口成规模迁移的十七年

社会体制变迁，产业结构调整，区域经济布局都伴随劳动力的地域转移，国家在经济恢复及建设时期，百废待兴，各行各业急需大量劳动力投入，引起了人员的大规模流动。因此"建国后的34年中，1954至1960年的7年间是中华人民共和国成立以来人口迁移活动的高潮时期，累计迁移总人数为3.91亿多人，

总迁移率达 88.55‰，平均年迁移总人数为 5594.6 万人"[①]。1954 年以前，经济建设尚未全面展开，稳定政权和恢复经济时期的人口迁移不是特别剧烈；1961 年以后，国民经济的调整也在一定程度上制约了人口迁移，工矿企业下马，大批职工精简，但也有不少被精简下来的职工又通过各种途径移往他处谋生，一些从农村招来的工人被遣返原籍，农业人口迁移仍然势头不减，调整并不意味着人口迁移的停滞或锐减。从每年迁移的具体数量来看，人口迁移的规模仍然很大（见表 1-5）。

（二）产业结构与区域经济布局中的计划型人口迁移

人口移动与经济活动密切相关，而且是经济发展的重要保证和推动因素，五年计划的制定与实施，表明中国已经建立起以计划编制和计划作用为特点的经济体制，共和国十七年的人口迁移，与国民经济建设发展密切相连。同时，人口迁移也在很大程度上受国家政治、政策、经济管理体制的影响，一个历史事件、一项政策的出台往往会影响一代人甚至几代人的迁移状况。在计划经济体制下，社会各方面的建设都被纳入统一的筹备和实施中，人口迁移的规模、数量、方式也主要是在国家计划和政府指令的作用下产生的。因此这一时期的人口迁移具有在国家宏观产业结构布局影响下以政府计划移民为主的特征。

表 1-5　1954—1966 年全国历年人口迁移状况表

年度	全国人口（人）	迁入		迁出		净迁移	
		人数（人）	‰	人数（人）	‰	人数（人）	‰
1954	590 455 703	22 314 496	37.79	20 924 272	35.44	1 390 224	2.55
1955	605 886 796	25 296 809	41.75	24 207 925	39.95	1 088 884	1.80
1956	618 634 649	30 042 818	48.56	28 212 926	45.61	1 829 892	2.95
1957	637 204 774	27 427 621	43.04	25 918 330	40.68	1 509 291	2.36
1958	648 278 039	31 884 568	49.18	30 689 857	47.34	1 194 711	1.84
1959	660 249 901	31 383 114	47.53	28 167 273	42.66	3 215 841	4.83
1960	661 902 432	33 127 135	50.05	32 022 946	48.38	1 104 189	1.07
1961	656 234 818	19 311 812	29.43	21 022 044	32.03	–1 710 232	–2.60

① 沈益民、童乘珠：《中国人口迁移》，中国统计出版社 1992 年版，第 142 页。

续　表

年度	全国人口（人）	迁入		迁出		净迁移	
		人数（人）	‰	人数（人）	‰	人数（人）	‰
1962	660 994 675	21 509 942	32.54	22 845 520	34.56	-1 335 578	-2.02
1963	677 523 708	13093691	19.33	13 858 620	20.45	-764 929	-1.12
1964	693 641 908	14 014 973	20.20	14 021 046	20.21	-6073	-0.01
1965	710 485 095	16 083 855	22.64	16 100 976	22.66	-17 121	-0.02
1966	730 067 098	14 733 638	20.18	13 864 389	18.99	869 249	1.19
合计	7 651 559 596	300 224 472	35.56	291 856 124	34.54	8 368 348	1.02

注：本表据沈益民、童乘珠《中国人口迁移》一书中"1954年至1987年全国历年人口迁移状况表"编制，关于其中数据来源详见此书第144页。

1. 产业结构与区域经济布局——经济因素

经济因素是引起人口流动的重要杠杆，资源的开发和新工业基地的建设，更是引起人口迁移的积极因素。1950 — 1966年是中国工业大发展，并努力改变过去不平衡经济布局的十七年。第一个五年计划制定时，朝鲜战争尚未结束，台湾蒋介石集团不时骚扰沿海岛屿，考虑到当时"沿海和内地"极不平衡的经济布局，中共中央确定"一五"计划建设布局的指导思想："逐步改变旧中国遗留下来的这种不合理的状况，在全国各地适当分布工业的生产力，使工业企业接近原料、燃料产区和消费地区，并使工业布局适应巩固国防的要求，逐步提高落后地区的经济水平"；建设原则："一方面，合理地利用东北、上海和其他城市的工业基础，发挥它们的作用，并支援新工业基地的建设；另一方面，积极进行华北、西北、华中等地新的工业基地的建设，在西南开始部分的工业建设"[①]。"156项"中的43个国防工业项目里"内地"占35个，四川和陕西占21个，其余107个民用工业项目里"内地"有48个。总计安排在"内地"的工业项目有83个，约为总项目数的55%。围绕这些项目，又确定了694项限额以上重点配套工程，其中"内地"占68%。[②]

---

① 李富春：《李富春选集》，中国计划出版社1992年版，第144页。
② 董志凯：《关于"156项"的确立》，载《中国经济史研究》1999年第4期。

当时的建设重点在以京广铁路为界的"内地",基本上等于除了中国东南沿海的广大区域。这一时期轰轰烈烈的经济建设活动取得了成效,也从另一个侧面说明广大"内地"的自然地理与社会环境不同,经济发展重点也有所差异。按照产业结构布局和区域经济格局的特点,广大的"内地"大致可以划分为西北、东北、西南三个各具特色的地区,在不同区域内人们的主要从业领域、社会分工不同,同时也对这些地区移民的特征和趋势产生影响。

新疆、黑龙江和云南是三大经济区域最具代表性的地方。作为中国农垦发展的重点,三地国营农场的分布和经营各有特点:东北地区主要在黑龙江开垦大面积原始荒地,包括通过整治河道,排除积水,开发低洼沼泽地,建立了粮食、大豆商品生产基地;西北地区主要在新疆,开垦盐碱荒漠,兴修水利,植树造林,改良土壤,建立了棉花、粮食商品生产基地;华南地区主要在广东、云南,修造梯田,营造林带,建立了天然橡胶和热带作物生产基地。[①]各地移民的特点也不尽相同:在新疆,出于当时政治和社会稳定的需要,以部队集体转业和工作团进疆为基础建立生产建设兵团,保持着中国人民解放军的组织形式;在黑龙江,丰富的矿藏和森林资源,带来了各种有组织和自发的移民,他们进入工厂、林场、矿山劳动生产;在云南,最具特色的十七年移民就是"橡胶移民",他们属于农垦移民,在国营农场生产劳作。与新疆建设兵团不同的是,云南的农垦移民是农业企业职工,并不以军队的形式来组织。同时云南农垦开荒种植和主要经营的并非如新疆或黑龙江地区的农作物,而是作为战略物资和经济作物的橡胶。不同地区的移民所处的环境不同,从事的生计不同,进而影响到他们的生活,并最终使他们产生差异。

2. 计划性人口迁移——体制因素

人们的迁移在很多情况下不仅仅取决于迁移者自己的意愿,也要受制于他们所处的社会历史环境,尤其是制度性条件。在当时特殊历史时期与经济环境下的人口迁移,是国民经济发展计划和市场规划的结果,国家从产业结构布局和区域经济发展出发,通过经济计划与行政手段调配全国人力、物力、财力,计划的权威性很高、执行的纪律性很严。国民经济有计划发展要求对社会总劳动力进行计划调配,国家从宏观角度调控,制定移民计划,派遣军人、干部、技术人员、工

---

① 《当代中国的农垦事业》编辑部编:《当代中国的农垦事业》,中国社会科学出版社1986年版,第9—10页。

人及农民到各地安家，所以人口的迁移主要是以有组织、有计划的迁移为主，自由流动人员所占比重较小。人口迁移的主体是劳动年龄人口，而劳动年龄人口的迁移，涉及劳动就业安排以及本人连同其随迁家属的口粮、住房、医疗、就学等项物质条件，为了使计划得到实现，国家又采取了一系列具体政策，将结构性的城乡关系格局固定下来，并由此产生体现这种格局的就业用工制度、户籍身份制度及粮油管理制度，把人口迁移纳入国民经济发展的轨道，对劳动年龄人口有计划地征集、调动、招收和分配。

中国户籍制度有着较为悠久的历史，中华人民共和国成立后，于1958年1月9日，全国人民代表大会常务委员会第91次会议通过了《中华人民共和国户口登记条例》，此后，户籍管理制度在全国范围内推行。该条例规定："由农村迁往城市，必须持有城市劳动部门的录用证明、学校的录取证明，或者城市户口登记机关的准予迁入的证明。"城市人每户有户口本，而农村则以合作社为单位发给户口本，户口本具有证明公民身份的效力，农民手中没有户口本，在外出时缺乏证明自己身份的证件。[①]尽管户籍制度主要是限制农村向城市的人口流动，但在计划经济体制和人民公社管理体制之下，农民外出需要请假，需要生产队开介绍信，没有介绍信，外出无法住旅店，甚至无法购买车船票；外出吃饭需要粮票，只有非农业人口才可以凭定量供应的口粮换取粮票。因此，户籍制实际上也限制了农民的迁移活动。在这些制度的限制之下，人们不能随意迁移，居民不经过有关部门许可不允许自行移动定居地点，除非经过正式的官方途径，如考学、工作调动、参军等，政府的计划移民成为人口规模迁移的唯一形式。某人或某团体被允许迁入某地后，立即以户籍的形式固定下来，严格的人事管理制度则仅允许迁入的人在当地活动，迁入地区的城市单位制度——银行、工厂等和农村单位制度——公社、大队、生产队将其固定在迁入地，一般情况下不能再离开。

随着我国市场经济的建立，改革的深化和普及，各种制度要么基本上取消，如粮食凭证供应制；要么在很大程度上改变，如城镇的就业用工制度；要么被行动者自己有意无意地冲破或改变，如户口制在一定程度上被身份证制度取代等。经济体制和管理制度对人口迁移的作用从抑制转为释放，带来了20世纪80

---

① 苍铭：《南方喀斯特山地及高寒山区生态移民问题略论》，载《青海民族研究》2006年第3期。

年代后以自由流动为主的人口迁移。而共和国前十七年中，区域经济和产业结构布局下的有组织有计划移民中的大多数，在国家一系列政策影响下，一般都在迁入地固定生活下来，这是当时社会政治、经济、文化共同作用的结果。

（三）主流——边疆移民

十七年共和国移民的大图景波澜壮阔，与产业结构布局密切相关，以计划型指令性为主。就产业结构布局而言，当时工业建设的重点在以京广铁路为界划分的"内地"，即今天所说的西部或边疆资源丰富的不发达地区；就农业垦荒而言，也只有广大西部边疆有可供开垦的土地。这些地方大多是"三线"建设的重点地区，还有发展热带作物的橡胶基地。高等院校院系调整和水利建设等其他人口迁移在这些地区都有涉及。将汉族的"人口众多"，与少数民族地区的"地大物博"结合起来的思想，同样明确地体现在国家政策指导中，这一时期人口迁移的主流因此以"沿海"向"内地"，东部向西部，大量汉族移入边疆少数民族地区的单向移动为主。从共和国十七年的移民图景中，我们能够清楚地看出以边疆移民为主的特点。

中华人民共和国成立初期，西北、西南地区经济在全国最为落后，华中、华北等中部地区经济也明显落后于东部沿海地区，因此，大致以京广铁路为界区分的沿海和内地具有后来东部、西部意义的区域经济概念。[①]工业建设大发展带来的人口迁移也就呈现出沿海向"内地"、东部向西部迁移的趋势，1954—1960年，人口净迁出的有山东、上海、湖南、安徽、浙江、贵州、河南、江苏、广西、河北10个省、自治区、直辖市；净迁入的有黑龙江、内蒙古、北京、四川、陕西、新疆、山西、辽宁、吉林、江西、福建、甘肃、青海、天津、广东、湖南、云南、宁夏18个省、自治区、直辖市。[②]

开发资源型的移民，如作为国家重点建设项目的宁夏回族自治区石嘴山煤矿，从20世纪50年代中期到60年代中期的十年间，经辽宁、江苏、山西、甘肃等各省煤矿选调了的大批干部、技术人员和工人支援煤炭开发，共迁入5万余

---

① 从20世纪80年代起"沿海"与"内地"概念逐渐被"东部"与"西部"概念取代。

② 沈益民、童乘珠：《中国人口迁移》，中国统计出版社1992年版，第154页。另：引文中的人口净迁出省份和净迁入省份都包括了湖南省，这种情况不可能出现，疑为将净迁入地区中的"湖北"错写为"湖南"。

名职工（见表1-6）。①

表 1-6　石嘴山煤矿从各省迁入职工数

省区	迁入职工数（人）	省区	迁入职工数（人）
陕西	4440	甘肃	6000
山西	2000	江苏	3000
东北	330	河北	5600
山东、河南	50	省外招工	30 000

所谓"三线"的概念，一般是指由沿海、边疆地区向内地收缩划分三道线。一线指东部沿海和边疆地区；三线指四川、贵州、云南、陕西、甘肃、宁夏、青海等省、区（俗称"大三线"）及山西、河南、湖南、湖北、广东、广西靠近内地的一部分，共涉及 13 个省、区；二线指一、三线之间的中间地带。按 20 世纪 80 年代以后的区域概念来说，三线地区实际就是除新疆、西藏之外的西部地区。

针对农业发展的滞后，粮食短缺的牵制，国家把垦荒、扩大耕地面积作为实现农业生产计划的一项重要措施。"广阔天地，大有作为"，大量人口参加农业生产是这一时期的一大特征，有 10 万解放军官兵西进新疆，有河南、河北等地向青海、甘肃的大规模移民，有青年志愿垦荒队和知识青年上山下乡……1958 年"支援边疆和少数民族地区社会主义运动"最初的移民计划为"中央决定自今年到一九六三年五年内，从内地动员五百七十万青年到这些地区去参加社会主义的开发和建设工作。这五百七十万人的分配如下：从河北动员去内蒙古五十万人；从河南动员去青海六十五万人，去甘南十五万人；从湖南、湖北、安徽、江苏动员去新疆二百万人（其中湖南六十万人，湖北四十万人，安徽四十万人，江苏六十万人）；从浙江动员去宁夏三十万人；从四川东部动员去四川以西地区一百万人；从山东动员去东北省八十万人；广东动员三十万人去海南和南路"。②之后，农垦部对 1959 年的移民做了具体分配，"今年从内地迁移到边疆和少数民族地区共 660 000 人（不包括中央决定到海南岛的复员军

① 沈益民、童乘珠：《中国人口迁移》，中国统计出版社 1992 年版，第 169 页。
② 《中共中央关于动员青年前往边疆和少数民族地区参加社会主义建设的决定》，云南省档案馆藏，档案号：125-2-0512。

人 40 000 人，四川到昌都的 1000 人），其中河南去青海 140 000 人，去甘南 50 000 人；浙江去宁夏 50 000 人；安徽（50 000）、湖北（110 000）、江苏（60 000），共去新疆 220 000 人；山东去黑龙江 150 000 人（其中去密山农垦局 30 000 人，去合江农垦局 20 000 人），去吉林 30 000 人，辽宁 20 000 人，青海 15 000 人，甘肃 8500 人；其他 446 500 人均搞农业"[①]。从这两个计划来看，农业垦荒移民的流向一目了然。根据《中国人口迁移》的统计，这一时期垦荒移民的主要迁出省份有山东（110 多万人）、河南（46.8 万人）、天津（12.9 万人）、浙江（9.7 万人）、湖南（3 万余人）、河北（1.4 万人）等省、市，共计迁出 180 余万人；移入地区多在东北、西北、内蒙古、云南、湖北等省区。[②]山东省是"一五""二五"期间，移出垦荒人数最多的地区之一，表 1-7 以山东省的情况为例反映垦荒移民情况。

表 1-7　1955 — 1960 年山东省有组织移民人数统计表[③]

年份＼迁往省区	黑龙江	吉林	辽宁	内蒙古	青海	合计
1955	47 489	8945	—	2414	—	58 848
1956	178 984	—			10 195	189 179
1957	40 187	—				40 187
1958	115 723	—				115 723
1959	202 562	25 101	12 444			240 107
1960	224 053	113 000	125 447	—		462 500
总计	808 998	147 046	137 891	2414	10 195	1 106 544

　　边疆移民趋势的出现除了产业结构布局、区域经济建设等原因外，还源于人口的压力。早在 1935 年，中国人口地理学家胡焕庸就收集了 1933 年全国各省、县的人口数字，写成《中国人口之分布》，文中创制了全国第一张人口密度图，

---

　　① 《农垦部党组关于执行中央动员内地青年前往边疆地区参加社会主义建设的决定而召开的会议的报告（1959 年 3 月 27 日）》，载农垦部政策研究室等编《农垦工作文件资料选编》，农业出版社 1983 年版，第 343 页。

　　② 沈益民、童乘珠：《中国人口迁移》，中国统计出版社 1992 年版，第 178 页。

　　③ 沈益民、童乘珠：《中国人口迁移》，中国统计出版社 1992 年版，第 179 页。

首次发现了爱辉（今属黑河市）—腾冲直线这一条至今仍有重要意义的人口地理界线。该线以东的中国东部，面积约占全国的36%，人口占全国96%；该线以西的西部，面积约占全国的64%，然而人口仅占4%。[1]而且当时我国东南部至台湾省正被日本军国主义霸占，而北部的外蒙古尚未正式独立。到1990年，据全国人口普查的结果，东部人口占全国的94.2%，西部占5.8%。经历了半个多世纪，西部和东部人口所占全国的百分比，仅仅有1.8%的增减变化，表明了该线的客观稳定性。[2]其中，东部城市人口的压力尤为明显，以当时最大的城市上海为例，至1956年，上海已经动员了108万人口支援外地，但从1956年6月到1957年10月的短短一年零五个月间，上海市的常住人口从607万人增加到686万人，临时人口从6万人增加到34万人，共计增加112万人；其中除自然增长的30万人以外，由外地流入的有82万人。[3]

中华人民共和国建立后的十七年间，中小学毕业生就业安置长期以下乡为主要方向和原则，但每年要有那么多人在农村就业，并不容易，因为与人口相比，我国可耕地的面积很小，在很多地方，农村最缺的是土地，而不是劳动力，中国东中部农村长期以来人地矛盾突出，在一些地方，农民自发向边疆地区及境外的流动已成为传统，形成闯关东、下南洋、走西口几个清楚的流向。再者，越是像上海、天津这类知青最集中的大城市，其附近郊区和农村对知青的容纳量越有限。凡此种种，使国家在将插队作为知青下乡方向的同时，也在设法另辟蹊径，这就是到外省市，主要是边疆地区去支边，当时称之为"跨省安置"。中小城市和城镇的知青以到附近农村插队的居多，但在人口密集的大城市和一些省份跨省安置的知青甚至超过在附近插队的人数，从内地农村移民到边疆垦荒就更为常见。新疆是上海社会青年安置的主要地区之一，1961年有少量上海社会青年进疆，其中安置在兵团农一师的有近400人。1963年，周总理又指示上海市委工作团赴新疆生产建设兵团的农一、二师塔里木垦区，进行了安置长期计划的考查，这些地区后来就成为上海市安置青年学生的基地。到1966年上半年为止，上海市共动员9万余名社会青年、应届毕业生迁往新疆，大部分进入了生产

---

① 胡焕庸：《中国人口之分布》，载《地理学报》1935年第2期。

② 查瑞传、曾毅、郭志刚主编：《中国第四次全国人口普查资料分析（下）》，高等教育出版社1996年版，第3页。

③ 定宜庄：《中国知青史——初澜（1953—1968年）》，中国社会科学出版社1998年版，第136页。

建设兵团。[①]在从 1963 年 7 月到 1966 年 10 月短短 3 年多的时间里,新疆生产建设兵团从上海、北京、天津、武汉四市和江苏、浙江两省,一共接收了知识青年 126 700 人,这个数字是"文化大革命"之前全国全部城市上山下乡知识青年总人数的约十分之一。[②]奔边疆、进山区的知青队伍,因此与"下乡"相对,被称为"上山",概括了安置知识青年的两大去向。整个共和国十七年,垦荒移民的重点只能是边疆地区,同时在大批计划移民迁入广大西部边疆地区垦荒的影响下,虽然人口自由迁徙受到限制,自发移民迁入边疆谋生也从未真正停止。

西部边疆作为人口绝对主要迁入区的地位是毋庸置疑的,仅 1959 年一年,青海、新疆、黑龙江、宁夏四省区"共安置支边青年 39 万 9000 余人,家属 9 万 8000 人。其中青海 5 万 2000 人,宁夏 5 万余人,黑龙江 15 万 9000 余人,新疆 13 万 9000 余人",其中分配在农业生产方面的占了大头,有 33 万 6000 余人(到国营农牧场 23 万 6000 多人,到人民公社插队 10 万人);其余是分配在工矿企业、铁路交通、国营林场和基本建设方面的 6 万 3000 余人。[③]不管是在工业、农业还是其他领域;无论是南下、支边、精简下放或上山下乡等何种形式的人口迁移,都具有边疆移民的大趋势。

从总体上看,我国省际人口净迁出的地区是东部沿海的上海、山东、辽宁和西南的四川等省、市;迁入迁出基本持平的是西藏自治区;其余三北地区和中南、西南等省、自治区、直辖市都是净迁入地区。净迁入率较高的有以下 16 个省、自治区、直辖市:新疆(7.52‰)、黑龙江(7.21‰)、宁夏(6.72‰)、青海(6.36‰)、内蒙古(4.68‰)、北京(3.53‰)、江西(2.65‰)、天津(2.32‰)、山西(2.22‰)、陕西(2.12‰)、云南(2.11‰)、广西(1.56‰)、河北(1.56‰)、贵州(1.41‰)、安徽(1.39‰)和福建(1.20‰)。[④]应该指出的是,20 世纪 70 年代末以来,我国人口自由流动量增加,且日益呈现出由边疆向内地、西部向东部沿海地区流动的趋势,移入西部边

---

① 定宜庄:《中国知青史——初澜(1953 — 1968 年)》,中国社会科学出版社 1998 年版,第 365 页。

② 定宜庄:《中国知青史——初澜(1953 — 1968 年)》,中国社会科学出版社 1998 年版,第 367 页。

③ 农垦部移民局:《关于支边青年安置巩固工作的报告》(1959 年 12 月 29 日),云南省档案馆藏,档案号:125-2-0704。

④ 沈益民、童乘珠:《中国人口迁移》,中国统计出版社 1992 年版,第 147 页。

疆的人口有所减少，因此如果仅考察 1966 年以前的情况，西部和边疆地区的人口迁入率一定还会更高。

综上所述，1950 — 1966 年是中华人民共和国历史上人口大迁徙的一个重要时期，资源的开发、工业基地的建设、垦荒的开展及社会各项事业的发展带来了大规模的人口迁移，与"文化大革命"时期的混乱与无序不同，这一阶段的迁移人口在经济建设的大旗下，在各个行业领域中发挥作用。同时，共和国十七年移民与宏观产业结构布局和区域经济格局相联系，受当时经济体制与政策的影响，呈现出以国家宏观政策调控为主，以国家计划和政府指令为主，移入边疆的主流趋势，与 20 世纪 80 年代后人口迁移以市场调控为主，自发双向流动及由此带来的城市化运动不同的特征，即迁移的变化过程波状起伏大、阶段性强。在移民指导思想、流动方向及范围等方面，1950 — 1966 年的共和国移民都有自己独特的特征。

第二节　云南"文化大革命"前的边疆移民

中华人民共和国前十七年的人口迁移具有一般性的特征，而在不同的地区，受不同因素的影响，不同地域范围的人口迁移又存在差别。作为中国西部省份，云南这一时期的人口迁移与其他边疆省份相比，虽然不是规模最大、最显著的，但却是极有特点的。云南十七年移民的历史，既能反映这一时期中国移民的大趋势，又体现了宏观历史中的地方社会的个性化特点。本部分将对云南人口迁移现象作具体研究：通过形式人口学的统计和数学分析，以及对移民事件和类型的研究，详细分析 1950 — 1966 年的云南人口迁移。

一、十七年迁移数量

人口过程（Population Process），在社会人口学领域中又称为人口动态（Population Dynamics），指的是最基本的人口变化，所涉及的主要是生命事件，也就是出生、死亡和迁移，人口过程是人口学研究最基本的内容之一。[①]在形式上，人口过程通常表现为人口数量的增减，其中除了新一代出生成长和老一代衰老死亡不断更替的人口再生产外，人口迁移是引起人口数量、空间分布变化的主

---

① 李若建编著：《人口社会学基础》，中山大学出版社 1992 年版，第 6 页。

导因素。

1949年10月1日，中华人民共和国成立；1949年12月，中国人民解放军入滇，云南正式确立了中华人民共和国的政权组织。此后直到1966年"文化大革命"开始之前的时期，是云南社会文化发展变化的一个重要阶段，各项事业纷纷恢复、建立和发展，带来了不少的人口迁移和流动。由于人口迁移时时进行，因迁移引起的人口机械变动与人口的自然变动混杂在一起，十分复杂，统计资料很多时候并不能完全地反映情况，因此有关云南人口迁移的有限材料与相关数据的记录也不尽相同。下文将列出主要统计文献中的数据（详见表1-8），并加以分析。

表1-8 云南省历年人口迁移状况表[①]

年度	平均人口（人）	迁入		迁出		净迁移	
		人数（人）	‰	人数（人）	‰	人数（人）	‰
1954	17 745 141	607 379	34.23	615 047	34.66	− 7668	− 0.43
1955	18 034 301	802 717	44.51	839 973	46.58	− 37 256	− 2.07
1956	18 336 634	1 197 332	65.30	1 087 012	59.28	110 320	6.02
1957	18 823 643	764 157	40.60	742 708	39.46	21 449	1.14
1958	19 033 898	934 415	49.09	926 696	48.69	7719	0.40
1959	19 244 153	1 104 672	57.40	1 110 683	57.72	− 6011	−0.32
1960	19 144 487	927 796	48.46	929 377	48.55	− 1581	−0.09
1961	19 034 725	499 041	26.22	493 088	25.90	5953	0.32
1962	19 315 589	415 265	21.50	406 415	21.04	8850	0.46
1963	19 924 010	393 535	19.75	364 387	18.29	29 148	1.46
1964	20 547 601	529 015	25.75	481 290	23.42	47 725	2.33
1965	21 209 990	768 176	36.22	641 213	30.23	126 963	5.99
1966	21 960 000	697 697	31.77	602 293	27.43	95 404	4.34
1967	22 580 000	614 700	27.22	679 700	30.10	− 65 000	− 2.88
1968	23 255 000	737 600	31.72	590 600	25.40	147 000	6.32

---

① 数据来源于沈益民、童乘珠《中国人口迁移》，中国统计出版社1992年版，第314页。

表 1-8 详细统计了 1954 — 1966 年云南人口的迁移状况，包括迁入人数及百分比、迁出人数及百分比，及净迁移人数和百分比，是有关十七年云南人口迁移最具体和完备的资料。但是，表中的有关数据仍然需要加以鉴别和注意，一是统计没有区分开省际迁移和省内迁移，表中的数字不能真实地反映省际迁移的客观状况。二是因多种原因造成有的人口迁移被反复统计，例如省际迁移的人口在迁入后又在省内继续迁移，或者在迁入一段时间后又会迁离等情况，因此其定义的"迁移人口"可能是"流迁人口"，难以从中准确区分流动与迁移，其统计的迁移量可能高于实际移入或移出的人数。三是统计数字会有误差，例如有些基层单位为虚报冒领口粮等计划公用物品而多报迁入人口；有些基层单位，将一些本地人口出生的孩子作为迁入人口登记等。此表统计的净迁移量与表 1-10 计算得出的数字有所出入，由于资料和条件的限制，不能确定哪一个更加准确，因此将它们分别列出。

表 1-9　云南省历年总人口、出生、死亡、自然增长率表[①]

年代	总人口（万人）	增长率（%）	出生人口（万人）	出生率（‰）	死亡人口（万人）	死亡率（‰）	自然增长人口（万人）	自增率（‰）
1953	1730.6	3.20	60.40	35.26	26.72	15.60	33.67	19.66
1954	1767.8	2.10	66.30	37.91	29.25	16.72	37.05	21.19
1955	1805.8	2.10	57.90	32.40	24.53	13.73	33.37	18.67
1956	1841.6	2.00	63.37	34.75	27.74	15.21	35.63	19.54
1957	1896.8	3.00	67.80	36.27	30.45	16.29	37.35	19.90
1958	1914.5	0.90	46.00	24.19	49.98	26.26	−3.98	−2.07
1959	1911.9	−0.10	40.00	20.93	34.34	17.95	5.66	2.98
1960	1894.6	−0.90	46.00	24.19	49.98	26.26	−3.98	−2.07
1961	1899.9	0.30	36.80	19.40	22.45	11.84	14.35	7.56
1962	1963.7	3.40	76.71	39.71	20.97	10.85	55.74	18.86
1963	2021.1	2.90	85.96	43.15	28.17	14.14	57.79	29.01

①　数据来源于《世纪之交的中国人口（云南卷）》，中国统计出版社 2005 年版，第 17 页。原书表中的单位"人"有误，应以"万人"为单位。

续　表

年代	总人口（万人）	增长率（%）	出生人口（万人）	出生率（%）	死亡人口（万人）	死亡率（%）	自然增长人口（万人）	自增率（‰）
1964	2 088.4	3.30	93.83	45.66	31.29	15.23	62.54	30.43
1965	2 160.4	3.40	93.50	44.01	27.56	12.99	65.94	31.00
1966	2 231.9	3.30	85.60	38.97	23.72	10.80	61.88	28.17
1967	2 287.1	2.50	81.05	35.87	22.58	10.00	58.47	25.87

　　鉴于表1-8中的迁移数字可能出现的不准确状况，按照表1-9的数据，我们可以推算1954—1966年的云南省人口机械增长情况（见表1-10）。因为省际迁移能改变全省人口的数量，在已知年净增人口数和年人口自然增长数的条件下，可以采用下面公式计算：

$$人口机械增长数 = 净增人口数 - 人口自然增长数$$

表1-10　云南省历年人口增长、自然增长、机械增长人数表

年份	净增人口数（万人）	人口自然增长数（万人）	机械增长（万人）
1954	1767.8 － 1730.6 = 37.2	37.05	0.15
1955	1805.8 － 1767.8 = 38	33.37	4.63
1956	1841.6 － 1805.8 = 35.8	35.63	0.17
1957	1896.8 － 1841.6 = 55.2	37.35	17.85
1958	1914.5 － 1896.8 = 17.7	3.70	14
1959	1911.9 － 1914.5 = −2.6	5.66	−8.25
1960	1894.6 － 1911.9 = −17.3	−3.98	−13.32
1961	1899.9 － 1894.6 = 5.3	14.35	−9.05
1962	1963.7 － 1899.9 = 63.8	55.74	8.06
1963	2021.1 － 1963.7 = 57.4	57.79	−0.39
1964	2088.4 － 2021.1 = 67.3	62.54	4.76
1965	2160.4 － 2088.4 = 72	65.94	6.06
1966	2231.9 － 2160.4 = 71.5	61.88	9.62

需要指出的是，这里计算得出的是省际净迁移人数，因为只有省际人口的迁入或迁出才会引起人口的机械增长。另外，净迁移指的是某一地区人口迁入数与迁出数之差，并不直接等于人口迁入数，当人口迁入或迁出相互抵消之后，即使机械增长率为负，也并不等于没有人口迁入。尽管制度的抑制降低了移民的规模，但还不足以杜绝迁移行为的发生，所以中国存在人户分离的现象，自发人口迁移处于隐蔽的、不合法的定位，经常性居住地与户口登记地不一致，如果进一步考虑到部分户口并未迁入或未落户的迁移人口，这里计算得出的数字是指省际移民中的一部分——办妥户口迁移的移民，真正的净迁移量可能要稍高一些。以上的分析说明，从净迁移量来看，可能存在形式上净迁出掩盖了实际上净迁入的情况。

表 1-11　云南省历年农业人口、非农业人口、城镇人口、乡村人口[①]

年份	总人口数	农业人口		非农业人口		城镇人口	
		人数（人）	占总人口（％）	人数（人）	占总人口（％）	人数（人）	占总人口（％）
1949	15 950 000	14 168 385	88.83	1 781 615	11.17	775 170	4.86
1950	16 267 344	14 450 282	88.83	1 817 062	11.17	790 058	4.86
1951	16 602 305	14 747 827	88.83	1 854 478	11.17	806 181	4.86
1952	16 951 246	15 057 791	88.83	1 893 455	11.17	822 634	4.85
1953	17 306 019	15 372 620	88.83	1 933 399	11.17	839 432	4.85
1954	17 677 545	16 105 388	91.11	1 572 157	8.89	1 938 244	10.96
1955	18 058 301	16 186 622	89.64	1 871 679	10.36	2 014 937	11.16
1956	18 416 269	16 542 971	89.83	1 873 298	10.17	2 177 158	11.82
1957	18 967 788	17 169 982	90.52	1 797 806	9.48	2 371 303	12.50
1958	19 144 837	16 473 481	86.05	2 671 356	13.95	3 496 920	18.27
1959	19 119 262	16 554 754	86.59	2 564 508	13.41	3 476 056	18.18
1960	18 945 504	16 158 532	85.29	2 786 972	14.71	3 052 499	16.11

[①]　来源于云南省人口普查办公室、云南省统计局人口处、云南省公安厅三处编《云南省人口统计资料汇编（1949~1988）》，云南人民出版社 1990 年版，第 4-5 页。

续 表

年份	总人口数	农业人口		非农业人口		城镇人口	
		人数（人）	占总人口（％）	人数（人）	占总人口（％）	人数（人）	占总人口（％）
1961	18 998 564	17 043 245	89.71	1 955 319	10.29	2 803 921	14.76
1962	19 637 231	17 765 244	90.47	1 871 987	9.53	2 750 308	14.01
1963	20 210 789	18 255 011	90.32	1 955 778	9.68	2 474 108	12.24
1964	20 884 412	18 822 205	90.13	2 062 207	9.87	2 960 984	14.18
1965	21 603 616	19 254 438	89.13	2 349 178	10.87	2 613 879	12.10
1966	22 318 616	19 811 970	88.77	2 506 646	11.23	2 739 152	12.27

表 1–11 中的数据并不直接关联人口迁移，但鉴于云南的历史情况，城镇人口不多，而且非农业人口中有很大一部分来自省外移入人口，还有一部分来自农村的各行业工人也属于省内人口迁移，从城镇人口和非农业人口的变化也可以一窥云南人口迁移的情况，并可用此表的数据与其他数据互证。例如，按《云南省人口统计资料汇编（1949～1988）》记载，1955 年全省全年平均人数[1]17 867 923人，出生 579 052 人，出生率 32.41‰；死亡 245 327 人，死亡率 13.73‰；自然增长率 18.68‰，[2]全年出生人数减去死亡人数，计算得出自然增长 333 725 人。据表 2–4 数据，1955 年总人口较 1954 年增长 380 756 人，用增加的人口减去自然增长的人口计算得出 1955 年云南人口机械增长，即净迁移 47 031 人。这个计算结果与表 2–3 中计算得出得 1955 年人口机械增长 4.63 万人相差无几，说明了二者的数据可靠性。

鉴于人口迁移的复杂多变，以上数据都存在一定误差或不准确的地方，但将它们结合起来，可以大致看出共和国十七年中云南人口迁移的基本数量。

---

① 全年平均人数 =（本年总人口数 + 去年总人口数）÷2。——著者注
② 云南省人口普查办公室、云南省统计局人口处、云南省公安厅三处编：《云南省人口统计资料汇编（1949~1988）》，云南人民出版社 1990 年版，第 372 页。

二、迁移事件

鉴于移民历史的经常性与复杂性，统计数据可能的不完全性与非文字性，以下将查找到的关于 1950 — 1966 年云南人口迁移的资料按年代列出，尽管不能穷尽所有，也能够与数字互相补正，反映历史状况。关于同一事件收录在多个文献或材料中的情况，不论其描述的基本事实与观点相同或相异都会予以列出并注明出处。鉴于人口变迁的复杂性，有的材料属于人口迁移还是流动尚无定论；有的材料并未直接指出人口迁移，但所述事件与移民存在一定的联系，为了能更全面地反映历史情况，这些材料也将一并列出。以下材料都按顺序编号，以便后文使用和分析。

① 据云南省组织部门人事统计，50 年代从山东、河北、山西、安徽等省进入云南的干部和大学学员有若干批，共计 7000 余人。[《云南省人口统计资料汇编（1949~1988）》第 372 页]

② 1950 年 1 月 11 日，受中共中央派遣，率领中国人民解放军西南服务团云南支队赴云南工作的宋任穷同郑伯克（原云南地下党省工委书记，滇桂黔边区党委副书记）在贵州盘县会晤，互相通报了情况……西南服务团云南支队在云南组成，下辖 7 个大队，共 3897 人……由原东北军区骑兵支队长刘林元任支队长，原中共南京市委办公厅副主任马继孔任支队政委。……2 月 20 日进驻昆明，昆明市军事管制委员会成立后，他们分别编入曲靖、玉溪、楚雄、武定各专署参加接管工作。[《当代云南大事纪要（1949~2006）》（增订本），第 6 页]

③ 1950 年 2 月 20 日，陈赓司令员、宋任穷政委率部队进入昆明……四野三十八军和五兵团四十九师，随即于 1950 年春奉命调离云南；十五军除四十三师留驻昭通外，其余部队于 1951 年春奉命参加抗美援朝战争；十三军于 1968 年底奉命调防四川重庆；十四军和原四兵团的大批老同志长期留驻云南。[《戍边五十年——纪念中国人民解放军第四兵团进军云南暨云南解放五十周年·序言》]

④ 1951 年 7 月，针对逃往缅甸境内的蒋军残部在边疆地区频繁窜扰的情况，云南省人民政府、云南军区联合发出公告，在"反对帝国主义及残余匪特的扰乱破坏、加强民族团结、巩固国防"的总口号下，部署部队全面进驻云

南边疆。第十三军的三十九师从思普（现普洱县）推进到思茅、勐海、澜沧、西盟等地。滇南卫戍区所属公安甲团进驻勐腊、尚勇等地。公安丙团进驻孟连县。公安大队进驻车里（现景洪县）之橄榄坝，后备营进驻江城县。第十四军的第四十师从大理推进到缅宁（现临沧县城）、双江、耿马、镇康等县。滇西卫戍区所属公安甲团进驻镇康县的铜厂、南伞、勐捧等地，公安乙团进驻勐董（现沧源县城）、班洪等地。1952年6月，这些公安团扩编为9个边防公安团。到1954年，云南边疆驻军有4个师（即三十八师、三十九师、四十师、四十一师）和边防公安部队12个团，3个独立营。
［《当代云南大事纪要（1949~2006）》（增订本），第30-31页］

⑤ 1951年9月，云南省农林厅林业局成立了林垦处，并在滇东南金平（勐拉）、滇南普洱（车里）分设了两个林垦工作站，在滇西保山设立林业办公室（下设林场）。……当年10月份就组成了以著名植物学家秦仁昌、蔡希陶及冯国楣为首的三个调查队，分赴滇西、滇东南和滇南地区进行产胶植物资源调查。1953年1月，西南局又派了一批干部到云南筹建云南省垦殖局，同时在林业部的支持下，组建了有林业部、中国科学院有关研究所、中央军委气象局、西南农学院、南京农学院等单位专家及5位苏联专家参加的中苏专家调查队，分赴蒙自（金平、河口）、普洱（西双版纳）、保山（德宏）地区进行橡胶宜林地调查……2月，云南垦殖局成立，直属中央人民政府林业部，下设蒙自、保山两个垦殖分局，在普洱设分局筹备处以及河口、勐拉垦殖所，并筹建了13个林场，职工达3000余人。3月中央又组织中国科学院有关专家。东北森林测量队和西南有关高等院校教授、讲师、学生，由垦殖局和当地政府配以行政领导和卫生、会计人员共1 306人组成的宜胶资源调查勘察队，到保山、蒙自、思茅三个地区进行宜胶资源调查勘察。［《中国农业全书·云南卷》，第257-258页］

⑥ 1953年，贵州大学的文理科合并到云南大学，机械系迁往云南昆明，与云南大学工学院组建昆明工业学院。［《中国人口迁移》，第182页］

⑦ 1953 — 1955年，为了妥善安置城市失业和无业人员，全省除了动员一部分来自农村的失业人员还乡生产外，还动员了城镇失业青年4164人下乡参加农业生产。1962 — 1964年底，全省又动员城市知识青年和社会闲散劳动力11748人上山下乡。其中，安置到国营农场6722人，到农村生产队插队5 026人。［《云南经济事典》，第423页］

⑧　1954 年 10 月 5 日，由朝鲜回国参加云南社会主义建设的 700 余名志愿军指战员到达昆明，昆明市各界代表前往车站迎接。[《当代云南大事纪要（1949~2006）》（增订本），第 78 页]

⑨　1956 年 1 月 6 日，昆明市青年垦荒队第二批 500 名队员出发，到德宏傣族景颇族自治区的芒市、遮放、盈江、陇川、莲山建立青年集体农庄，垦荒生产。[《当代云南大事纪要（1949~2006）》（增订本），第 100 页]

⑩　1956 年 1 月 6 日，昆明市青年垦荒队第二批 500 名队员出发，到德宏傣族景颇族自治区……建立青年集体农庄，垦荒生产。[《云南省经济大事辑要（1911~1990）》，第 140 页]

⑪　1956 年 1 月，中央从华南垦殖局调来 570 多名领导骨干、业务干部和部分生产工人，省热带作物试验指导所组建为省农业厅热带作物局。当年在河口的槟榔寨（原第一垦殖场）、洞坪、南溪、坝洒、蚂蝗堡，西双版纳的景洪、广龙和德宏的遮放，扩建、新建了 8 个垦殖场，发展橡胶、咖啡等热带作物。[《中国农业全书·云南卷》，第 258 页]

⑫　云南省各部门、各单位对需要的职工，实行统一招收。1956 年以前主要是招收城镇失业和求业人员。1957 — 1965 年，基本上是"先本地，后外地"，"先城市，后农村"。1963 — 1965 年，还安排到省外招工。1966 年"文化大革命"开始后，城镇知识青年上山下乡，招工主要从农村招收（包括上山下乡满两年的知识青年）。[《云南经济事典》，第 420 页]

⑬　1957 年 4 月 14 日从解放以来共有 11.7 万多名复员军人由部队回到云南……其中 80% 以上都回乡参加了农业生产。[《云南省经济大事辑要（1911~1990）》，第 156 页]

⑭　1958 年 1 月 3 日，省级机关 1 500 多人在云南艺术剧院集会，欢送省级机关首批 738 名下放干部。……1 月 11 日，第二批下放的省级机关干部出发，有 2 761 人。[《当代云南大事纪要（1949 ~ 2006）》（增订本），第 134 页]

⑮　1958 年 2 月间，国务院从华东、四川、东北等地调集了一批煤炭工业的技术人员和管理干部，其中有地质勘探，矿井设计，基建施工，经济管理等专业人员到云南，组建了煤炭工业部云南煤炭管理局。3 月间，国务院从中央国家机关和部属企业抽调化学工业方面的技术人员和管理干部共 200 余人，陆续到云南……同年组建了云南化学工业厅。[《云南省经济大事辑

要（1911~1990）》，第 162 页、164 页〕

⑯ 1958 年，11 月间，文山、思茅、临沧、丽江、怒江等地（州）委向省委报告，今年以来发生边民外逃现象。外逃人数多达 8 万多人。〔《云南省经济大事辑要（1911~1990）》，第 170 页〕

⑰ 1959 年 2 月 25 日，中共云南省委指示省农垦局党组与省农办党组，要求省外向云南移民肯定可以，但是否现在就要还需作考虑，不必仓促行事。7 月，国家农垦部王震部长口头同意调给云南 8000 至 1 万名外省移民，充实国营农场的特种经济林木战线。并指示要云南补写一个报告（后云南写的报告中提出向滇移民 5000 人）。9 月 24 日，中共中央书记处……决定增加向云南移民的人数。……发出了《关于从湖南省原决定支援新疆自治区的劳动力中抽调 5 万人给云南省的通知》。……12 月 1 日，省委批转省动员安置委员会关于接运、安置湖南调滇人员的计划。12 月 26 日，首批湖南醴陵县 800 余名青壮年及其家属到达昆明并分赴边疆国营农场。〔《云南五十年——中共云南省社会主义时期大事记》，第 71 页〕

⑱ 1959 年 3 月 24 日，中共云南省委机关召开参加体力劳动干部动员报告大会。1959 年第一批下放到工厂、农村参加体力劳动的干部达 1 100 多名，其中还包括一部分厅（局）长和处（科）长。〔《当代云南大事纪要（1949~2006）》（增订本），第 164 页〕

⑲ 1958—1960 年，在全国"大跃进"运动中，云南垦区……提出到第二个五年计划结束时（即 1962 年），全省橡胶面积发展到 13.33 万公顷。3 年共接收军队复员转业官兵、下放干部、省内移民及湖南支边青壮年等 6 万余人。〔《中国农业全书·云南卷》，第 258 页〕

⑳ 根据云南、湖南两省协议，1959—1960 年，湖南农村 3.72 万人（其中青壮年 2.18 万人，家属 1.45 万人）支援边疆农场建设。〔《云南省志·农垦志》，第 344 页。其括号中二者相加少于 3.72 万人，家属"1.45 万人"疑当为"1.54 万人"〕

㉑ 自 1959—1960 年，湖南省向云南的思茅地区、红河地区、德宏地区、临沧地区的数十个农场共移民 36 695 人，其中青壮年 22 307 人，家属 14 658 人。〔《中国人口·云南分册》，第 207 页；《云南省志·人口志》，第 86-87 页。其中青壮年人口与家属人口相加超过 36 695 人，青壮年人口数疑当为 22 037 人〕

㉒　1959 年 12 月至 1960 年元月和 1960 年 10 月份，云南省先后接收湖南支边人员两批，共 36 637 人……［《关于湖南支边人员私自返乡的几个问题》，云南省档案馆藏，档案号：125-2-1027］

㉓　湖南省祁阳县参加云南边疆社会主义建设的支边人员共计 5060 人，其中男 2581 人，占总人数 51%，女 2479 人，占总人数 49%。［《接收湖南省祁阳县支边人员数字综合情况》（1960 年 11 月 19 日），云南省档案馆藏，档案号：125-2-0516］

㉔　湖南省祁东、祁阳县参加云南省边疆社会主义建设的支边人员共计 21 331 人，其中男 10 859 人，占总人数 50.9%，女 10 472 人，占总人数 49.1%。［《接收湖南省祁东、祁阳县支边人员综合数字情况》（1960 年 11 月 19 日），云南省档案馆藏，档案号：125-2-0516］

㉕　1960 年 6 月 26 日，一批印尼归国华侨学生 90 多人，由广州到达昆明，受到省、市有关方面负责人及省、市各族青年学生和归侨 500 多人的欢迎。随着近千名印尼归侨学生分别于 6 月 30 日，7 月 14、15、18 日，8 月 3 日先后抵达昆明，都受到热烈的欢迎和接待，并分别安置在昆明的一些中学学习。9 月份又有 1200 多名印尼受害华侨到云南参加祖国社会主义建设，受到省、市领导和人民的热烈欢迎及安置。［《当代云南大事纪要（1949~2006）》（增订本），第 189 页］

㉖　1960 年 8 月 18 日，省委清理劳动力小组发出《关于清理劳动力问题若干规定》的通知。通知规定：清理回农村生产的劳动计划 40 万人，即县以上应下 20 万人以上，管理区下 20 万人以上。县以上的企业、事业单位的职工，上半年为 114 万人，再在 114 万以内再精简 8 万人，把全省的劳动力指标压缩到 106 万人，办法是：基建队伍压缩 5 万人；中央、省、专县工业企业压缩 2 万人；中央驻昆单位和省级国家机关按现有人数压缩 1 万人，其中 1/3 到直属企业，2/3 下到专县，以顶替企业和专县多下放一些劳动力回到农村。［《云南省经济大事辑要（1911~1990）》，第 185 页］

㉗　1960 年 10 月 19 日，中共云南省委发出指示，据 9 月底统计，全省已清理下放劳动力 81 万人，但清理还不够彻底。为此，从现在起立即关闸，3、5 年之内任何地区，企、事业单位一律不得再从农村抽调劳力；严格执行今年全省企、事业和国家机关 106 万人的劳动计划，可以空编，但不许突破；严格控制城市人口，年底前全省吃城市口粮人口再减少 20 万人左右，要求全

省企、事业单位和机关职工缩减 20 万人，公社及管理区调回生产队 30 万人以上，清理超龄学生 20 万人，当年可下放 70 万人回到农村搞生产。12 月3 日，云南省委向中共中央和中共中央西南局呈送《关于清理劳动力情况的报告》。《报告》汇报：根据 7 月中央北戴河会议关于清理劳动力的精神……到 10 月底，全省已下放 84 万人，加上生产小队由后方调给前方 30万人，使今秋农业第一线共增加劳动力 110 万人。[《云南五十年——中共云南省社会主义时期大事记》，第 82 页]

㉘ 1958—1961 年……云南西、南部边疆少数民族地区人口外流现象严重，4 年累计净迁出人口近 16.83 万人。[《世纪之交的中国人口（云南卷）》，第15 页]

㉙ 1961 年元月至五月，先后由湖南祁东、祁阳、醴陵及其他各县以探亲访友为名，盲目流入我省边疆国营农场 204 人……[《云南省农垦局关于遣返湖南盲流人员途中所需经费粮食的请示报告》，云南省档案馆藏，档案号：125-2-0865]

㉚ 1962 年 4 月 2 日，省委批转省精简小组《关于 1962 年继续精简职工和减少城镇人口安排意见的报告》。报告提出：1962 年精简职工 84 000 人，全年计划增加职工 24 000 人，增减两抵净减 60 000 人，年末全省职工控制在807 200 人。1962 年减少城镇人口 115 000 人，增加人口（主要是自然增长）41 000 人，增减两抵，净减城镇吃商品粮人口 74 000 人，年底全省吃商品粮人口控制在 1 900 000 人。5 月 28 日，省委召开各地（市）文教书记会议讨论文教系统的调整和精简问题。会议决定，1962 年全省文教系统精简 1万到 1.2 万人。大学、中师、初师和中级卫校毕业生 6000 余人……两项共处理 1.6—1.8 万人。[《云南省经济大事辑要（1911~1990）》，第 201 页、203 页]

㉛ 1962 年 5 月上旬，据统计，云南境外的蒋军残部官兵，两年来共有 681 人向我投诚。[《当代云南大事纪要（1949~2006）》（增订本），第 216 页]

㉜ 1961 年和 1962 年，云南橄榄坝农场先后吸收了 85 名青年，占全场职工总数的 2.6%……是由云南省农垦厅统一安排，从昆明市动员来的。他们中年龄最小的仅有 15 岁，最大的也只有 19 岁。[《橄榄坝农场的知识青年普遍要求回家另谋出路》，载《团的情况》1963 年第 1 期。转引自定宜庄《中国知青史——初澜（1953 — 1968 年）》，第 312 页]

㉝ 1964 年 4 月 6 日，中共云南省委批转了省委组织部《关于从省级机关、厂矿、学校选调一批青年知识分子干部到县工作的情况报告》。《报告》说，从 1963 年底，选调了一批青年知识分子干部到县区工作，已参加了各地农村社会主义教育运动，人数共 470 人。4 月 23 日，中共云南省委批转省委边委《关于发展边疆地区手工业和商业意见的报告》。《报告》说，云南边疆地区经济非常落后，不少地方没有集镇，没有街场，商品交换很不发达，应在大力发展农副业生产的同时，大力发展手工业，大力发展商品交换，适当增加城镇人口，逐步发展和建立一些新集镇。……三、有计划地动员一批内地手工业技术工人到边疆安家落户，1964 年内先动员 2000 人去。[《当代云南大事纪要（1949~2006）》（增订本），第 245-246 页]

㉞ 1964 年 11 月 15 日，中国科学院党组电告中共云南省委，根据党中央关于加强三线建设的精神，拟将北京直属的动、植物研究所有关部分迁至昆明，加上昆明原有的动植物所，逐步形成西南生物研究中心。另外，轻工部、化工部、重工系统等也纷纷与云南联系，商讨所属部分机构搬迁事宜，三线建设逐渐升温。[《当代云南大事纪要（1949~2006）》（增订本），第 250 页]

㉟ 1964 年 11 月 25 日，遵照中央和省委关于迅速抢通中越、中老边境公路的指示，按省委战备领导小组（64）03 号"关于修建国防公路有关问题"的通知，目前，我厅已经上路的民工和干部 32 824 人，其中经审查够出国条件有 7000 人，具备出国条件在国内有 3500 人，共 10 500 人。这些具备出国条件的干部和民工，按原规定有 4000 人是三至五年的轮换工；有 6500 人是完成一项工程任务后下马的。……省委书记健民同志 11 月 16 日指示，今年我厅新上路具备出国条件民工和干部 10 500 人，拟在完成该项工程任务后，按原建制继续保留下来，不再照规定期限轮换或复员，以适应我省战备公路和三线公路建设的急需，可以减少再次招工动员费的开支和由于新工上路技术生疏造成功效低的浪费，又不过多增加固定职工指标。至于使用期限问题，拟基本固定下来，视今后情况再作考虑。如劳动部门无意见，我们即遵照健民同志的指示执行。[《关于今年新上民工中具备出国条件人员使用期限问题的报告》（1964 年 11 月 25 日），云南省档案馆藏，档案号：116-1-234-123~124]

㊱ 1965年，根据省委决定，四川省今年支援我省一万名劳动力。分配给以下单位，省交通厅四千，其中公路修建三千五百人，汽车技工学校培训司机五百人（成都市二千六百人，万县市一千三百五十人，红津专区农场五十人），省建筑安装总公司三千人（自贡市二千五百人，成都市农场五百人），建工部云南工程总公司三千人（自贡市二千五百人，红津专区农场五百人）。［《云南省劳动局关于从四川招收工人有关问题的通知》（1965年4月17日），云南省档案馆藏，档案号：116-1-236-034~036］

㊲ 1965年4月27日，国务院决定从河北、河南、山东三省征集两万六千人，组成工役制公路修建队伍。两万六千人的分配：河南省一万人，山东省一万人，河北省六千人。河南省的一万人，山东省的七千人，支援云南省的国防公路建设，由云南省交通厅负责管理。山东省的三千人支援广西靖西至云南高邦公路建设，由交通部第三公路工程局负责管理；河北省的六千人，支援首都至原平国防公路建设，由交通部第一公路工程局负责管理。［《国务院关于组织两万六千人工役制公路修建队伍支援国防公路建设的通知》（1965年4月27日），云南省档案馆藏，档案号：116-1-234-021~023］

㊳ 1965年5月4日，上海市劳动局给云南省劳动局的发函："为你省轻工业厅所属机械修配厂因恢复生产拟从我市精简回乡的技工中招用150名事已悉。……请派员来沪办理有关手续为荷。"［云南省档案馆藏，档案号：116-1-236-121］

㊴ 1965年5月10日，第五机械工业部在四川、云南的有关工厂急需增加三千一百五十名工人。劳动部意见："云南地区的二九八厂、三五六厂增加的一千零五十人，请上海市从我部一九六三年委托代培徒工中给予选调解决。"［《中华人民共和国劳动部关于请四川、上海市调给第五机械工业部三千一百五十名工人的函》（1965年5月10日），云南省档案馆藏，档案号：116-1-236-122］

㊵ 1965年5月22日，云南省人民委员会通知：国务院决定，从山东、河南征集工役制民工一万七千人支援我省加速国防公路建设，六月初旬即陆续到达。另外，四川省的筑路民工三千三百人也将于五月底陆续到达。［《省人委关于做好迎接省外支援我省筑路职工工作的通知》（1965年5月22日），云南省档案馆藏，档案号：116-1-236-100~102］

㊶ 1965 年 5 月 24 日，山东省人民委员会人事局、山东省劳动厅通知：国务院
决定从我省征集工役制工人一万人，支援云南省和广西的国防公路建设……
最近国务院又指示，除原分配的名额外，全省尚需增配干部三四三人。其
中去云南省的由原来一五四人增调为四六四人；去广西的由原来六十六增
调为九十九人……［《山东省人民委员会人事局　山东省劳动厅关于支援
云南省和广西公路建设增配干部的通知》（1965 年 5 月 24 日），云南省档
案馆藏，档案号：116-1-256-023~024］

㊷ 1965 年 6 月，国务院决定参照陆军征兵，从河南征集 1 万人，山东征集
7 000 人，组成工役制修建队伍，来云南支援国防公路建设。［《当代云南
大事纪要（1949~2006）》（增订本），第 259 页］

㊸ 1965 年 6 月 12 日，据云南省劳动局了解，省交通厅、教育厅、公安厅、林
业厅等八个单位需要高、初中毕业生 480 人……这些人员主要用于培养业
务、计划、财会、统计、小学教师、电影发行以及培训汽车修理等技工。
人员来源拟从四川、山东、上海、浙江等省招收补充。……据浙江、上海
答复可以给高、初中毕业生 8000 人，其中高中生 3000，初中毕业生 5000
人；女生占百分之五十左右。另外，云南省财贸增加的两万名固定职工，
也要从省外解决。调给上述厅局的人数，除交通厅以外，都已安排在上报
中央追加的劳动计划指标内。［云南省档案馆藏，档案号：116-1-236-
022］

㊹ 1965 年 6 月 21 日，劳动部五月二十九日致电要求湖北省支援云南 500 名五
金机械技术工人，湖北省劳动厅研究确定由武汉市解决。［云南省档案馆
藏，档案号：116-1-236-137~138］

㊺ 1965 年 6 月 24 日，云南省招工工作组经过上级批准，在江苏省招收二千名
回乡机械技工，根据江苏省劳动局的指示，决定这个任务由苏州专区完成。
［《关于云南省（重工业系统）招工组在苏州专区招收二千名回乡技工的
协议》（1965 年 6 月 24 日），云南省档案馆藏，档案号：116-1-236-
142~145］

㊻ 1965 年 7 月 27 日，云南省劳动局通知：山东、河南两省支援我省高中毕业
生一千人（其中，山东省五百名，河南省五百名），经省人委决定分配给
以下单位：省公安厅，五百人（山东省）；省教育厅，三百人（河南省）；
省交通厅，二百人（河南省）。［《云南省劳动局关于从山东、河南两省

招收一千名高中毕业生的通知》（1965 年 7 月 27 日），云南省档案馆藏，档案号：116-1-236-019〕

㊼ 1965 年 8 月 11 日，浙江省劳动局通知：云南省建筑安装总公司原定招收技工两千名，到七月底，除个别地区外，均已基本结束。现因内地建设需要，云南省要求本省再支援一部分技工，经请示省委负责同志同意，决定增加一千名，共计招收抽调三千名。〔《浙江省劳动局关于同意云南省建筑安装总公司增加招收一千名技工的通知》（1965 年 8 月 11 日），云南省档案馆藏，档案号：116-1-236-127〕

㊽ 1965 年 8 月 13 日，浙江省劳动局通知：根据内地建设需要，经请示省委负责同志同意，决定云南省有关部门继续在本省招收技工四百六十名。其中云南省化工厅二百四十名，安排在嵊县招用，昆明军区二百二十名在应县招用一百二十名，绍兴县招用一百名。〔《浙江省劳动局关于同意云南省继续招收四百六十名技工的通知》（1965 年 8 月 13 日），云南省档案馆藏，档案号：116-1-236-129〕

㊾ 1965 年 9 月 10 日，浙江省劳动局通知：云南省当前建设急需，继续要求从本省增加招工人数。为了支援内地建设，经请示省委负责同志同意在本省招收五百四十名工人，其中三百四十名系五金机械方面技工，二百名学徒工。技工分配在：镇海县招收二百名，余姚县招收一百四十名，二百名学徒工安排在绍兴县城镇中招收，学徒的条件，要政治历史清楚，身体健康，年龄在 16 至 23 周岁，初中毕业或相当于初中的文化程度，男女兼收，女的比例可占 30%。〔《浙江省劳动局关于同意云南省增加招收五百四十名技工和学徒的通知》（1965 年 9 月 10 日），云南省档案馆藏，档案号：116-1-236-130〕

㊿ 1965 年 12 月 16 日，四川知识青年 2000 人和武汉财贸支边职工 2600 人，第一批人员到达昆明。四川知识青年将到临沧、红河、德宏、西双版纳的国营农场参加社会主义建设；武汉财贸职工将到省内各财贸部门工作。〔《云南省经济大事辑要（1911~1990）》，第 224 页〕

(51) 1965 年，从十月初开始到十一月二十六日止，由湖南祁东、醴陵等县有九百七十四人陆续来我省边疆各国营农场，二十六日以后，仍不断前来。现已到农场地的共计二千零九十人（十月一日起至十二月十八日至），其中劳动力一千四百五十人，占 75.9%，现在途中地的尚有四百二十一人，住昆明地的约有六十余人，因病住院的三人，这批人员分布在景洪县橄榄坝农场四百零四人，景洪农场三百三十一人，勐养农场一百五十三人，东风农场四十八人，勐腊县勐腊农场三百四十人，勐海县黎明农场一百〇六人，河口县红河公社六百九十三人，（十一月二十六日前到场的仅三十五人）植物研究所二十人。（云南省档案馆藏，档案号：125－2－1618）

(52) 1965 年，内地的重庆、天津、武汉、上海等大城市，先后数千名高初中尚未毕业的知识青年、社会青年和自愿到云南参加边疆建设的财贸职工迁居云南。（《云南省志·人口志》，第 87 页）

(53) 60 年代中期，以重庆、天津、武汉、上海等大城市为主的知识青年和财贸系统的部分职工，为了支援边疆少数民族地区的经济建设，自愿到边疆地区工作，当时主要是从事财贸领域的经济管理工作，迁移人员分几批，共计 6000 余人。[《世纪之交的中国人口（云南卷）》，第 24 页]

(54) 1965 年，为适应我省建设和战备的需要，今年从省内外招收了大批新工人。至七月底，全省工交系统共增加六万九千九百二十五人，其中：固定工一万九千三百四十九人，轮换工二万二千零七十六人，临时工一万一千零六十五人，义务工役制工一万七千四百三十五人。从山东、河南、湖北、湖南、浙江、四川、上海等省、市招收的二万九千三百零四人。[《省委工交政治部关于工人闹事和加强新工人政治思想工作的报告》（1965 年 9 月 25 日），云南省档案馆藏，档案号：116－1－234－133~136]

(55) 1965 年 10 月 7 日，中华人民共和国劳动部致函山东省劳动厅：云南省劳动局（65）劳配字第 236 号函称："水利电力部所属以礼河水电工程局需要一百名汽车驾驶员，经商得你们同意在山东招收。"我部同意，请你们予以安排解决。[《中华人民共和国劳动部关于为以礼河水电站工程局招收一百名汽车驾驶员的函》（1965 年 10 月 7 日），云南省档案馆藏，档案号：116－1－236－112]

(56) 1965 年 10 月 19 日，中共中央财贸政治部，国务院财贸办公室通知上海、天津、武汉市委财贸政治部，市人委财贸办公室：同意云南省在你市招收、抽调部分学生和商业职工，支援边疆商业工作。[中国共产党中央委员会财贸政治部、中华人民共和国国务院财贸办公室《请协助云南省做好招收学生和抽调商业职工工作的通知》（1965 年 10 月 19 日），云南省档案馆藏，档案号：13－2－35－001~002]

57 从一九六五年十月到一九六六年四月十三日，由湖南自流到省边疆人口达 13 000 余人……一九六六年五月至年底仍继续流入我省农场的约 3 000 余人，先后遣送回湖南 4 600 余人。从一九六五年十月至一九六六年底，留在农场的尚有 11 500 人左右。[《前往湖南协商自流问题提纲》，云南省档案馆藏，档案号：125-2-1618]

58 1958 — 1965 年，全省城镇待业青年的就业问题基本得到解决，还到四川、河南、山东等省招工。[《云南经济事典》，第 418 页]

59 1966 年 1 月 4 日，《云南日报》报道，四川省成都市、重庆市支援云南边疆建设的 2 200 名知识青年，从 1965 年 12 月以来，先后分 8 批全部到达昆明。[《当代云南大事纪要（1949~2006）》（增订本），第 266-267 页]

60 1966 年 3 月 15 日，国务院通知云南省出省招收任务一万人（学生七千人，职工三千人），实际完成 5317 人（学生 3513 人，职工 1704 人）。[《省外招收财贸人员情况》（1966 年 3 月 15 日），云南省档案馆藏，档案号：13-2-78-030~031]

61 1966 年 3 月 25 日，山东省劳动厅通知：接中华人民共和国劳动部（66）中劳配字第 34 号函，决定由我省给云南省招收一千二百二十名汽车驾驶员。[《山东省劳动厅关于为云南省招收一千二百名汽车驾驶员的通知》（1966 年 3 月 25 日），云南省档案馆藏，档案号：116-1-256-017]

62 1966 年 4 月 20 日止，云南省各国营农场，已收容安置来自湖南祁东、醴陵等十八个县市的人口九千零八十三人。[《省农垦局党组关于湖南流入人口处理办法的请示报告》（1966 年 4 月 26 日），云南省档案馆藏，档案号：125-2-1618]

63 1966 年 4 月 23 日，为了保证重点建设和战备对交通运输的要求，报经劳动部批准，从山东、河南等省市调给汽车司机二千六百名，支援我省，现分配给以下单位：山东省一千二百二十名：分给交通厅八百名，昆明市四百名，思茅专署二十名。河南省一千二百二十名：分给交通厅七百名，重工厅一百名，劳改局一百名，林业厅一百名，商业厅八十八名、物管局四十名，化工厅二十五名，交际处十四名，玉溪专区五十三名。[《云南省劳动局关于山东省市支援的汽车司机的分配的通知》（1966 年 4 月 23 日），云南省档案馆藏，档案号：116-1-256-013~016]

㉔ 1966 年 4 月 29 日 省委、省人委分别致电山东、河南。要求将支边的工役制民工两省共 1.74 万人，留云南边疆工作。河南省 6 月 23 日复电不同意留下。山东省 7 月 4 日复电同意留下参加云南边疆的建设。[《云南省经济大事辑要（1911~1990）》，第 227 页]

㉕ 从一九六五年十月起，到今年（1966 年）五月七日止，由湖南省流到我省的人口共一万零八百三十五人。[《关于湖南盲流人员近况和加强劝阻工作的具体措施的简报》（1966 年 5 月 9 日），云南省档案馆藏，档案号：125－2－1618]

㉖ 1966 年，经中央劳动部批准，云南省交通厅上半年从山东、河南两省招收亦工亦农汽车驾驶员 1500 人。[《关于加强对新招亦工亦农驾驶员思想政治、技术培训工作的通知》（1966 年 8 月 23 日），云南省档案馆藏，档案号：116－1－256－068~070]

㉗ 1968 年 5 月，湖南省醴陵、祁东、祁阳、邵东等县，农村劳动力自由流入云南边疆地区，据统计，有 8000 人左右，其中：1965 年 10 月 1 日至 1966 年 12 月 31 日 7500 人左右，1967 年元月以来有 500 人左右。[《关于湖南省自由流入云南省的人口的处理意见》（1968 年 5 月 6 日），云南省档案馆藏，档案号：125－2－1618－126~127]

三、迁移类型

尽管能搜集到的材料有限，但通过有关的数据和部分事件的记述，已经能够表明云南作为中国历史发展整体的组成部分，其十七年中的人口迁移同样带有规模大、数量多，以计划迁移、行政调配为主，由省外向省内、由腹心地区向边远地区迁移的特征。但要进一步认识这一时期的云南人口迁移，还需对这些纷繁复杂的移民现象进行梳理、区别和划分。由于每一次人口迁移都带有各自的特征，移民数量繁多、内容复杂，只依一个标准划分类型不仅远远不够，而且脱离实际，故本文依据不同的形式，从不同的侧面和角度来区分。

（一）行政区域的划分——省（国）内和省际人口迁移

迁移是人口在地理位置上的变化，在区分迁移与"非迁移"时，首先要确定时间界限和地域界限，明确规定在新居住地（迁入地）居住多长时间、跨过什么行政区界（县、地、省）算作是"迁移"。一般来说，迁移指的是人口出于某些动机和目的，离开原来的居住地，到另外一个距离较远的地方，较长时间（我国一般是一年以上）地居住，迁移者的社会特征，如社会地位、人际关系等有较明显的改变；而人口流动指的是人口处于某些动机和目的，离开原来的居住地，到另外有一定距离的地方，短期居住，社会特征一般没有改变。这样，国内迁移可以按迁移的行政区域范围划分为省内和省际人口迁移，如果迁移跨越国界，移民还可以分为国内移民和国际移民。

1. 省（国）际移民

所谓省际移民，是指居民在各省、自治区、直辖市间改变常住地，成为迁入地常住居民（至少一年以上）。这是一种重要的社会现象，影响着某一地区人口数量的变化、人口的再分布以及社会经济生活的各个领域。云南地处边陲，与越南、老挝、缅甸、泰国等国家接壤或相邻，具有通边的便利，历史上就是族群迁移活动频繁的地区，跨境民族间婚聘嫁娶、经商务工的往来十分频繁，国际间的移民也不少。上文列出的数据和材料表明，1950 — 1966 年，云南人口的省际迁入和迁出都具有一定规模。

迁入人口以省外为主，主要有：包括西南服务团云南支队的南下干部，参见材料② ③；部队驻军，如到 1954 年，云南边疆有三十八师、三十九师、四十师、四十一师 4 个师和边防公安部队 12 个团，3 个独立营，这些部队的军士几乎都来自外省市区，参见材料② ④；复员转业军人，1957 年，到云南参加工作的复员军人已有 11.7 万人，参见材料⑬；各类行政、事业、科研、企业单位因新建、组建或工作开展的需要而从外省调入或招收的人员，这类移民人员繁多分散，如材料⑤ ⑥ ⑪ ⑮ ㉞ ㊱ ㊳ ㊴ ㊸ ㊹ ㊺ ㊻ ㊼ ㊽ ㊾ (54) (55) (56) (60) (61) (63)等都有涉及，且尚未穷尽；“文化大革命”之前，知识青年上山下乡便已开始，大规模迁移则始于 1962 年[①]，材料㊿ (52) (53) (59)属于“文化大革命”之前的社会青年和知识青年迁移的例子。除去招工、工作调动或计划移民等省际人口迁移，还有一些自发的省际移民，但有关资料较少，材料(51) (57) (62) (65) (67)中的自流湖南人便是其中较有特点的一批。迁入型中的国际移民，主要是归侨，材料㉕详细叙述了几批印尼归侨的情况；还包括一些回国的志愿军人员，如材料⑧；以及如材料㉛中由境外投诚的国民党官兵。

迁出人口以国际移民为主，包括边民外流和外逃，如材料⑯ ㉘；部分对外

① 翟振武、段成荣：《跨世纪的中国人口迁移与流动》，中国人口出版社 2006 年版，第 78 页。

执行经济援助、支援工程项目而出境工作的人员，例如"文化大革命"期间，中国政府决定从缅甸撤回全部援缅专家和技术人员 412 人①，这些人员都是在之前的十七年中出境工作的。省际迁出相对少，但也不是完全没有，据研究者统计，1958 年中央从全国各地调给宁夏的大批干部中，就包括云南、贵州的 8 人②；1953 — 1954 年间，长春第一汽车厂从外省招聘参加建设或由国家分配来厂工作的行政管理干部、技术人员和工人中也有部分来自云南③。

修筑国防公路作为当时的重大工程，带来了包括省内、省际和国际人口迁移在内的各种移民。不仅从外省调入大量劳动力、干部、医护人员、驾驶员、技术人员（见材料㊲ ㊵ ㊶ ㊸），在云南本省抽调的人也很多，其中出境修路的也占有一定比例，如材料㉟所载等。

2. 省内移民

省内移民是相对于省际移民而言的，指的是人口在本省地域范围内的迁徙；另外，一些省际移民移入以后，也可能会再次或多次迁移，这时他们又成为省内移民，如材料④中部队向边疆的推进。省际移民给迁入省的人口带来两个变化：一是改变迁入省人口的分布，二是改变迁入省人口的数量。而省内移民只改变人口分布，不改变人口总量，对移民本身和社会经济的影响也不如省际移民强烈，但相比之下更为频繁多见。1950 — 1966 的十七年间，伴随着省际迁移，云南省内的人口迁移原因多样，数量繁多，影响也不小。

20 世纪 50 年代初，云南省内人口迁移以安置城市失业和无业人员为主（见材料⑦）。1953 年以后，建设时期的大部分省际人口迁移都伴随着省内移民，例如部队中也会有一部分从省内征集的兵源；各单位、部门、集体从省外招工多，省内职工更是不少，很多人都经历过跨地州的调动。包括青年志愿垦荒队在内的上山下乡知识青年（见材料⑨ ⑩ ㉜），精简城镇职工（见材料㉖ ㉗ ㉚），下放干部（见材料⑭ ⑱）等是 1950 — 1966 年云南省内移民的几个主要类型。另外，还有选调干部到异地工作，动员省内手工业技术工人到边疆安家

---

① 王元辅主编：《云南五十年——中共云南省社会主义时期大事记》，人民日报出版社 1999 年版，第 133 页。

② 刘宝俊主编：《宁夏回汉团结四十年》，宁夏人民出版社 1998 年版，第 372–385 页。

③ 沈益民、童乘珠：《中国人口迁移》，中国统计出版社 1992 年版，第 154–155 页。

等零散省内人口迁移，如材料㉝所载。

（二）城乡迁入的划分——城镇与农村移民

二十世纪五六十年代，中国经济、文化发展比较落后，城乡差距过大，因而当时实行迁徙自由的经济及社会条件都不太成熟。而二元结构的封闭式的户籍管理模式构成了世界罕见的城乡壁垒，人口迁移也被深深打上了这种独特体制的烙印。"身份"在人们的生活中显得尤为重要，迁移前后的身份变化对人们的迁移意愿有非常大的影响，更从许多方面作用于各类移民的生活生产、发展变迁。因此按照移入地的城乡差别，可以将迁移人口分为城镇移民与农村移民。中华人民共和国成立后的十七年中，一个比较特殊的现象，就是城镇与农村户口的变动通常伴随着人口迁移发生。

城镇移民，是指迁入云南省市镇的居民，从迁出社区来看，有农村也有城市。中华人民共和国建立后，各行政部门和其他机构在云南陆续建立起来，包括党政机关、医院、学校、商店、工厂、邮局、银行等等，所有这些部门或单位的招工"1956年以前主要是招收城镇失业和求业人员。1957—1965年，基本上是'先本地，后外地'，'先城市，后农村'。1963—1965年，还安排到省外招工"，如材料⑫所载。同时为了使这些机构顺利运转，许多有专业知识和技能的内地干部、工人调入云南工作，具体包括南下干部（见材料②③），各事业单位和机构因筹建或工作需要而随迁、调入以及招收的人员等（见材料⑥⑮㉞㊸㊹㊺㊻㊼㊽㊾㊝㊾⑤㊿㊾㉒㉕㉚㉝㉓㉗㉚㉙㉝㊝㉚㊳）。从这些城镇移民的来源可以看出，他们大多又属于省际移民，这是因为计划经济时代人口自由迁徙受到限制，人员迁移多以工作调迁的形式进行。

迁入云南省农村的移民，同样有来自农村的也有来自城市的，他们的基本谋生手段是务农，青年志愿垦荒队和上山下乡的知识青年（见材料⑦⑨⑩），精简下放的干部职工，如材料⑭⑱㉖㉗㉚等所载都属于城镇向农村的移民，除此之外还有回乡参加农业生产的复员军人，如材料⑬所载。而1950—1966年间，农业人口自发迁移的原因主要是婚迁、灾区移民、水库移民以及垦荒移民等，迁移的流向多是从农村到农村的同层面迁移。

十七年的云南移民中还有一些比较特殊的情况：中国有不少身居农村的非农业人口，比如乡干部，供销社、信用社、税务所、粮管所职工，乡村中小学教师等；有国家经营的农场、林场、牧场及渔场工作的人员，如材料⑤⑪⑰⑲⑳㉑㉜㊵㊸等都涉及农垦移民。还有大批在"三线"建设中随着工厂而置身于农村地区工作和生活的国有企业的职工等等，所以国家职工不一定都生活在城市，但在中国居民身份的划分里，凡是由国家发工资的职工，也就是所谓吃皇粮的，都叫城镇居民。材料㊶涉及的修筑国防公路的工役制工人，是“参照陆军征兵”（材料㊷）招收的，他们不属于城镇移民也不属于农村移民；相对部队兵士，他们又并非以国防和战备为任，封闭管理，而是从事工程建设，与地方社会接触较多，而且后来山东的工役制民工也“留下参加云南边疆的建设”（材料(64)）；材料(66)中的“亦工亦农汽车驾驶员”，在云南是作为工人的驾驶员，而实际又并未脱离农村户口，难以具体划分为城镇或农村移民。更进一步说，亦工亦农人员的户口并未转入云南，难以算作真正的移民，但他们在云南工作生活的时间不短，其中不乏最终调入定居者。

（三）迁移方式的划分——有组织集体迁移与非组织自发迁移

集体移民指根据政府和有关部门统筹安排，有目的、有组织的移民；自发移民，是指自发流动迁移的人口。包括支边青年、农业移民，以及大批复员、转业军人等在内的人口迁移都是行政性指令移民，也就是说 1950 — 1966 年的移民大部分是有一定规模的有组织迁移。个体迁移并不是没有，零散的自发的移民同样存在于十七年的历史中，但相比成规模有组织的人口迁移，自发移民更不易引起注意，因而有关资料甚少。不过在实际调查中，云南省内自发迁移到他处谋生，并扎根定居下来的移民比较多见[1]；另外还有材料㉙ (51) (62) (67)中记载的省际自发移民，在这一时期他们还有特定的历史称谓——盲流；材料㉛所载的也属于特殊情况的自发流入。另外，这一历史时期的人口自发迁移，往往伴随着政府的行政计划迁移发生，在人口有组织迁入某一地方或区域后的一段时期，较多的自发移民会随之移入。根据当时的政策规定，流入其他地区而未落户的人口要遣返原籍，在 20 世纪 60 年代中期，云南就曾动员自发流入边疆农场的湖南人口返籍（见材料(57)），这些移民迁来时是零散自发的非组织移民，返回时是有组织的集体移民。

有组织移民，无论迁入还是迁出，都是国家和政府有目的有计划组织实施的，为此投入了大量人力、物力和财力。通常情况下，不仅迁移有组织，动员和安置也具有一定的组织形式，有组织移民多为集体移民，移民之间有彼此沟通的条件，共同的经历与利益使他们易于形成共鸣。同自发移民相比，集体移民在社

① 据笔者 2005 年 1–3 月、2008 年 5–7 月的两次田野调查所得。

区中同化的速度较迟或较低。自发移民的特点在于易流动,他们的迁移行为完全是由自己决定的,其中单身者占了大多数。所以集体移民与自发移民在稳定性方面存在很大差异,集体移民一般是带家属的移民,或者按一定性别比例配置的迁移人口,从宏观来讲保持了男女性别平衡,具有社会稳定的意义。再就是全家迁移较为不易,不像单身移民那样简单,那样说走就走,那样便于流动,因而相比之下,全家移民较之单身移民移动惰性较强,一旦迁入某地,通常不喜欢再动,容易扎根。

有的研究也将迁移人口划分为自愿与非自愿移民,或主动与被动移民,所指代的对象基本等同这里的有组织移民和自发移民。但是迁移动机不等于迁移原因,主动与被动是迁移动机,自愿与非自愿是一种主观欲望,对于自发性移民可以说都是自愿迁移的,但有可能是迫于某些客观条件的影响,如自然灾害、战争等;而有组织移民却不全是无打算的被迫迁移,不少人也是自愿移民。在相同的外部条件下,甚至许多个人特征都相同的人,有人决定迁移,有人不迁移,所以这里没有使用自愿与非自愿、主动与被动等概念,而是划分为有组织成规模的集体移民与非组织零散的自发移民。

人口迁移在各种错综复杂因素的影响下不断产生新的特点,上文仅仅是作了一些最粗浅的划分。移民类型的划分还可以有多种其他的方式,例如以是否带家为标准,可以划分为单身移民与全家移民;根据居留时间,可以划分为永久性移民和短期性移民;还有依据迁移路线的形态划分的 I 型移民(一次型移民,指从甲地移至乙地后不再移动的移民)、V 型移民(不定型移民,指从甲地移至乙地,又从乙地移至丙地,或者又从丙地移至丁地的移民)、O 型移民(回移型移民,指从甲地移至乙地,而后又从乙地回甲地的移民);还有政治性移民和经济性移民等划分。葛剑雄教授主张按移民的性质分类,可分为"生存型移民"和"发展型移民"两类。"生存型移民"有时取得"发展型"的结果,"生存型移民"中包含了主动求发展的移民。有时很难确定某一次移民和某一位移民是属于哪一类性质。[①]的确,移民本身变动很大,个体移民在不同的时期可能具有不同类型移民的特征,在同一时期也可能具有多重类型特征,例如一些单身并且最初也没有长期在迁入地居留的短期性移民,可能在移入地生活几年后,又将家人接来一同生活,并最终转变为永久性移民。I 型移民多为全家移民,一次完成迁移

---

① 葛剑雄主编:《中国移民史》第一卷,福建人民出版社 1997 年版,第 48—54 页。

过程，单身移民以 V 型和 O 型移民居多等等。不论怎样划分移民，都是为了更好地认识移民现象，更深入地进行专题研究。

从数据和文献材料，以及对移民类型的分析中可以看出，人口迁移是一个复杂的动态过程，移民迁移的原因是多方面的，各种因素包括经济、政治、人口、社会、自然等，常常融会交织在一起，很难孤立地找出某个导致人们做出迁移决定的因素，也没有可靠的方法精确度量这些原因各自起了多大的作用，通常迁移是各种因素共同作用的结果。但是，导致某一移民行为或大规模移民运动的诸因素中总有一种或两种是主导因素，无论移民是自发的还是有组织的，无论个体还是集体，无论来自哪里、迁往何方，无论迁移的远近，经济因素总是其中的核心要素，是最主要的迁移动机，决定着迁移的过程，甚至影响结果。不同的经济制度，有着不同类型的人口迁移和迁移方向，所以在中华人民共和国的不同发展阶段，也有计划经济体制下计划型人口迁移和市场经济影响下人口自由迁徙与流动的差别。尽管 1950 — 1966 年的移民大部分是计划型的人口迁移，带有强烈的政治移民色彩，但政府指令性移民的计划是根据经济建设和发展的地域和人力要求制定的，归根结底是受经济规律制约的。在保持一定的消费水平条件下，经济发展水平决定了当地可能的移民容纳量；在较大范围内，经济布局的伸延和扩展方向，基本上决定了移民的伸延和扩展方向。正是经济发展水平提供的各种条件，制约着移民的规律、流向和流量。

四、统一政令中的地方需求——独特的云南移民

通过对数量、资料、类型的初步分析，1950 — 1966 年间云南移民的概貌已经显现出来。作为中国历史整体的有机组成部分，如同封建王朝对云南的经营和开发总是从全局战略出发一样，云南的人口迁移也被深深地打上了时代烙印。在国家宏观调控、经济计划、政策影响和行政制约下，云南人口迁移的大趋势与全国相似，其间的移民都不过是当时种种运动和事件的组成部分。有新生政权的建立，便有解放军及南下干部入滇；昆明青年志愿垦荒队到西双版纳、到德宏，是中小学生参加农业生产、全国青年垦荒运动开展的事例；中央有发展军垦农场的意见，云南便有黎明等一批农场的建立；"橡胶移民"是全国"支边"运动的组成部分；精简城镇人口产生下放干部和被精减的职工；"三线"建设中各类企业、研究机构的迁入带来随迁人员；云南大学的拆分则源于高等院校院系调整……各种类型的移民都可以找到相应的典型。但是，边疆的复杂特殊性，使这

些地区的移民形式多样，各具特色。

中华人民共和国成立以来，人们通常将全国划分为华北、东北、华东、中南、西南、西北六个经济区。其中西南区包括四川、云南、贵州三省和西藏自治区。①而在历史上，"西南"这一概念长期指代巴蜀的西南，"其地理位置相当于今四川南部、贵州西部和云南全省"②。"西藏"这一名称正体现了其位于西的地理方位；广西则一度被称为"岭南"。作为西南边疆最主要区域之一的云南，在此十七年中的人口迁移虽然不如新疆或黑龙江那般轰轰烈烈，但在大环境、大形势、大趋势下，由于其自身独特的地方历史、地理环境、社会经济文化作用于人口迁移，同样进行得有声有色，自成一派。

在计划经济体制确立并实施的十七年中，人口迁移以计划为主，在国家宏观调控下进行是毋庸置疑的，行政指令性移民正是云南这一时期各类迁移的最初动因，然而在统一政令的实施过程中，任何地方、任何个体都不是被动地去接受，而是主动地调整适应，并作出适宜于自身需求的选择。上面提到的各种云南移民，的确是各种全国运动或历史事件的结果，可是在不同的地方这些运动或事件发生的环境不同、经过不同，内容也有差异，具体的移民情况也就不一样。云南十七年人口迁移体现了全国的大趋势，但更多时候是源自地方建设和发展的需求。

（一）战略型农垦移民——非军垦之路

作为中华人民共和国接纳移民的重要系统或部门，无论是北大荒的粮食、新疆的棉花还是云南的橡胶，都是在满足国家需要的前提下，由政府统一部署实施的。然而东北和西北农垦主要是顺应经济的发展，人民生活的需要，一个生产"吃"的物品，一个生产"穿"的材料；云南农垦则不同，它是受国际形势的影响，为解决国家对战略物资——橡胶的需求而发展起来的，三地的农垦移民因此也有很多不同之处。

东北农垦起步最早。1947年，为了支援解放战争，巩固东北根据地，东北各省农业部门开垦荒地，创建了一批国营农场。随着解放战争的节节胜利，大批

---

① 马洪主编：《现代中国经济事典》，中国社会科学出版社1982年版，第12页。

② 林超民、秦树才：《秦汉西南夷新论》，载《林超民文集》第一卷，云南人民出版社2008年版，第27页。

荣誉军人①和复员转业军人需要安置；被解放的国民党官兵越来越多，其中愿意留下来的也要劳动就业。于是在东北荣军工作委员会的领导下，1949 年建立了一批以安置荣誉军人为主的荣军农场和组织"解放军官"②生产劳动的解放团农场。③1954 年 1 月，中央军委决定中国人民解放军农业建设第二师集体转业，组成 8000 官兵的垦荒大军，挺进三江平原；1954 — 1956 年，经中央军委同意，铁道兵司令员王震将军命令铁道兵复转官兵近 2 万人，到北大荒安营扎寨开荒造田。④生产建设兵团是新疆独具特色的农垦组织，它以部队集体转业和工作团进疆为基础建立起来，并持续接纳了来自各地的大批移民。1950 年 1 月，新疆军区贯彻执行中央人民政府革命军事委员会毛泽东主席关于军队参加生产建设工作的指示，发布大生产命令，要求驻疆部队除留一部分兵力担任国防、进军西藏、肃匪平叛、维护社会治安外，组织 11 万指战员投入大生产运动。1952 年 2 月，中央人民政府革命军事委员会发布整编命令，将中国人民解放军分别整编为国防部队和生产部队，新疆生产建设兵团初次迁移人口基本确定。⑤1957 年 12 月，国务院下达指示，要求新疆生产建设兵团所有军籍人员凡未办理转业复员手续者，立即补办手续，从此兵团不再隶属于正规的军队序列，成为一支不穿军装、不拿军饷、不吃军粮，又保持中国人民解放军的组织形式的军垦部队。⑥在东北和西北，军垦是农垦系统建立和发展的基础，大批退转复军人是最初也是最重要的农垦职工，同时由国家大幅度投资，迅速兴办发展成大型农场。

　　相比之下，云南农垦的发展道路与上述二者有所不同，其发展的基础和主体主要依靠的是橡胶。中华人民共和国成立不久，朝鲜战争爆发，美国等西方国家对中国实行封锁禁令，以切断中国急需的橡胶等战略物资的来源。为了打破经济封锁，保证国防及工业建设的迫切需要，中共中央作出了自力更生、发展橡胶事

---

① 荣誉军人，指在战争中负伤致残的革命军人，简称"荣军"。

② "解放军官"，指在解放战争中被俘的国民党军官。

③ 《当代中国的农垦事业》编辑部编：《当代中国的农垦事业》，中国社会科学出版社 1986 年版，第 8 页。

④ 翟振武、段成荣：《跨世纪的中国人口迁移与流动》，中国人口出版社 2006 年版，第 77 页。

⑤ 新疆维吾尔自治区地方志编纂委员会、《新疆通志·生产建设兵团志》编纂委员会：《新疆通志·生产建设兵团志》，新疆人民出版社 1997 年版，第 65 页。

⑥ 新疆维吾尔自治区地方志编纂委员会、《新疆通志·生产建设兵团志》编纂委员会：《新疆通志·生产建设兵团志》，新疆人民出版社 1997 年版，第 68 页。

业、建立橡胶生产基地的战略决策。1951 年 5 月，陈云强调指出："中国别的地方（指海南岛外）也有宜于种橡胶的，产量虽不像海南群岛那样高，但是比没有强。我们是非常需要橡胶的，今后要尽可能多种。"①根据中共中央建设华南橡胶生产基地的战略决策，政务院于 1951 年 8 月 31 日召开的第 100 次政务会议作出了《关于扩大培植橡胶树的决定》，要求 1952 至 1957 年内以最大速度在广东、广西、云南、福建、四川 5 个省、区种植巴西橡胶及印度橡胶 770 万亩，其中云南为 200 万亩②，约占 26%。为落实这一任务，在国家的大力支持下，云南省委、省政府采取了一系列措施，为云南农垦事业的起步和发展奠定了基础。

1952 年底，中共中央、政务院指示正式开辟云南植胶区，决定由中共中央西南局和云南省委主持成立云南垦殖局，暂定五年内种植巴西橡胶 100 万亩③。1953 年，随着朝鲜战争的结束，西方对中国的经济封锁有所松动，中国本身对橡胶的需求也有所缓解。1953 年 4 月底，中共中央西南局书记邓小平指示："云南植胶涉及兄弟少数民族，应谨慎从事，应该考虑少数民族的特殊情况，压缩勘测计划"④；1953 年 5 月 19 日，中共中央书记处扩大会议基本同意政务院总理周恩来提出的关于暂停云南植胶问题和紧缩华南植胶计划两个指示草稿，责成周恩来修改后送毛泽东批发，⑤云南橡胶垦殖工作收缩，转入小规模试种。

20 世纪 50 年代前期，云南还有一些就地安置军人的军垦农场，它们是为安置特殊人群，并按照相应的退转复军人人数建立的；另外一些地方发展农业的小型国营农场，所需要的劳动力不多，当地富余人口就能满足需要；研究试种热带经济作物的试验场，主要供相关的专家学者研究橡胶种植，职工也不多。在中央的重视和地方政府的扶持下，至 1956 年，经几年的资源调查和橡胶树引种试种，云南开始正式布点建立垦殖场发展橡胶；1957 年 3 月，农垦部部长王震来云南

---

① 陈云：《陈云文稿选编》（1949~1956 年），人民出版社 1982 年版，第 129–130 页。

② 高治国主编：《当代中国的云南（上）》，当代中国出版社 1991 年版，第 337 页。

③ 高治国主编：《当代中国的云南（上）》，当代中国出版社 1991 年版，第 339 页。

④ 高治国主编：《当代中国的云南（上）》，当代中国出版社 1991 年版，第 340 页。

⑤ 王元辅主编：《云南五十年——中共云南省社会主义时期大事记》，人民日报出版社 1999 年版，第 30 页。

视察后，将云南省热作局改为省农垦局，由农垦部和省委双重领导。原垦殖场改为国营农场，同年又新建国营农场 5 个，接管军垦农场和地方农场 13 个，职工达到 9930 人。当年定植橡胶苗 733.3 公顷，两年累计达到 1033.3 公顷。[①]种植和生产橡胶等热区经济作物的国营农场是云南农垦最主要的组成部分。

云南农垦发展的历史上，仅在"文化大革命"时期，在农垦部被撤销，全国农垦转为兵团建制的背景下，于 1970 年组建生产建设兵团，1974 年又根据国务院、中央军委《关于将云南生产建设兵团移交云南省委领导的批复》撤销兵团。在这个短暂的兵团时期，仅仅是"派进 2300 多名现役干部，兵团撤销后这些现役军人也撤离农垦"[②]。

因此，云南农垦从一开始走的就是一条与新疆、黑龙江不同的非军垦之路。1965 年 12 月，时任中共中央总书记的邓小平到云南视察工作时曾说：农场，你们要用土办法，现在有新疆的道路，有黑龙江的道路，你们要有云南自己的道路。新疆投资几十个亿，你们如果一开始就搞大的，一定就是几个亿，那就行不通。……军垦的道路是成功的，但是有缺点的，你们要创造一种自己的道路，几年之内国家补贴，以后就可以上缴利润。你们要创造一种云南道路。[③]这既是对云南边疆农场建设的指示，也是对云南农垦发展的评价。

为解决战略物资而建立的橡胶垦殖场不同于发展大型农业的粮食或棉花农场，后者在机械大面积开荒的条件下，需要投入大量生产人力。1958 年中共中央发起"动员青年前往边疆和少数民族地区参加社会主义建设运动"，并经国务院批准，将内务部移民局合并到农垦部，负责移民工作。[④]其间产生的农垦移民数量之多、规模之大是罕见的，据统计，"一九五八年至一九六一年到边疆和少

---

① 参见云南省农垦总局编撰《云南省志·农垦志》，云南人民出版社 1998 年版，第 79 页；《中国农业全书·云南卷》编辑委员会编《中国农业全书·云南卷》，中国农业出版社 2001 年版，第 257–258 页。

② 参见《中国农业全书·云南卷》编辑委员会编《中国农业全书·云南卷》，中国农业出版社 2001 年版，第 258–259 页。

③ 当代云南编辑部编：《当代云南大事纪要（1949~2006）》（增订本），当代中国出版社 2007 年版，第 264 页。

④ 《当代中国的农垦事业》编辑部编：《当代中国的农垦事业》，中国社会科学出版社 1986 年版，第 460 页。

数民族地区农场工作的青年共 93 万人，随迁家属 43.8 万人"①。然而运动最初并没有作出移民云南的计划，为了大力发展农业以支援工业的需要，同时缓和内地农村紧张的人地压力，这次移民的重点在西北和东北等具有广大可开垦土地，能够生产粮食和工业原料的地方。

但是，橡胶种植是劳动密集型产业，云南本省的劳动力无法满足需求，且当时当地的人民并没有意识到橡胶种植能够带来经济利益，加上长期受封建领主制经济的影响，生产积极性不高。因此，在恰逢这次"支边"运动的契机下，云南向中央打报告，中央书记处发出《关于从湖南原决定支援新疆自治区的劳动力中抽调 5 万人给云南的通知》，按中央《动员青年前往边疆和少数民族地区参加社会主义建设的规定》，由云南省与湖南省签订《关于动员青年前往边疆参加社会主义建设协议书》后，湖南青年前来云南省边疆农场参加建设。②由此，才有了湖南"支边"人员在云南的扎根发展。

这批湖南移民，在一些书刊中被称为"以垦荒为主的人口迁移"。从全国的情况看，他们确实是被作为支边运动中的垦荒移民迁入云南农垦系统的，主要从事的工作也是开荒种植；但是云南农场主要经营的是作为战略物资和经济作物的橡胶，包括这批湖南移民在内的各类云南农垦移民，他们迁移的最初动因和目的，以及开荒种植的对象都并非是新疆或黑龙江等地的农作物，而是以橡胶为中心，所以有学者将其称为"橡胶移民"。③作为垦荒移民，又并非一般意义上的垦荒移民，云南农垦移民正是云南独特性的一个体现。

（二）相对沉寂的工农业人口迁移

根据对共和国五十年人口数据的分析，"省外的终身迁移④人口占省总人口

---

① 《当代中国的农垦事业》编辑部编：《当代中国的农垦事业》，中国社会科学出版社 1986 年版，第 17 页。

② 《云南省经济大事辑要（1911~1990）》，《云南省经济综合志》编纂委员会 1994 年编印，第 177 页。

③ 苍铭：《云南边地移民史》，民族出版社 2004 年版。

④ 终身迁移反映的是曾经发生过的迁移，只要出生地和登记地不一致，就属于迁移人口，它可以反映出出生以来的长期迁移。事实上，终身迁移可以看作是事件史，只要发生过迁移，无论何时发生，无论距今时间长短，事件都算是发生了。（参见翟振武、段成荣《跨世纪的中国人口迁移与流动》，中国人口出版社 2006 年版，第 75 页）因此，虽然这里使用的是第五次人口普查的数据，却能够反映中华人民共和国成立以来的人口迁移状况。

比重在 10% 以上的省、自治区、直辖市有 8 个：北京市、新疆、天津市、上海市、广东、黑龙江、内蒙古和宁夏"。①其中北京、天津、上海和广东四个经济发展水平较高的中东部省市"地区经济较发达、就业机会多、有较高收入预期，对社会经济发展水平低、劳动力过剩、人们生活状况差的地区的人口具有很大的吸引力，人口的迁入主要发生在改革开放以后"；其余四个边疆省区"人口迁入主要发生在改革开放前"②，终身迁移人口比例较高的边疆省份包括东北的黑龙江和内蒙古，也有西北的新疆和宁夏。

中国东北和西北有广阔的可供开垦的土地，在急需发展农业、生产粮食的十七年中，各种文件、报刊在动员移民垦荒时，通常宣传"我国的东北、西北等边疆地区，人烟稀少，土地肥沃，有非常丰富的农业资源没有开发"，这些地方的农业移民规模因而非常庞大。1955 — 1958 年，"全国有一百三十八万人民从内地迁移到西北、东北及内蒙古自治区……垦荒六百五十万亩"③。其中不仅有国家组织的移民，还有"山东、河南、河北等地区的人民曾自发地或有组织地迁居到外地垦荒，安家立业"④。相对于东北、西北地区轰轰烈烈的垦荒移民，二十世纪五六十年代的云南农业移民却比较沉寂。尽管历史上开发较晚，人口增长缓慢，但云南复杂多变的地理条件，并不像北大荒、新疆等地那样，有成片的广阔的可供开垦的土地，因此并不是移民垦荒的重点地区。除了一些零星的、小规模的省内移民垦荒活动外，直到在滇南山地大面积种植橡胶的时期，才有了第一批省外迁入的垦荒移民。

同时，1950 — 1966 年，是中国工业大发展的时期，在西北和东北边疆，工业移民现象非常突出，和农业移民不相上下，共同构成了这些地区十七年移民的两条主线。例如，一向被称为"北大荒"的黑龙江省，经过第一个五年计划的重点建设，工业飞快发展，"建成了限额以上的工程一百二十二项，其中苏联帮助建设的二十二项工程完成了十六项。到 1957 年底，全省工业总产值已由 1952 年

---

① 翟振武、段成荣：《跨世纪的中国人口迁移与流动》，中国人口出版社 2006 年版，第 66 页。

② 翟振武、段成荣：《跨世纪的中国人口迁移与流动》，中国人口出版社 2006 年版，第 70 页。

③ 《到祖国最需要的地方去！百万移民在边疆安家立业——内地青年纷纷表示愿献身于建设边疆壮丽事业》，载《人民日报》1958 年 12 月 2 日第 6 版。

④ 《切实做好移民垦荒工作（社论）》，载《光明日报》1956 年 3 月 3 日第 1 版。

的 59.1% 提高到 63.1%"①。在宁夏，工业占据了经济的主导地位；包头也是以鞍钢等钢铁企业为主的重工业城市……西南是"三线"建设的重点之一，但在之前的"一五""二五"计划及实施过程中，则是一个较为沉寂的角落。云南地处共和国西南边陲，既没有"一五""二五"时期的工业人口迁移，也不是"三线"建设的最重点地区，这里的工业型移民非常有限。因此，云南不仅农业人口迁移不像西北、东北那样轰轰烈烈，工业人口迁移相比之下更是稀少。

相对稀缺的工农业人口迁移，是共和国十七年中云南地方与国家宏观移民趋势，与其他边疆地区移民状况大相径庭之处。

（三）频繁均衡的各行业人口迁移

1950 — 1966 年，是中华人民共和国各项事业建立和初步发展的阶段，云南也不例外，经济的发展更是带来了新的劳动力需求。中华人民共和国成立后，云南的行政部门和其他机构仿照内地的体制陆续建立起来，包括党政机关、医院、学校、商店、工厂、邮局、银行等等。然而由于历史上开发相对较晚，云南本省的人口大多是从事农业生产的农民，种植橡胶的人力尚需要从外省调入，其他各类从业人员更是严重不足，为了使这些机构顺利运转，许多有专业知识和技能的干部工人被抽调，或是被招收到云南工作。如 1959 年 3 月，国务院从中央国家机关和部属企业抽调化学工业方面的技术人员和管理干部共 200 余人，陆续到云南加强化工生产和建设的技术力量和管理能力，同年组建了云南化学工业厅（见材料⑮）。1965 年，云南省林业厅、交通厅、教育厅、公安厅、文化局、卫生厅等八个单位报送云南省劳动局的招工计划，都需要招收高、初中生，最后省劳动局"拟从四川、山东、上海、浙江等省招收"，"财贸增加的两万名固定职工，也需要从省外解决"（见材料㊸）。截至当年七月，除从省内招收大批新工人外，云南省工交系统还从山东、湖北、湖南、浙江、四川、上海等省、市招收29 304 人（见材料㊴）。除了行政事业单位的招工，各类工程所需的劳动力或掌握某些技能的技工也有不少迁入云南：为了修筑省境内的国防公路，云南省投入了大量的人力、物力，还从山东、河南等地招收工人组成国防工役制部队修筑道路，1966 年工程基本完成后，云南省委、省人委致电"要求将支边的工役制民工两省共 1.74 万人，留云南边疆工作"（见材料㊿）；1965 年，"水利电力

---

① 陈雷：《支援全国是我们的光荣任务》，载《人民日报》1958 年 12 月 14 日第5 版。

部所属以礼河水电工程局需要一百名汽车驾驶员，经商得你们同意在山东招收”（见材料(55)）。这种对劳动力的需求不仅限于某部门，而是全省各地各行各业的需求，广泛的人员需求在有关的档案、报刊、文献中层出不穷，此处无法一一罗列，可参见“迁移事件”中的相关资料。

云南缺教师、医疗卫生工作者、汽车驾驶员、技术工人、财会人员……各行业基本从业人员不足，且本省劳动力无法解决需求，内地却正值商品粮供应困难，工厂、企业下马，职工大批精简，中小学毕业生无法就业，农村人地矛盾突出，农民生活困苦的时期。云南劳动局根据1965年的招工计划同相关省市部门联系后“浙江、上海答复可以给高、初中毕业生8000人”（见材料㊸），远远超过需要的三千多人。另外，云南这一时期对从业人员的要求并不高，具备所从事工作的基本技能的工人，无论是学徒工、临时工，还是被精简的职工；或是经过简单培训后便上岗，边实践边学习的受过初中或高中教育的毕业生，都是首先考虑的对象。因此，尽管云南到外省市招工的规模不像国家统一的移民运动那样人数众多，但次数频繁，带来的人口迁移也不少。例如编年㊹ ㊻ ㊼ ㊽的资料所示，仅在1965年6月至9月间，云南先后四次向江苏招收技工，共计4000人。

云南行政事业单位管理工作人员、科研试验单位专家以及各级企业专业技术工人的迁入，规模相对国家组织的垦荒和工业建设人口迁移要小得多，但是却包罗了各行各业、社会各个阶层的人口迁移，频繁且相对均衡的行业人口迁移是这一时期云南移民的又一重要特点。

（四）人口迁移的历史延续性与相似性

历史研究以宏大叙事见长，强调的是历史的阶段性和进步性，却常常忽略了历史发展的延续性，而实际上，传统社会的延续性和巨大惯性仍在深层左右着历史的动向。中华人民共和国的建立翻开了历史崭新的一页，其人口迁移也带有自身的时代特征，在这样的历史时期，云南移民具有与同时代其他边疆地区不同的特点，而纵观历史，边疆地区的移民却有许多相似之处。

封建历史时期，内地移民进入云南的大致情况是“元代汉人主要住在城市，明代主要住在坝区，清代则山险荒僻之处多有汉人居住，且在边境莫不有汉人踪迹”①，存在一个由内向外，由中心向边缘，由平坝向山区逐步推进的过程。这

① 方国瑜：《明代在云南的军屯制度与汉族移民》，载《方国瑜文集》第三辑，云南教育出版社2003年版，第332页。

些外来人口以中央王朝派驻的官员、征战的兵士或屯垦的戍卒为主,也可称为封建政权的政府移民,并且有一定的相对集中的居住区域,明代以卫所为中心的军事移民即是如此。①这些有组织的移民定居下来后,零散自发的移民又随之而来,20世纪60年代的支边运动结束后,云南也出现了湖南人口自流到各边疆农场投亲靠友的潮流,②又一次演示了历史。

中原王朝对云南的经营和开发总是从全局战略出发,各朝各代政策措施的实施开展带来了各式各样的移民,他们见证历史、参与历史、创造历史,从某种程度上说移民的历程就是云南历史发展的过程。汉武帝时期对云南分别采取了修筑南夷道,开发西夷道,经略西南夷等策略,而这些活动又是分别为了出兵南越、打通蜀身毒道等不同阶段的帝国利益,今后各朝各代对云南的各种政策措施也都出于各自的考虑与需要。同样,20世纪60年代,国家从战略安全角度出发决定修筑的国防公路,又为云南带来了大量的外来移民,并引起省内人口的迁移与流动;20世纪90年代以来,在开发西部、确保长远发展的需求下,在中央和地方的共同重视努力下,西南大通道建设蓬勃展开,又开始了新一轮的筑路高潮。

中央向地方有目的有组织的移民,有时会因边疆的实际和客观情况而不得不采取与内地不同的做法,清代的云南绿营兵不同于其他地方"兵皆土著",而是从内地招募和调动而来③,这与组建化工厅、重工厅、垦殖场需要调入相关人员,修筑国防公路需要到省外招募民工、干部、技术人员的道理是一样的。

云南借"支援边疆和少数民族地区社会主义运动",提出具体移民的要求;在考虑各行各业具体需要的情况下报请劳动部批准到省外招工,或报请中央调配技术人员和管理干部,是边疆地区充分认识自身现实的结果,过去的"自是南诏工巧,埒于蜀中"④,在新的历史条件下变成了"各业云南工员,招于内地"。

因此,通过现在看到的地方文化,可以回头追溯早期的历史过程。

---

① 参见陆韧《明朝统一云南、巩固西南边疆进程中对云南的军事移民》,载《中国边疆史地研究》2005年第4期。

② 参见文婷《适应与生存——西双版纳湖南人研究》,硕士学位论文,云南大学,2006年。

③ 参见秦树才、田志勇《绿营兵与清代云南移民研究》,载《清史研究》2004年3期。

④ 《资治通鉴》卷二四四,中华书局1956年版,第7868页。

在政令统一的情况下，边疆的政权组织和各项机构都是仿照内地或以内地的制度为基础建立的，而在政治、经济、文化都与内地存在较大差异的边疆地区，在当地人中没有足够的具备基本素质的人推行这些制度、运转此类机构时，就需要政府组织移民或由边疆向内地招募人员。从上述几个例子来说，中央对全局进行宏观调控，制定总的政策，但政策是由地方各自实施的，由于边疆的特殊性，其实施政策的过程并不只是简单地执行，而是根据更为具体的情况不断调整，这种调整不断向上反馈，又影响宏观调控和政策的修订。因此云南移民既是中央政策和运动实施的结果，又是地方发展和建设的需求。

云南移民的独特性首先在于，限于这一地区社会经济发展水平的程度，人口相对较少，自然增长缓慢，历史上中央王朝或政府机构组织的顺利运转都需要向外招徕各类劳动力，有较大的移民需求，这就不同于中国内地和沿海人口众多、生存压力大的现实。另一方面云南独特的地理状况、气候条件以及与内地存在差异的社会经济文化，在一定程度上又限制了移民进入。近代以前，云南的内地移民几乎都是由中央王朝或封建政权有目的地组织迁入的，随着内地和沿海地区人地矛盾日益突出，中国东北、西北地区和东南沿海逐渐形成了人们为谋生而"闯关东""走西口""下南洋"的移民潮，而地处西南的云南始终没有出现过人口自发迁入的潮流。十七年中迁入新疆和黑龙江的终身迁移人口占据了两省区迁入人口的很大部分，这与当时的经济建设、国家移民政策分不开，也是"闯关东""走西口"自发移民潮惯性持续存在的结果。相比之下，1950—1966年的云南，人口迁移的规模并不是最大的，数量也不是最多的，更不是十七年中政府移民和建设的重点，新疆、黑龙江等地以广阔的生存空间吸引了大批自流人口，而云南的自发移民却不多，更具有共和国计划移民的特征。在这种历史现实和条件下，云南边疆发挥自身的主观能动性，根据不同的需要招徕移民，因此移入人员从业的领域非常广泛，不同于移民西北、东北主要从事农业生产，或到工厂、矿区、林区做工的情况，也不同于过去移入云南的移民主要是官员一类政治移民和兵士一类军事移民的历史。1950—1966年的云南移民状况，无论是从纵向历史还是从横向地域的角度看都独具特色，体现了边疆历史的延续性和时代特征。

第三节　支援边疆建设

一、"支边"与十七年边疆人口迁移

共和国十七年的人口迁移以从内地向边疆地区的移民为主，其中的情况十分复杂，迁移的原因多种多样，迁移后的人员的从业性质和领域也大不相同，有省内迁移也有省际迁移，有城镇移民也有农村移民，有的规模大有的人数少，有的集体迁移、集中居住也有的个体迁移、零散分布……但凡此种种的迁移事件，在档案文件、文献材料中都用"支援边疆建设"一词概括了，这些移民也被笼统地称为"支边青年""支边人口"等。

从云南有关移民事件的材料来看，十七年中迁入的外省市人口来自北京、天津、上海、浙江、江苏、山东、河南、湖北、湖南、重庆、四川、广东等地，几乎涵盖了所有中国中东部的省市。而在档案或文献中，这些移民事件都能与"支援边疆建设"联系起来，"支援边疆和少数民族地区社会主义运动"这一全国性事件中的云南农垦移民就是其中最具代表性的一例；除此之外，还有由地方提出的"支边"人口迁移，如1965年向天津、武汉招收的财贸支边人员；更不乏各种以"支边"为口号的招工、分配，在筑路国防工役制部队的有关文件中，就经常提及"巩固国防""支援边疆建设"。另外，有关外地人员移入云南的档案材料中，也出现过"支援内地建设"一词，这多是东部沿海省份的习惯性用法，此处使用的是以京广铁路划分的"内地"概念，实际上"支援"的也是边疆地区。不仅省际移民多用"支援边疆建设"一词，云南省内的人口迁移也不例外。

那么，"支边"这个词汇概念所指代的具体范围究竟是什么呢？在中华人民共和国历史上，与"支边"关联最密切、影响最大的事件就是1958年中共中央北戴河会议提出的"关于动员青年前往边疆和少数民族地区参加社会主义运动的决定"，这个决定提出要在第二个五年计划期间动员大量青年到边疆和少数民族地区去支援建设，"支边"被作为一场运动在全国范围内开展起来，并由此产生了共和国历史上规模最大、范围最广、人数最多的支边人口迁移。实际上，在这场运动被发起之前，"支边青年"就作为一个专门的名称出现了，许多到边疆和

少数民族地区参加工作的各行各业的青年，包括移民中的青年，都被如此称呼，[1] 成千上万奔赴边疆省份的建设者，其中包括工人、科技人员，也有大中学校毕业生和农民，他们在这些地区兴建工厂，开发矿山，也有的从事干部、教学和财贸等各种工作，这些行动，统统被称为"支边"。1958年的支边运动，也是这些行动的组成部分之一。不过，参加支边的人有的原来就是国家干部或职工，到边疆之后并未改变身份，而1958年"支边"运动中的移民，大都是青壮年农民。

由于"计划大，进度急，物资准备严重不足"，于是"从一九六〇年下半年起有关各省、区均已停止移民"，[2] 大跃进式的全国性"支边"运动宣告结束。但是"支援边疆建设"一词却继续流传下来，并在不同的边疆社会被赋予了新的内容，许多人口迁移都正式或非正式、或多或少、有意无意地与"支边"联系在一起，有的正式定名为"支援边疆建设"，有的以"支边"为动员迁移和招募人员的宣传口号。直到20世纪80年代中期，一批响应"开发大西北、建设大西北"号召，到新疆参加工作的沿海、内地的大中专毕业生仍被称为"支边青年"[3]。几十年过去后，许多当年的迁移人口仍然不认为自己是"移民"，而是"支边来的"[4]。因此"支援边疆建设"这一语词贯穿1950—1966年的中国移民史。

相比"文化大革命"期间那种轰轰烈烈的、串联式的人口迁移，以及各部门机构瘫痪、无法开展正常工作的巨大反差，1950—1966年间迁入边疆的计划型迁移人口，基本属于有组织移民，是中央或地方政府按计划部署的。无论是为了国防战略的需要统一部署的"橡胶移民"、修国防公路的工役制部队等等，还是因地方为了建立各项事业和发展经济而引入的各行业人员，都是在考虑边疆社会需要的情况下进行的。这类人口迁移是有方向性的，不仅在一定程度上控制着移民的合理分布，而且是根据某种具体需要的迁移，迁入人口被分配在各行各业从事相关工作，确实在他们的行业领域中建设着边疆社会。受到当时历史大背景

---

① 定宜庄：《中国知青史——初澜（1953—1968年）》，中国社会科学出版社1998年版，第153页。

② 《中央批转农垦部党组关于动员青年参加边疆建设工作情况和今后意见的报告》（中发〔62〕542号），载农垦部政策研究室等编《农垦工作文件资料选编》，农业出版社1983年版，第571页。

③ 郭文东、杨萍：《支边青年今安在》，载《人才开发》1998年第2期。

④ 据笔者2005年、2008年的两次田野调查所得。

下的经济、用工、户籍等制度性条件的限制，行业人员的调动，或者人口的流动相对复杂和困难，也因此使得这一时期计划迁移人口的巩固率较高。支边人口大多数在迁入地定居，或是直到退休才返回故乡，不同于随政治运动的开始和结束而迁移又返籍的各类人口，或是以牟利为目的的流动人口，他们在很长时期内为边疆建设贡献了力量。十七年中持续进行的各类"支边"活动，以及大部分长时间实现定居的各类"支边"移民改变了边疆的人口结构与分布，为边疆的经济进步、社会发展、民族融合、国防巩固做出了巨大贡献。

在这种持续的"支边"活动中，"支援"一词也被赋予了新的含义，似乎只要到边疆工作，都可以算作"支援边疆"，最后甚至发展为到任何地方任何单位工作，都可以用"支援"这个词来描述，包括"支援工业建设""支援垦荒事业""支援商业工作"等等，例如劳动部批准云南省在武汉市招收 500 名机械技术工人的事件，在湖北省劳动厅的信函中称为"支援云南 500 名五金机械技术工人"；在武汉市劳动局的通知中则提出"这次云南在汉招工，是一件具有支援国防、支援边疆、支援兄弟省的大事"①。

这种"支援"的概念，于那个时代深入人心，根植于人们的观念中，一些当年到云南"支边"的移民子女长大后到北京等地工作，他们自己是这样被形容的："她又去支援内地去了！嘿嘿嘿！我们来支援边疆，她去支援内地"②，后来又衍生出"支边""支援""建设""开发"等词语，具体指代的外延非常广泛，甚至可以包括这一时期大大小小、各种类型的人口迁移。例如，"开发和建设边疆"的移民们"不仅承担了开垦荒地的光荣事业，并且进行地质勘探活动，办工业，修水利和从事交教医疗工作"③；"1969 年冬，江汀青一家三口人，随着天津支援宁夏的近千名医务人员及其家属，来到了宁夏"④。而且，这一时期的边疆移民中的那一小部分非"支边"移民，他们或因某些特殊的原因来到边疆

---

① 《湖北省劳动厅关于支援云南省五金机械技术工人的函》（1965 年 6 月 16 日）及《武汉市劳动局关于云南省招收技术工人的通知》（1965 年 6 月 21 日），云南省档案馆藏，档案号：116-1-236-141。

② 《西双版纳武汉人访谈录》（2008 年 5 — 7 月），笔者调查笔记打印稿，Record 06。

③ 《到祖国最需要的地方去！百万移民在边疆安家立业——内地青年纷纷表示愿献身于建设边疆壮丽事业》，载《人民日报》1958 年 12 月 2 日第 6 版。

④ 刘宝俊主编：《宁夏回汉团结四十年》，宁夏人民出版社 1998 年版，第 165 页。

生活工作，或属于自发迁入的移民，其中也有不少人最终定居边疆，尽管没有"支边"的名，却实实在在有"支边"之实，相比起某些返回原籍的"支边"人员，他们为边疆建设贡献得更多，以至于许多当地人就将他们当作是"支边来的"。①

无论是文件中的定性，还是现实历史中的实际；无论是国家战略的目标，还是地方的建设需要，抑或是个体生存发展的动机等，"支援边疆建设"这一特定的历史语词完全能够涵盖与阐释 1950 — 1966 年间的边疆移民。

二、"支边"与"援内"

从"支援边疆建设"最初的历史语境和意义来说，边疆是被支援的对象，是作为"支援"的客体和接受者存在的；而"支援"的主体则是相对于边疆而言的内地省市，广大的"支边"移民是具体的实行者。在"支援"与"被支援"的关系中，实际上含有先进与落后的对比："被支援"的边疆因为其经济与社会发展相对于内地和沿海是"落后"的，所以成为"被支援"和"被帮助"的一方。然而，"支援边疆建设"一语不仅仅如其表面的现象那样简单，经过对历史深入细致的考察就会发现：边疆并不仅仅是被动地接受"支援"和"帮助"的一方，在某种意义上甚至是边疆在"支援"内地和沿海地区，"支边"的背后隐含着"援内"的本质和意义。

一个地区所能为迁入者提供的经济机会，包括自然资源如耕地、草原、森林、矿藏及与此有关的劳动机会，城镇的就业机会和在其他方面得到个人发展的机会，如教育、社会地位的提高，等等，是直接影响迁移者的"潜在"迁移动力。1950 — 1966 年的十七年中，边疆经济发展产生了对劳动力的巨大需求，与此同时，内地各省、市面临的是城市就业压力过大、农村地少人多、劳动力过剩的局面。根据对第五次人口普查资料的分析表明，中国主要终身人口迁出省份有四川、山东、河南、湖南、安徽、河北、江苏等，都属于我国人多地少、人口压力较大的地区。②因此边疆开发带来的就业机会对沿海和内地许多省市的城乡人口产生了较大的吸引力，在那些地狭人多的地区，有许多农民自愿要求外移

---

① 《武汉人调查日志》，笔者调查笔记打印稿，2008 年 5 月 16 日。

② 翟振武、段成荣：《跨世纪的中国人口迁移与流动》，中国人口出版社 2006 年版，第 74 页。

垦荒，河南省 1956 年动员 5 万人往甘肃、青海垦荒，而报名的竟达 50 万人。①

二十世纪五六十年代，中国各大中小城镇都面临着沉重的负担，城镇常住人口所人均享有的教育、医疗等社会福利与社会保障极其有限。因此，社会青年、精简下来的职工、过多的商品粮人口，成为城市亟待解决的问题，他们通常都被努力向农村或外地转移，也是内地和沿海地区向边疆移民的主流。1966 年云南省轻工业厅向上海市招收技工，"派员前往上海办理来我省支援的在职技工调迁事宜"，但到达上海后"该市机电工业和纺织工业局只同意在精简下放的技工中支援"②。被精简的人员、回乡技工、社会青年是 20 世纪 60 年代云南向省外的多次招工中优先录用的对象。

即便如此，很多时候所招收的支边人员还是难以达到最低要求，"不论是数量上或者质量上都达不到原来在我们省里估计的理想"③。1965 年，云南向省外招收财贸支边人员，原计划招收任务为 1 万人，实际完成 5317 人，原因是"这三个市……现有的人，女的多，男的少，女的占百分之七八十，又病的多，健康状况差；思想品质不好的人不少。经过工作组摸底，确实无法完成任务"；"天津招收的二百社会青年，质量很差，有心脏病、肺病等的有十多人，不少男青年有流氓习气"。在城镇人口严峻的就业及生存压力下，为了缓解未来社会青年继续增多的问题，在"社会上已经在没有合乎我们招收条件的人"的时候，有的地方还提出"开学校门，从在校学生中动员让我们招收，但只能给初中生"，结果"工作组和当地因招收条件争执，关系搞得比较紧张"。④被精简职工、社会青年作为东中部向边疆移民的主要成分外，还有一些抽调的职工、干部也迁往边疆，他们也往往并非原单位或组织的中坚力量，或是年龄稍大，或是业务水平一般，或者是因各类原因不适应原来的工作环境，而各方面优秀的人员则较少有移

---

① 敖羽：《谈谈移民垦荒问题》，载《光明日报》1957 年 1 月 15 日第 3 版。

② 《请办理上海市支援技工录用手续的函》（1966 年 3 月 14 日），云南省档案馆藏，档案号：116-1-256-051。

③ 《武汉云南招收工作组给劳动局计划科李科长的函》（1966 年 5 月 15 日），云南省档案馆藏，档案号：116-1-256-026~028。

④ 《省外招收财贸人员情况》（1966 年 3 月 15 日），云南省档案馆藏，档案号：13-2-78-030~031。

民边疆者，"合格的人中，还会有坚决不到云南去的"①。因此向边疆地区的各类移民不仅是支援者，也是"被用作支边者"。

对"地狭人多地区的农民"，"初高中毕业没有考取高中、大学，有些是中途停学，他们都闲散在社会上，无固定职业，有时做点临时工"②的"社会青年"和"需要就业"的劳动力、"多余的"工人，对这几类人员来说，"支援边疆建设"不仅能够解决就业，找到稳定的工作，而且这一响亮的口号，为他们的迁移和工作戴上了动人的光环，何乐而不为呢？所以云南向省外招工时，曾出现"各地、市、县自动报名应征的均超过动员人数的一倍，父送子、妻送夫，兄弟相争的动人事例极多。德州专区五个县的任务是一千人，报名应征的青少年达三万九千余人，其中商河县二百人的任务，报名应征的达一万七千人。莱阳县的一个公社五十五名任务，而一个生产队报名数达九十余人"③的情况。在迁出地"需要就业"的劳动力、"多余的"工人和迁出地急于甩开的"包袱"很容易在边疆生存定居下来，他们从谋生较艰难的迁出地进入迁入地后，便和迁入地的土地或工作紧密结合，通过血缘或地缘关系，很快融合于新的社会环境中，成为永久性移民。因此，支边移民的迁入与定居边疆，究其原因有政治环境的影响，迁移政策的制约，人们观念心态的变化等，但最根本的是这些地方能够满足移民生存、生活、发展甚至是心理的需求。

另外，"支援"的立足点也在于国家战略与经济发展的需要。从全局和宏观的角度出发，需要修筑国防公路、"支援越南人民的抗美斗争"④，就有了"支边"的工役制公路修建队伍；需要战略物资橡胶，于是建立垦殖场试种，其后便带来了"支边"的"橡胶移民"。所以国家采用多种政策、方式，动员、鼓励和分配人员迁入边疆，在客观上也对边疆移民起到了很大的推动作用。

中国历史上，"中心—外围"也好，"五服"也罢，许多政治或文化观念都

---

① 《武汉云南招收工作组给劳动局计划科李科长的函》（1966 年 5 月 15 日），云南省档案馆藏，档案号：116-1-256-026~028。

② 《武汉云南招收工作组给劳动局计划科李科长的函》（1966 年 5 月 15 日），云南省档案馆藏，档案号：116-1-256-026~028。

③ 《史怀璧、邢润民给健民、明辉同志，并转阎政委、周兴同志，省委、省人委的信》（1965 年 5 月 25 日），云南省档案馆藏，档案号：116-1-236-108~109。

④ 云南省接待山东、河南支援人员办公室：《山东、河南两省支援人员达到云南综合情况》（1965 年 7 月 1 日），云南省档案馆藏，档案号：116-1-236-037~039。

具有"中心"的概念，或者说有内外之分。"中心"是政治、经济和文化发达的地带，"外围"是经济、政治和文化落后的地带，需要依靠中心地区的教化。中华人民共和国建立后，在边疆少数民族地区推行与内地汉族地区一致的政治经济制度，符合中国传统的"大一统"观念。而人口稀少、社会和经济组织发育程度不高、基础设施薄弱、消费水平较低的边疆地区，要引入一整套内地的政治经济体制，建立与当地人口、生产规模相比十分庞大繁杂的行政与管理机构，并不是地方所能负担的。因此，国家投入人力、物力、财力，并将这些建设投资、招工移民活动都统一到"支援边疆建设"的大旗下，产生了许多支边事件和移民。尽管这些移民最初也许只是为了生存的需要而加入迁移的行列，但这些众多的移民不仅能够承担相应的工作，而且会不断地把类似于内地的制度体系与观念引入边疆。

20 世纪 80 年代以后，我国经济体制由计划转向市场，在世界经济全球化与区域经济一体化发展过程中，东部沿海地区成为国家建设和政策扶持的重点。在经济高速发展的同时，东西部差距不断加大，最终制约着东部经济的继续增长与国家整体实力的提高。为此，中央于 20 世纪 90 年代末又提出"西部大开发"的战略与目标，与国家计划、政府指令为依托的"支援边疆建设"不同，"西部大开发"是在政府扶持与提倡下，由市场主导进行的，其中产生了大量以牟利为目的流动人口。

"支援边疆建设"与"西部大开发"的根源，一方面是要在边疆少数民族地区推行与内地汉族地区一致的政治经济制度，是追求一致性的"大一统"观念的发展；另一方面也是 19 世纪以来，由工业革命引发的经济与科技的迅速发展，所带来的现代化与全球化的表现。在这样的观念下，边疆和西部成为"落后"的代表，对这些地方的"支援"和"开发"变成了"一个关系全局的经济战略问题"，因此有了"可称之为三次西部开发高潮的建设"：第一次，是 50 年代以第一个五年计划为中心的大规模西部新工业基地建设；第二次是 1964—1978 年以战备为中心在西部后方进行的"三线"建设；第三次是 1999 年至今正在进行的"西部大开发"战略。[①]

沿海和内地在许多包括教育、科技、工业等方面确实比边疆地区发展得快一些，但在不同的自然地理与社会历史条件下，这些方面发展的快慢不应该是衡量

---

① 陈东林：《中国共产党三代领导集体的西部开发思想与实践》，载《当代中国史研究》2001 年第 4 期。

先进与落后的绝对标准。由于通常处在各种文化接触的地理位置上，边疆社会在历史上反而能够更快、更早地接纳新鲜事物，也发展起独具特色的物质与文化。从维护中华民族整体利益出发，"支边"的必要性不容置疑，在现代化全球化的浪潮下，"开发"的进程无法逃避，西部边疆在发展过程中需要借鉴东部和中部发展的经验，向内地学技术、学经营，需要得到一定的"帮助"与"支援"，也需要一定程度的"开发"。"支援边疆"和"开发西部"为西部边疆地区注入了大量资金、财物力，带来了新的生产力；"支援边疆建设"和"开发西部"过程中的移民维护了边疆的稳定，满足了各部门、行业对劳动力的需求，奠定了边疆现代工农业的基础，推动了边疆经济的发展。

进一步说，从"整体上"理解"支援边疆建设"和从"地方上"理解"支援边疆建设"，体验将有所不同。从"全国一盘棋"的角度来说，对边疆资源的开发和利用是国家从宏观整体高度考虑的结果；从地方的角度来看，有一种观点最近越来越得到认同，即在中国近代社会的演变过程中，中国自身不但在不断建构起现代"民族—国家"的形象，以适应在强权林立的世界中竞争生存的需要，而且这种"国家"意识和制度的确立是不断通过对地方社会的渗透和索取得以实现的。这倒不是说中国以往的帝国形态并没有向地方社会索取资源，但是，现代化建设对资源动员的需求要远远高于古代社会，所以其索取的强度也是空前的，同时这种竭尽全力向农村基层社会的渗透又是以摧毁当地的文化运行网络为代价的。[1]"支援边疆建设"中的边疆社会在某种程度上也处于这种被"渗透和索取"，以及被"摧毁文化运行网络"的境地。边疆的自然条件、历史状况和经济发展环境与内地不同，学习并不一定意味着"汉化"和照搬内地汉族地区的全部经济结构和发展模式，过度开发更会带来一系列的自然环境和社会问题，物质的丰富和"文明"的提高，却未必带来更多的幸福感，正是所谓"现代化"一个悖论意味十足的结果。

当然，边疆或地方的发展并不逆向于经济发展与全球化的浪潮，但是经济的发展必须具备一定的条件；边疆或地方的需求也不与全国或整体的利益相悖，但是边疆或西部并不单纯是"被支援""被帮助"的对象。其实"支援"和"被支援"是可以相互转化的，"支边"和"援内"是一对互动的关系，这是经常被

---

① 杨念群：《为什么要重提"政治史"研究》，转引自笔谈《理论与方法：历史学与社会科学的关系及其他》，载《历史研究》2004 年第 4 期。

人们所忽略的方面。在"帮助""支援"与"开发"的过程中，边疆地区为中华人民共和国的整体利益做出了重大的贡献，也满足了沿海和内地的需求，为这些地方带来了财富和利益。"只要有场地、资金、机器、原料、工人就可以造出产品，有了产品和产值，就算经济发展了，这是计划经济的观点"①，"支援边疆建设"就是利用边疆的资源，由国家或政府提供资金，组织人力进行生产。计划经济时代，"支援边疆建设"极大地缓解了人口稠密地区的人口压力，支边浪潮中的移民，大多是因为生存的需要而迁移的，那些在原居地有稳定工作与收入，能够保证生活的人很少到边疆去"支援建设"，而初高中毕业没能继续升学或中途辍学，又因为种种原因找不到适合的工作，或谋生困难的农民才是最终移居边疆的"支边"大军的主体。"按照商品经济的观点，不能只考虑生产而不考虑销售，如果生产的产品有市场有利润，才算是经济繁荣"②，市场经济的发展中，"开发西部"又为东部和中部的经济发展提供了廉价的劳动力、资源和商品市场。所以，"支援边疆建设"的同时解决了内地和沿海经济发达地区的问题，"开发西部"的同时最终帮助了东部。所以，无论是十七年中的边疆移民，还是20世纪80年代后城市化运动中的移民，其作用是相互的；无论是东部还是西部都同为"支援"的主客体，"支边"和"援内"是一种互动"开发"的关系。

尽管十七年边疆移民种类繁多，存在很多差异，但不管何种类型，都是支边人口的一部分，在有组织、按计划巩固性高等许多方面都存在共性和相通的地方。所以，"支援边疆建设"一语本身反映了这一时期人口迁移的许多特征，能够很好地概括各类人口迁移，是探讨十七年中国人口迁移所不能忽视的。"支援边疆建设"内容的不断变化，从"支援边疆"到"开发西部"的延续与发展，不仅是认识中国国内移民的切入口，更可以反映20世纪50年代以来，中国政治、经济、社会文化的发展变迁。"支边"现象背后隐含着"援内"的深层次意义，两者之间的互动关系，是以国家统一为前提的，并使统一国家的整体性不断加强。

---

① 马戎：《西藏的人口与社会》，同心出版社1996年版，第12页。
② 马戎：《西藏的人口与社会》，同心出版社1996年版，第12页。

第二章 本论：西双版纳湖南人和武汉人——区域与个案

长期以来形成的中华人民共和国史研究框架，更多的是研究上层或高层领导的思想与活动、重大历史事件，而对基层社会，尤其是对芸芸众生的生存环境、衣食住行、人际交往、精神心理状态以及日常生活等的了解和研究仍然十分有限。因此，在前论探讨 1950 — 1966 年中国移民概况及趋势的前提下，在研究云南边疆移民历史及总结"支援边疆建设"历程的基础上，本论将展开对特定区域及移民案例的考察。共和国十七年这样一个特殊的时期，除了政治还有经济，除了革命还有生产，除了斗争还有生活，除了中央还有地方，除了领导人的个人生活还有百姓生活的众生相。

在共和国十七年的大图景上，在独特的云南移民历史中，本书的个案研究对象登场了：那些来自洞庭湖南北的湖南人与武汉人，为什么会来到澜沧江畔的西双版纳？他们怎么来的？来了以后又怎样？这就是本论将展开的研究与考查。基于地方区域与特定对象的结果不一定是适用于所有边疆移民的结论，但是这里所选的区域与对象具有一般代表性，不同历史时期的移民特征不同，影响不一，外来移民持续流入地的社会整合情况错综复杂，而西双版纳是在 20 世纪 50 年代后内地人口才持续大量迁入的地域，能够较精确地反映共和国十七年的边疆移民情况。湖南人和武汉人作为不同年代、不同来源、不同背景的"支边移民"，对他们的研究有助于对比和全面认识不同类型的"支边移民"的历史。西双版纳湖南人和武汉人，与其他边疆地区移民所处的历史时代、经历的事件、发展变化的历程可能是共同的，因此，这样的考察仍然有普遍的借鉴和参考意义。

第一节　西双版纳——边疆的边疆

一、中华人民共和国成立前的西双版纳

（一）自然地理、气候环境与族群概况

西双版纳在地理上属于亚洲大陆向中南半岛的过渡地带，位于云南省南部边缘，北回归线以南，以今天西双版纳自治州的范围来看，介于东经96°56′～101°50′、北纬21°08′～22°36′之间，全州土地面积 19 124.5 平方千米。东、东南与老挝接壤，南、西南与缅甸交界，西北与澜沧县相邻，北部与普洱市接壤，东北隔补远江与江城县相望。东、北、西三面分别为无量山及怒山山地余脉，中部为澜沧江及其支流侵蚀形成的宽谷盆地。大地构造属西南槽褶皱区中的三江（怒江、澜沧江、金沙江）印支褶皱的南段，澜沧江深断裂在本区中部北南纵贯，西侧为勐海隆起，东侧为勐腊拗陷。澜沧江纵贯全境，主要支流有补远江、南腊河、流沙河、南果河、南阿河、南览河。土壤为砖红壤、赤红壤、红壤、黄壤、黄棕壤、紫色土、冲积土、石灰土、水稻土 9 个土类。境内有世界上北回归线附近保存最好的热带雨林，雨林层次多，物种丰富。

西双版纳属于北热带气候类型，北部有无量山、怒山等高原群山为屏障，西南临印度洋，受印度洋及太平洋的热带季风影响，气候湿热，常夏无冬，雨量丰富，形成高温、高湿、静风、多雨的气候，干湿季节分明。由于地处北回归线以南，太阳入射角度大，日照时间长，热量丰富，气温年较差小，日较差大。[1]

1949 年中华人民共和国建立前夕，当地总人口约 20 万人，其中傣族 10.5 万人，哈尼族 3 万余人，拉祜族 1.3 万人，彝族 4500 人，基诺族 4000 余人，瑶族3000 余人，汉族 5000 余人。[2]

（二）历史沿革

因为行政区划多变，历史上西双版纳的区域时有变更，但以现有的资料看

---

① 西双版纳傣族自治州地方志编纂委员会编：《西双版纳傣族自治州志（上）》，新华出版社 2002 年版，第 1–2 页；马曜、缪鸾和：《西双版纳份地制与西周井田制比较研究》（修订本），云南人民出版社 2001 年版，第 132 页。

② 马曜、缪鸾和：《西双版纳份地制与西周井田制比较研究》（修订本），云南人民出版社 2001 年版，第 1 页。

来，这一地区很早就有人类居住，考古工作者曾先后在景洪澜沧江畔、橄榄坝及勐腊大树脚、勐海、勐混等地出土新石器时代的有肩式石斧、有段石锛。有关这一区域的文字记录最早见于《南诏德化碑》，据方国瑜先生考证，西双版纳当时属于开南节度统治，与南诏在政治上是统治与隶属关系①。南宋时，傣族军事贵族叭真以西双版纳为中心，建立了一个比较强大的地方政权——景龙金殿国②。元世祖至元二十九年（1292 年）步鲁合答从征八百媳妇至车里，招降不听便攻破车里，立木来府。元成宗元贞二年（1296 年）立"车里军民总管府"。③明太祖洪武十九年（1386 年）改彻里军民府为车里军民宣慰司，任用土官土司统治。宣慰使将所属区域划分为十二个版纳，即十二个提供封建负担的行政区域，傣语称为"西双版纳"。清初基本沿用明代的旧制，雍正七年（1729 年），鄂尔泰奏设普洱府，将车里宣慰司辖境内的江内六版纳划归普洱府流官管辖。

就地形来看，因为北边有山脉及大江阻隔，加之特有的自然气候条件，这里瘴气盛行，外地人难以适应，中原文化传入比较困难。这样的自然地理状况，使西双版纳形成并长期保存了独特的封建领主制经济及建立在这种经济基础之上的政治组织——土司制度，成为一个相对独立的"小王国"。④

晚清以来，西方资本主义国家的殖民入侵给中国社会各个层面带来剧烈变化，也造成了全国性的边疆危机。1895 年法国借口调处中日战争"有功"，胁迫清廷将原属车里宣慰司管辖的勐乌、乌得两地割让给法国。边地丧失及边疆危机使晚清及民国政府都注重边政建设与边疆开发，积极地推行边疆与内地的一体化进程，西双版纳的独特性与重要性愈发凸显。

1912 年辛亥革命以后，普洱道徐为光任命河口独立营管带柯树勋到车里（景洪）任五勐善后督办⑤。1913 年普洱道下令成立"思普沿边行政总局"，任命柯树勋为总局长，会同车里宣慰使共同管理西双版纳行政事宜，西双版纳设立县政府开始了"土流并治"。柯树勋提出《治边十二条陈》作为施政纲领，实行招徕

---

① 详见方国瑜《元代云南行省傣族史料编年》，载《方国瑜文集》第三辑，云南教育出版社 2003 年版。

② 详见李拂一《泐史》，文建书局 1947 年版。

③ 《元史·步鲁合答传》《元史·本纪》。

④ 关于西双版纳封建领主制经济及土司制度的情况，详见马曜、缪鸾和《西双版纳份地制与西周井田制比较研究》（修订本），云南人民出版社 2001 年版。

⑤ 五勐：勐遮、勐海、勐混、勐阿、勐龙。

商户、移民垦殖、引进技术、开办学堂、建立邮电、修筑马路等措施，对社会经济发展有所促进，一定程度上削弱了当地的封建领主制经济与土司势力。但是，这些只是一般层面上的变化，要改变西双版纳这样一个长期以来自成体系的"小王国"，并非一朝一夕之事。

1941 年，国民党势力进入西双版纳，进一步加强对土司的分化和控制。由于外来统治者和本族统治阶级之间的矛盾，作为召片领的"一统小朝廷"有些削弱，各勐土司与宣慰逐渐疏远，召片领封的各勐土司，也受到打击。"专制一统"局面便成了封建割据局面，召片领直接统治的地区逐渐缩小。然而，国民政府虽然加派各勐土司为区长、乡长，但仍未触动封建领主的经济结构和基层政权组织。作为最高领主的召片领，在傣族人民中仍有深厚的影响，"虽有县政府或设治局之设置，但为县官者，为这语言及风俗方面之隔阂，大多只能循其旧有制度，任土司或头人为乡镇保长，使之直接亲民，这样一来，土司虽无名义上之政治地位，然皆握有实际上之政治权力"①。加上中国局势动荡，不论是中央还是地方势力都没有能力全力经营西双版纳。所以，直到中华人民共和国成立之前，西双版纳仍是"汉化最浅者"。②

二、西南的西南，边疆的边疆

西双版纳作为一个有着特殊自然地理和气候条件，悠久历史与文化的地区，其丰富的自然资源、独特的民情风俗吸引着来自世界各地、社会各界的游客、商贾、学者专家。然而历史上，这是一个与外界长期较为隔绝的地区。

从地理概念的角度出发，西双版纳是名副其实的云南边地、中国边疆。云南是一个高原山区省份，是青藏高原的南延部分。地形一般以元江谷地和云岭山脉南段的宽谷为界，分为东西两大地形区。东部为滇东、滇中高原，系云贵高原的组成部分，地形波状起伏，平均海拔 2000 米左右，表现为起伏和缓的低山和浑圆丘陵，发育着各种类型的岩溶地形。西部为横断山脉纵谷区，相对高差较大，地势险峻，海拔一般南部在 1500～2200 米，北部在 3000～4000 米。只是在西南边境地区，地势渐趋和缓，河谷开阔，一般海拔 800～1000 米，个别地区下降到

---

① 江应樑：《云南土司制度之利弊与存废》，载《边政公论》第六卷第 1 期。
② 陶云逵：《云南摆夷族在历史上及现代与政府之关系》，载《边政公论》第一卷第 9、10 期。

500 米以下，是云南省主要的热带、亚热带地区。全省整个地势从西北向东南倾斜，江河顺着地势，成扇形分别向东、向东南、向南流去。①西双版纳就是这里所说的"西南边境""地势渐趋和缓，河谷开阔"的"热带、亚热带地区"。

这个地理上的边疆地区，在地形上来说与云南北部及腹里地区存在相当大的差别，而与中南半岛更为关系密切。在这里，随着海拔逐渐降低，大山的余脉缓缓延伸，顺势而下的江河也因为开阔的河谷而流域渐广，也就是说越往北越阻隔，愈往南则愈平坦。山脉及大江长期阻断着西双版纳北上的交通，直到近代，从"普思沿边"到"思普地区"的交通仍然十分困难，山深林茂，人烟稀少，野兽出没。行政总局时期，柯树勋招募民工修通关坪、普文、小勐养、车里的马道，使得由思茅至车里的行程由五天缩短为两天，但后来马道也一度中断。境域内的交通状况更差，据"民国"三十四年（1945 年）《思普志》"民国镇越县（勐腊县前身）交通"章记载："镇越万山丛脞，河流遍野，既乏水运，复未通车，仅有人行干道"；"则山路崎岖，旅途者视为畏途，若遇雨季，江流暴涨，甚至一二旬不能通过，交通之阻下，殆为边地各县之冠"。②夹在山谷中的江河成为急湍险水，不能往上通航，舟楫不便，1950 年以前澜沧江在西双版纳境内"仅有整控、新渡口、打角渡 3 个渡口"③。

一个与外界较为隔绝，域内交通不便，但是土地肥沃、物产丰富的地区，封建领主制经济自然而然地牢固建立并发展起来。最高统治者召片领在这里建立起相对独立的"小王国"，中央政权则长期不能直接对这一地区实施统治。明代在云南广建卫所，移民甚众，但据《明实录》记载，进驻西双版纳的军队，遇"春暖瘴高"，官兵死于"瘴气"的不计其数。④清代以绿营兵丁为主的汉族移民由平坝向山区，由汉族地区向少数民族地区推进，但也没能最终突破澜沧江。1766年，驻守在九龙江（澜沧江）外的清兵"瘴死者不可胜数。官弁夫役死亦过半，

---

① 云南省人口普查办公室编：《世纪之交的中国人口（云南卷）》，中国统计出版社 2005 年版，第 1 页。

② 杨仁方：《勐腊公路引伸记》，载《辉煌 50 年——西双版纳文史资料》第十五辑，云南民族出版社 2002 年版，第 321 页

③ 西双版纳傣族自治州地方志编纂委员会编：《西双版纳傣族自治州志（中）》，新华出版社 2002 年版，第 617 页。

④ 明代云南移民的具体情况，详见陆韧《变迁与交融——明代云南汉族移民研究》，云南教育出版社 2001 年版。

马匹多瘴死"。1793 年，镇守该地的总兵不得不"奏请每年冬间由总兵官带兵赴江外巡查一次，停止戍兵"①。直至清末，改土归流仍旧难以在此实行，只能继续依靠与之相适应的土司制度维持朝贡体系。"小王国"中的各个村寨是一个个独立的个体，为领主负担徭役，生产粮食及其他生活用品，村寨的生产范围仅限于自给自足，村寨中的人几乎不需要和外界发生任何联系，因此当地人大都只是遵照土司的命令行事，缺乏"国家"意识，只有"汉人"概念。西双版纳，这个 20 世纪 50 年代以前的"汉化最浅者"——"小王国"，因此是一个特别特殊的政治上的边疆。

地理阻隔与交通不便限制了历史上中原王朝对这里的经营，使得这一地区与内地的社会、经济、文化交流十分困难，也限制着外来人口的迁入或文化的传入。当然地理限制并不意味着绝对的隔绝，在漫长的历史发展长河中，官员、戍卒、流民、商人、手艺等，虽然人数不多，却始终会有一些内地汉族和其他民族的成员都进入这一地区。但是，地处热带、亚热带地区的西双版纳，作为瘴疠之区也是名不虚传的，历代史料、文人诗赋及民间谚谣对此都有生动的描述。除此之外，天花、麻疹也是常见的流行病，"清光绪十二年（1886 年）至民国二十九年（1940 年），长达 55 年的鼠疫伴随疟疾、天花等烈性传染病肆虐民间，人死寨空"②。这些疾病使得本地人深受其苦，外地人难以适应，"谷子黄，病上床，闷头摆子似虎狼。旧尸抬去未下土，新尸又在竹楼上"的民谣，便是对疟疾流行时情况的真实写照。也就是说在地形、气候乃至经济方式上，西双版纳这个地方不太能吸引习惯于汉文化的人群迁移前来。文化传播的量也许并不跟人的传播（即移民）的量成什么正比，但是反过来，假如人的传播的数量大，则其人的文化传播自然就较迅速而广大。另外，由于西双版纳的封建领主制经济与中原的地主经济很不一样，如果内地农民进入到这里，也不可能从土司那里租到土地进行生产，所以那些人口众多、渴望土地的汉族农民虽然在我国其他一些边疆地区积极拓荒移民，却很难在西双版纳生活定居。那些突破地理和气候限制，零星流入这一地区的内地农民，因为在封疆领主制的西双版纳经济不能独立，且与

---

① 转引自程贤敏、石人柄《西双版纳的社会变迁与人口再生产类型的演变》，载《中国人口学》1991 年第 4 期。

② 西双版纳傣族自治州地方志编纂委员会编：《西双版纳傣族自治州志（下）》，新华出版社 2002 年版，第 431 页。

其他汉人隔绝，日久之后便渐渐为当地人群所同化。

自然条件、土地制度、社会体制、宗教角色等方面的巨大差异长期以来限制了汉族地区与西双版纳的人员往来和经济关系的发展，也就导致中原内地对这里了解很少甚至产生错误的认识。宋以前，中原书籍中没有任何关于云南傣族的记载，直到元宪宗二年（1252 年），元灭大理之后，记载傣族文字才渐渐多起来，但"云南摆夷虽自称为'泰'或'台'或'歹'。而中国书籍则甚少见此音之名。……但详览史志，叙述泰族故事之标题为百夷或白夷者亦不多见，反之，在'缅'字标题之下的文字，却有不少是摆夷事实……"①

对于西双版纳的世居人群来说，身边的江河大都是南向而流，道路也是往南较往北便捷，他们也就容易朝着中南半岛肥沃的平原迁移，与这些地方的居民互通婚姻，因而对南方的了解也较对北边多，"民情隔阂，每由于交通之阻塞，土人对于内地之见闻，仅及于思茅普洱，再北少有所知"②。李拂一在其《十二版纳志》中提出："旱傣"应作"汉傣"，就是受汉文化影响较多的傣族；"水傣"当是"纯傣"，就是没有受到外来文化影响，保存傣族传统文化的傣族。鄂尔泰在云南改土归流，设置普洱府并委派流官管辖原来的长官司，御夷州诸地。在普洱府以北的傣族居住的景谷、景东地区，早在明代已经设置景东府、威远州统辖。在改土归流设置郡县的地区，汉族移民急剧增长，华夏文化迅速推广，学校普遍建立，科举成为定制；原来傣族的酋长首领，很快演化为汉文化修养相当高的士绅。在普洱府、景东府、元江府等地的傣族普遍接受华夏文化的熏陶，这一地区的城镇，其文化已经和中原文化没有太大的差异。所以，他们被称为"汉傣"，也就是已经接受汉文化的傣族。西双版纳地区没有改土归流，而是沿袭土司体制，这一地区的傣族基本上保持了傣族的传统文化。与改土归流地区的傣族相比，他们的生活、生产、经济结构、政治体制几乎没有改变。与受华夏文化影响，生活、生产、经济结构、政治体制发生巨大变革的"汉傣"相比，他们的傣族文化更加"纯正"，所以被称为"纯傣"。③所以，无论在文化上还是经济上，至少在 20 世纪以前，西双版纳跟中南半岛的关系甚至较中国内地更为密切，有

---

① 陶云逵：《云南摆夷族在历史上及现代与政府之关系》，载《边政公论》第一卷第 9、10 期。

② 黄国璋：《滇南之边疆情势及今后应注意之点》，载《边政公论》第三卷第3 期。

③ 林超民：《水傣还是纯傣？》，见作者"搜狐博客"。

着与中南半岛各地相似的生产方式、宗教信仰、民情风俗，从这个意义上说，西双版纳也是"中华文化的边疆"。

美国历史学家特纳认为边疆是一个富有弹性的词，边疆应该被视作一个边疆带（frontier belt），在美国"西进运动"的过程中，西部每一个地区都曾经作为边疆而存在。[①]如果从边疆拓殖的角度来说，历史上中原王朝对云南的经营和统治是一步步深入的，云南各地也都曾经作为边疆而存在；从文化传播的角度出发，中原文化也是层层推进的。当这一过程进入 20 世纪 50 年代，地处西南之西南的西双版纳，无论在地理上、政治上还是文化上都是边疆的边疆。

第二节　社会历史的发展与外来人口的突破

历史的车轮滚滚向前。1950 年 2 月，南下的解放大军和"滇桂黔边纵队"配合，渡过澜沧江，进驻西双版纳，但依然保留各土司的司署和基层行政组织。1951 年春，中央访问团到达西双版纳，2 月在佛海（勐海）县城召开西双版纳地区各族人民代表会议。1953 年 1 月 23 日，"西双版纳傣族自治区"宣告成立，1955 年 6 月，根据《中华人民共和国宪法》，自治区改名为自治州。1955 年 1 月，中共中央正式批准云南省委在边疆少数民族地区实行"和平协商土地改革"，西双版纳自治机关制定了具体条例，开始自上而下开展土地改革。1956 年，和平协商土地改革完成，接着又进行了农业社会主义改造。至此，西双版纳顺利、和平地废除了土司制度。自治州的建立与土地改革的完成，实现了国家对这一地区的直接管理和统治，西双版纳进入了一个与以往任何时代不同的时期。

土地改革的完成，既保持了西双版纳的社会稳定，也为傣族地区的经济发展、社会进步创造了良好条件。在封建领主制的"小王国"中，村寨是一个个独立的个体，对领主负担徭役，为领主生产粮食及其他生活用品，村寨的生产范围仅限于自给自足，村寨中的人几乎不需要与外界发生任何联系，私有财产很难积累，交换不发达，因而村民缺乏生产积极性。土地改革废除了封建土地所有制，改变了农民和土地的关系，解放了生产力，使得交换和商业成为可能，经济发展速度加快，人民生活水平提高。

随着行政措施的推行与社会经济的进步，西双版纳各项事业也蓬勃发展起

---

① 杨生茂编：《美国历史学家特纳及其学派》，商务印书馆 1984 年版。

来。在交通方面，1950 年 2 月，思普人民行政委员会将一度中断的思茅（今普洱）至景洪大道修复；1952 年昆洛公路正式修建，1953 年修抵景洪，1954 年修至勐海，1956 年，"勐海—勐混"段公路竣工；1960 年，完成了勐洛段公路 55 千米的便道、便桥涵，确保了临战运输的需要；1961 年底，全程 868 千米的昆洛公路全线通车；1954 年，允（景洪）大（勐龙）公路指挥部成立，于 1956 年修通了西双版纳第一条简易公路允（景洪）大（勐龙）公路……自 1953 年昆洛公路通车至 1993 年止，西双版纳已形成以景洪为中心，辐射全州 3 县 40 个乡镇 250 个行政村的公路网络。国道 213、214 线和省道 0538 线与思茅、澜沧、江城相连，经磨憨、曼庆、勐满、曼费、打洛口岸通道，境外可通向老挝、缅甸。①

现代医疗卫生事业逐渐建立起来：1950 年 2 月，中国人民解放军第二野战军十三军三十八师与滇桂黔边纵队九支队四十二团在佛海县组建临时医院。1951—1952 年，先后建立车里、佛海、南峤、镇越 4 个县卫生科（股）。1951 年，佛海县卫生院建立，随后车里、南峤、镇越三县卫生院也相继成立。1953 年后，州、县两级逐步建立卫生院防疫站、妇幼保健站、皮肤病防治站、药品检验所及州卫生学校、州民族医药研究院，并设立区（乡）卫生院（所）。1957 年省疟疾防治所在勐海建立，一面广泛开展防治工作，一面大力培养专业人员。防治所通过大量的调查研究，摸清了疟疾流行及分布情况，掌握了传播媒介按蚊的活动规律，经过连年的疟疾普查普治和灭蚊的群众运动，使疟疾发病率逐年下降，并实现了基本上消灭疟疾。②

随着自治州的建立，和平协商土地改革的完成，交通医疗卫生等各项事业的建立和完善，社会历史向前迈进，外来人口也突破了过去进入西双版纳的种种壁垒。首先，中华人民共和国的建立和西双版纳傣族自治州的成立，是外地人口自由迁入西双版纳的政治保障。在土司制度下，作为西双版纳最高统治者的召片领，掌有对域内一切人的生杀大权；而当地世居民族大多只知"汉""傣"之分，而没有国家的概念。这就使进入这一地区的汉人只有成为土司的属员、得到

---

① 西双版纳傣族自治州地方志编纂委员会编：《西双版纳傣族自治州志（中）》，新华出版社 2002 年版，第 616 页。

② 西双版纳傣族自治州地方志编纂委员会编：《西双版纳傣族自治州志（下）》，新华出版社 2002 年版，第 431 页；《解放前佛海地区疟疾流行及其危害》，载《版纳文史资料选辑》第五辑，中国人民政治协商会议西双版纳傣族自治州委员会文史资料工作委员会 1989 年编印。

土司的庇护或"变其发，从其俗"，才能在当地从事生计。土司制度废除后，西双版纳域内无论民族、籍贯的共和国公民，享有同等的权利与义务，政治地位上平等，这为移民的进入扫清了障碍；国家政权的力量使得大批移民集中迁入西双版纳成为可能。其次，土地改革的完成和社会经济的发展使得外来移民的生存定居有了经济和物质基础。再者，交通条件的改善使内地人口不再将西双版纳视为畏途；医疗卫生的进步使人们不再"谈疟色变"，只有人们的生命得到延续，才谈得上生存与发展，外地人口的规模迁入才成其为现实，移入西双版纳的人口因而日益增多。

20世纪50年代后，西双版纳的人口增长高于全省平均水平[①]，这一是由于高出生率导致的高自然增长；二是源于社会经济发展引起的人口迁入，特别是在20世纪五六十年代曾发生边民大量外流的情况下，机械增长对人口总量的影响就更大。中华人民共和国建立前夕只有汉族5000余人的西双版纳[②]，到1982年，据第三次全国人口普查统计，已大体形成傣族、汉族和其他少数民族人口各占三分之一的格局。这一格局源自中华人民共和国成立后大量内地人口的移入，源自1950—1966年十七年间的边疆移民。表2-1将根据文献记载，利用有关数据，整理和分析西双版纳十七年人口迁移的基本情况。

表2-1　1950—1966年西双版纳人口迁移状况简表[③]

年代	事件	数量	类型
1939年6~9月	中共思普地委、边纵九支队先后派地下党员、边纵干部组成武工队、民工团计147人到车里、佛海、南峤、镇越4县，开展以武装斗争为中心的宣传发动工作	147人	省内移民，工作调迁

---

① 云南省人口普查办公室编：《世纪之交的中国人口（云南卷）》，中国统计出版社2005年版，第20页。

② 马曜、缪鸾和：《西双版纳份地制与西周井田制比较研究（修订本）》，云南人民出版社2001年版，第1页。

③ 此表相关资料均来源于西双版纳傣族自治州地方志编纂委员会编《西双版纳傣族自治州志（上、中、下）》，新华出版社2002年版；《西双版纳农垦志》，西双版纳州农垦分局1999年编印。

续　表

年代	事件	数量	类型
20世纪50年代	由于州内劳动力不能满足建设需要，工人主要来自湖南及省内昆明、祥云、石屏、建水、墨江等地，少部分招用当地城镇及农村劳动力，这种状况延续到60年代	不详	省际、省内移民，单位招工
1950年2月	中共宁洱地委将中国人民解放军南下干部分配到车佛南地区县、区两级党政及公安部门，担任主要领导	144人	省际移民，工作调迁
1950年4月	中国人民解放军陆军第三十九师一一七团进驻车里、佛海、南峤；云南军区基干第一团驻防镇越县易武	不详	省际、省内移民，部队调防，有组织的集体迁移
1950年5月	西双版纳建立车里、佛海、南峤、镇越4个粮库，由南下部队和边纵转业调配职工	18人	省际、省内移民，部队转业，工作调迁
1951年后	1951年后，先后从内地动员财税、贸易、农林茶医科等大批经过培训的支边干部741人及省民族工作队第二大队的200多人，到西双版纳傣族自治区工作	合计940余人	省际、省内移民，工作调迁
1951年2月	云南边防公安第一团由石屏调驻佛海，11月调驻勐腊	不详	省际、省内移民，部队调防，有组织的集体迁移
1952年5月	中国茶叶公司云南分公司派员前来佛海，重建佛海茶厂	不详	省内移民，工作调迁，有组织的迁移
1952年6月	中国人民解放军十三军三十九师党委抽调干部到地方担任领导工作，开展建政和各项建设工作	40多人	省际、省内移民，部队转业、工作调迁，有组织的迁移
1950年2月到1952年6月	从中国人民解放军中先后抽调83名干部战士转业地方，主要从事政权的巩固和建设工作，大部分担任各区工委和县公安局的领导，这一阶段成批转业到西双版纳的军队干部共有114人	合计197人	

续　表

年代	事件	数量	类型
1952 年 10 月	云南公安第七十三团驻防勐腊	不详	省际、省内移民，部队调防，有组织的集体迁移
1953 年	分别由宁洱专署粮食局及缅宁公路指挥部调入一批人员至西双版纳粮食部门	不详	省内移民，工作调迁
1953 年	安排小学教职工，来源：留用部分民国时期的教师；从云南人民反蒋自卫军第二纵队和军政干校结业到地方的干部中抽调；接收普洱专署文教科"中小学教师培训班"的学员；思茅简师和昆明师范短训班毕业生及佛海初师培训班结业的学员；从内地来支边的干部中抽调（勐海县即抽调了多名景谷支边干部）；就地吸收社会各类人员	113 人	省内移民，工作调迁
至 1953 年	一批随中国人民解放军进入西双版纳的专业技术人员，先后转业到地方开辟教育和医疗卫生工作。与此同时，医疗队和支边教育工作者、科技工作者相继进入西双版纳	122 人	省际、省内移民，工作调迁
1954 年 2 月	中共思茅地委从地直机关及思茅、普洱两县抽调 494 名干部到西双版纳工作	494 人	省内移民，工作调迁
1954 年 2 月底	中共思茅地委从内地 6 个县抽调干部到边疆地区工作	496 人	
1954 年 12 月 23 日	云南省电影放映第四十五小队调到西双版纳，成为自治区第一个电影放映单位	不详	
1955 年 4 月	中国人民解放军十三军三十七师、三十九师和军直复员、转业官兵在勐海县勐遮坝创办国营黎明农场	1697 人	省际、省内移民，农垦移民，有组织的集体迁移

续　表

年代	事件	数量	类型
1956 年 1 月 24 日	首批前来西双版纳地区参加边疆建设的昆明市青年志愿垦荒队到达黎明农场	550 余人	省内移民，农垦移民，有组织的集体迁移
1956 年 3 月	首批华南调干 56 人到达景洪创建了景洪和广龙两个垦殖场，随后第二批 60 人创建了橄榄坝、曼勉、曼增、勐养等垦殖场	合计 116 人	省际移民，农垦移民，工作调迁
1956 年	粮食、商业政企分开，此前仅有思茅随加工机调来 25 名技工及管理人员属于企业人员。当年，地区又调来一批退伍军人和从玉溪招收的中学毕业生，州工委也调配来一批经过民族工作队锻炼的少数民族职工	不详	省际、省内移民，工作调迁
1956 年	1956 年，景洪垦殖场到墨江、景东、景谷农村招工 98 名	98 人	省内移民，农垦移民，单位招工
1957 年	1957 年黎明农场至思茅地区农村招工 500 余名，称为"丰收队"	500 余人	
1957 年	1957 年昆明青年学生 41 人到勐养农场	41 人	省内移民，农垦移民
1957 年	省卫生厅派郑祖佑医师到勐海成立云南省疟疾防治所，开展疟疾调查防治	不详	省内移民，工作调迁，有组织的迁移
1958 年 1 月	省级机关下放干部到勐龙曼坎湾建立大勐龙农场	109 人	
1958 年 1 月	省级机关下放干部 300 余人到达景洪、广龙、曼勉 3 农场，122 人到达黎明农场	合计 420 余人	
1958 年 2 月	思茅地专机关下放干部到勐龙区曼秀村建实验农场，后改称前哨农场	278 人	
1958 年 2 月 23 日	云南省农垦局调干 14 人至大渡岗创建国营大渡岗牧场	14 人	

续　表

年代	事件	数量	类型
1958 年 3 月	昆明步兵学校下放军官 77 人、学员 89 人、工薪制人员 18 人到达勐养农场。3 月，地方国营景真农场成立，当年从思茅地区招工 505 人，建队 6 个	合计 689 人	省内移民，农垦移民
1958 年 3 月 21 日	地方国营勐旺农场成立，职工 80 余名为思茅地区青年农民	80 余人	
1958 年 4 月	西双版纳农垦补充退伍军人 107 人，昆明社会青年 124 人，昆明陆军步兵学校学员 147 人；昆明城市居民 200 余人分抵景洪、广龙、曼勉、曼增 4 农场	合计 570 余人	
1958 年	省级机关下放干部 531 人；同年有思茅地专机关下放干部 278 人到达垦区。这两批下放干部后来多数相继落实政策回城工作	合计 809 人	
1958 年	北京华侨补习学校学生 47 人及昆明市社会青年 182 人到达勐养	合计 229 人	
1958 年 11 月	中国科学院生物研究所云南药物站（今中国科学院药用植物资源开发研究所云南分所）在景洪建立	不详	省际、省内移民，工作调迁
1953—1958 年	为适应国民经济恢复和发展的需要，军队大批成建制集体转业	据农垦局统计，此间接收转业干部 622 人（男 612 人，女 10 人）；转入西双版纳州地方安置的干部，据景洪、勐海两县统计为 106 人	省际、省内移民，部队转业，工作调迁，有组织迁移

续　表

年代	事件	数量	类型
1958 年	分别来自十三军三十七师、三十九师，曲靖军分区，玉溪军分区，昆明步兵学校的转业、下放军官 1100 余人，思茅军分区退伍军人 210 人到达西双版纳垦区	合计 1310 余人	省际、省内移民，农垦移民，部队转业
至 1959 年	西双版纳垦区陆续接纳了几批复员、退伍战士	合计 3307 人	
1959 年 2 月 8 日	昆明植物研究所副所长蔡希陶领导在勐仑建立中国科学院西双版纳热带植物园	不详	省际、省内移民，工作调迁
1959 年 12 月至 1960 年 1 月	湖南省醴陵县移民支边青壮年分 12 批到达西双版纳 13 个国营农场	9227 人（含家属 3065 人）	省际移民，农垦移民，有组织的集体迁移
1960 年 3 月	由勐腊县驻军 7643 部队抽员建立的勐腊县曼东军垦农场成立	不详	省内、省际移民，农垦移民，部队转业
1960 年 10 月	湖南省祁东县支边青壮年分别到达西双版纳 18 个国营农场	12 712 人（含家属 5584 人）	省际移民，农垦移民，有组织的集体迁移
1960 年	根据中共中央书记处决定及湘滇两省协议，来自湖南醴陵、祁东 2 县的支边青壮年 21 939 人（其中家属 8649 人）分批到达西双版纳各农场	21 939 人（含家属 8649 人）	
1961 年 10 月和 11 月	昆明市应届初高中毕业生分批到达西双版纳垦区，加入职工队伍	440 余人	省内移民，农垦移民，有组织的集体迁移
1962 年	昆明青年学生 894 人、社会青年 236 人到达西双版纳垦区	合计 1130 人	
1962 年 8 月	昆明市应届中学毕业生、社会青年到达垦区各农场，加入职工队伍	236 人	
1963 年	156 名昆明市社会青年到达西双版纳垦区	156 人	

续 表

年代	事件	数量	类型
至 1963 年	还另有数千湘籍农村青年自行到西双版纳垦区谋生	数千人	省际移民,农垦移民,零散自发迁移
1964 年	财贸、教育系统干部编制缺额较大,由思茅专署从历届待业的高、初中毕业生中吸收分配 136 人,到西双版纳财贸、教育系统工作	136 人	省内移民,单位招工,有组织迁移
1965 年 11 月	思茅专区(粮食部门)分来从武汉招收的支边职工	42 人	省际移民,工作调迁,单位招工
1965 年 12 月 20 日	四川省支援云南边疆社会主义建设的首批知识青年到西双版纳国营农场参加建设	200 人	省际移民,农垦移民,有组织的集体迁移
1965 年 12 月	重庆市青年学生到达西双版纳垦区各农场,加入职工队伍	1500 余人	
1952—1965 年	大、中专毕业生分配来西双版纳州工作	339 人	省际、省内移民,工作分配
1966 年 2 月	周恩来总理批准,志愿到西双版纳的首批北京知识青年到达东风农场	55 人	省际移民,农垦移民,有组织的集体迁移
1959—1966 年	军队实行义务兵役制,转业干部工作逐步走上有计划安置轨道	全州共接收转业干部172 人	省际、省内移民,部队转业,工作调迁
1966 年	"文化大革命"前分配来西双版纳农垦农林、热作、医学等专业大专生一批	不详	省际、省内移民,农垦移民,毕业分配

总体来说,1950 — 1966 年迁入西双版纳的人口,包括部队驻军,军垦农场成批复员转业的军人,历年复员转业到地方工作的军人,"青年志愿垦荒队"成员,"支边"人员,到农村参加农业生产的下放干部和城镇精简人口,早期知识青年,部分党政干部,教育、卫生、科技、商业、交通等行业的工作者等,这些

形形色色的迁移人口，多属于政府有计划、有目的的移民，几乎涉及上篇第二节中所提及的各种迁移事件，其中包括省际的直接移民、省内移民，以及历史上历次迁入云南各地的移民经过转化后，再次向西南边域迁移。他们移入后都在某一单位从事具体的工作，而自发流入村寨从事生产性劳动的人口相对较少。

第三节　两个支边人群比较研究

前文指出，1950 — 1966 年的边疆人口迁移基本属于"支边移民"，根据表2-1"1950 — 1966 年西双版纳人口迁移状况简表"又可以看出，这一时期的边疆移民在从事的行业、分布的区域上存在差别，笔者各择取不同的两次"支边"事件和移民，进行介绍和对比，以期达到完整、全面的认识。个案的对象分别是农垦系统的"湖南人"和商业部门的"武汉人"。

一、迁移原因——两种支边

（一）全国支边运动与地方支边事件

中华人民共和国成立前，西双版纳长期较为封闭的状态限制了外来人口的流入；20 世纪五六十年代，在户籍管理制度、计划经济体制和人民公社管理体制之下，农民的迁移受到限制，国家的统购统销使得商业流动也不复存在，政府计划迁移成为移民的最主要原因。"支援边疆建设"就是这一时期最为典型的计划移民，西双版纳也概莫能外，既有中共中央发起的"支援边疆和少数民族地区社会主义建设"运动中的移民，也有云南地方政府计划招收的财贸支边人员。

1. "支边运动"与西双版纳湖南移民

今天西双版纳形形色色，从事各种职业的外地移民和移民后裔中，湘籍或湘裔人口占据着很大比例，湖南人可以说是西双版纳数量最多的外来人群。这样的历史现实，正源自 20 世纪 60 年代的"支边"运动与移民。

1958 年，中共中央北戴河会议发出《关于动员青年前往边疆和少数民族地区参加社会主义建设的决定》，提出 1958 — 1963 年，从内地动员五百七十万青年到边疆和少数民族地区"参加社会主义的开发和建设工作"[①]。经国务院批

---

① 《中共中央关于动员青年前往边疆和少数民族地区参加社会主义建设的决定》，云南省档案馆藏，档案号：125-2-0512。

准，内务部移民局合并到农垦部，负责移民工作，①大批人口迁入国营农场。本书前论曾对这一事件作过简要介绍，被作为"运动"发起的向边疆地区的垦荒移民，带有很浓的"大跃进"色彩，后来由于迁移过程中出现了种种问题，"从一九六〇年下半年起有关各省、区均已停止移民"②，全国"支边"运动宣告结束。尽管如此，1959—1961 年的"支边"运动，仍然带来了大规模的人口迁移。据统计，三年中到边疆和少数民族地区农场工作的青年共 93 万人，随迁家属 43.8 万人。③

1959 年 2 月农垦部召开"全国动员内地青年前往边疆地区参加社会主义建设的工作会议"，对当年的迁移工作做了具体安排："今年从内地迁移到边疆和少数民族地区共六十六万人（不包括中央决定到海南岛的复员军人四万人，四川到昌都的一千人）。其中河南去青海十四万人，去甘南五万人；浙江去宁夏五万人；安徽（五万）、湖北（十一万）、江苏（六万），共去新疆二十二万人；山东去黑龙江十五万人（其中去密山农垦局三万人，去合江农垦局二万人），去吉林三万人，辽宁二万人，青海一万五千人，甘肃八千五百人；其他四十四万六千五百人均搞农业"。④从最初的《决定》及农垦部 1959 年的安排看来，云南没有动员任务，也没有分配名额，但这时的云南农垦对劳动力有了新的需求。

至 1956 年，经几年的资源调查和橡胶树引种试种，云南开始正式布点建立垦殖场发展橡胶。1957 年 3 月，农垦部部长王震来云南视察后，将云南省热作局改为省农垦局，由农垦部和省委双重领导。原垦殖场改为国营农场，同年又新建国营农场 5 个，接管军垦农场和地方农场 13 个，国营农场职工增加，橡胶苗大片定植。

①　农垦部政策研究室等编：《农垦工作文件资料选编》，农业出版社 1983 年版，第 460 页。

②　《中央批转农垦部党组关于动员青年参加边疆建设工作情况和今后意见的报告》（中发［62］542 号），载农垦部政策研究室等编《农垦工作文件资料选编》，农业出版社 1983 年版，第 571 页。

③　《当代中国的农垦事业》编辑部编：《当代中国的农垦事业》，中国社会科学出版社 1986 年版，第 17 页。

④　《农垦部党组关于执行中央动员内地青年前往边疆地区参加社会主义建设的决定而召开的会议的报告（1959 年 3 月 27 日）》，载农垦部政策研究室等编《农垦工作文件资料选编》，农业出版社 1983 年版，第 343 页。

20 世纪 50 年代末，国内勘探出丰富石油气资源，为生产合成橡胶创造了条件，而天然橡胶却仍然需要进口，随着工农业的发展，生胶的需要量日益增大。另外，1952 年中苏签订《关于帮助中华人民共和国植胶、割胶、制胶以及售与苏联橡胶的协定》，规定中国向苏联的贷款"利息按年利 2% 计算"，"贷款的付还自 1956 年上半年开始"；"中国政府将以中国生产的橡胶偿还本协定的贷款及利息，而当中国未有自己生产的橡胶之前，则每年应从第三国尽可能购得之 1.5 万 ~2 万吨橡胶，并以钨、钼、锡、锑偿还之"；"中国政府将售出，而苏联政府将购买 50% 以上的中国每年生产的橡胶，但苏联政府有权将其购买的橡胶数量增至 70%"；"1963 年以前售出苏联政府之橡胶，将按国际市场价格计价，自 1963 年起，当中国橡胶生产达到大规模工业生产时，则按低于国际市场价格 8% 出售之"[①]。根据协定的这些条款，中国需用橡胶偿还贷款，若本国生产不够则需进口，这会占用大量外汇，而苏联将以等于或低于国际市场的价格购走大部分的中国橡胶。在这种情况下，中国橡胶生产的规模必须扩大。

因此，1959 年农垦部、化工部党组《关于大力发展天然橡胶的报告》提出"根据需要与可能，在第二个五年计划期间，除现有的 120 多万亩橡胶外，拟再发展 1000 万亩。其中广东 650 万亩，广西 100 万亩，云南 250 万亩"。橡胶种植和生产是劳动密集型产业，按照报告提出的发展规模，"主要植胶区如海南岛及云南南部劳动力均极缺乏"[②]。云南历史上开发较内地晚，人口自然增长缓慢，富余劳动力不多，无法适应和解决农垦的需要。西双版纳人口则更为稀少，以勐腊县为例，1951 年，全县总人口 46 220 人，人口密度每平方千米只有 6.47 人，[③]1959 年"大跃进"期间又因为"左的政策造成两万多边民外流"[④]。另外，西双版纳独特的自然地理状况使封建领主制经济长期存在，土地不能私有，财富

　　①　《中华人民共和国中央人民政府、苏维埃社会主义共和国联盟政府关于帮助中华人民共和国植胶、割胶、制胶及售与苏联橡胶的协定》，载中华人民共和国国家经济贸易委员会编《中国工业五十年》第一部，中国经济出版社 2000 年版，第 1391 页。
　　②　《农垦部、化工部党组关于大力发展天然橡胶的报告》（1959 年 2 月 23 日），转引自云南省农垦总局编撰《云南省志·农垦志》，云南人民出版社 1998 年版，第 782 页。
　　③　云南省勐腊县志编纂委员会编纂：《勐腊县志》，云南人民出版社 1994 年版，第 67 页。
　　④　西双版纳傣族自治州地方志编纂委员会编：《西双版纳傣族自治州志（上）》，新华出版社 2002 年版，第 364 页。

不便集中，大部分人生产积极性不高；优越的自然条件使当地民族生活无忧，"他们宁愿躺在床上养神，也不肯来赚这笔钱呢！"[1]形象地描述了当地民族满足于闲适生活的心态。

解决劳动力问题最便捷的方法就是实施政策性移民。1959 年 9 月 24 日，中央书记处发出《关于从湖南原决定支援新疆自治区的劳动力中抽调 5 万人给云南的通知》，按中央《动员青年前往边疆和少数民族地区参加社会主义建设的规定》，由云南省与湖南省签订《关于动员青年前往边疆参加社会主义建设协议书》后，湖南青年前来云南省边疆农场参加建设。[2]"云南植胶区主要分布在境内的澜沧江、大盈江、红河流域，涉及全省 7 个地州的 27 个县（市），其中西双版纳橡胶园面积占全省橡胶园的 80% 以上"[3]；西双版纳垦区是云南农垦土地资源最丰富的地区，土地占农垦总面积的 41.8%，宜胶地面积为 69.6 万亩，占农垦宜胶地总面积的 69.9%，为世界橡胶高产区之一。[4]这一地区因此也成为湖南"支边"移民的主要迁入地。

亲戚或同乡往往会成为吸引外来人口定居某地的重要原因，每个新移民的身后都有一个潜在的移民群，"支援边疆和少数民族地区社会主义运动"也在一定程度上、在一段时期内引发了湖南人口自发向云南的链式流动，20 世纪 60 年代中期是湖南人自发流入西双版纳的一个高潮期。[5]

"支援边疆和少数民族地区社会主义建设"运动，是湖南人口迁入西双版纳的最初动因，直接导致了湘籍人口源源不断的流入；国家计划迁移开启了云南边疆湘裔人口众多的局面。

2. 云南省招收财贸支边人员与西双版纳武汉移民

西双版纳武汉移民并不十分引人注目，甚至不为人所知，无论在数量规模、

① 姚荷生：《水摆夷风土记》，云南人民出版社 2003 年版，第 83 页。

② 《云南省经济大事辑要（1911~1990）》，《云南省经济综合志》编纂委员会 1994 年编印，第 177 页。

③ 《中国农业全书·云南卷》编辑委员会编：《中国农业全书·云南卷》，中国农业出版社 2001 年版，第 216 页。

④ 云南省农垦总局编撰：《云南省志·农垦志》，云南人民出版社 1998 年版，第 47 页。

⑤ 文婷：《适应生存与移民社区——20 世纪 60 年代的西双版纳湖南移民》，载《国史研究参阅资料》2007 年第 3 期。

集中程度，抑或当年的宣传，乃至文献记载方面，西双版纳武汉移民较之湖南支边人口都要小或少得多。

目前，有关此次移民最早、最原始的文献材料，见于云南省档案馆保存的云南省委财贸政治部1965年档案《请协助云南省做好招收学生和抽调商业职工工作的通知》，根据国务院批复，通知"上海、天津、武汉市财贸政治部，市人委财贸办公室"，"同意云南省在你市招收、抽调部分学生和商业职工，支援边疆商业工作"。[①]另外提及这批移民的文献材料还有"1965年，内地的重庆、天津、武汉、上海等大城市，先后数千名高初中尚未毕业的知识青年、社会青年和自愿到云南参加边疆建设的财贸职工迁居云南"[②]。迁移的原因非常简单，即云南省需要一批财贸工作人员，报请中央批准后，在指定的城市招收的结果。

这次招收的财贸支边人员分配在云南昆明、东川、玉溪、曲靖、昭通、文山、红河、楚雄、大理、丽江、思茅（今普洱）、保山、德宏等地，[③]可以说遍布云南。当时思茅专区管辖的西双版纳，景洪、勐海、勐腊三县都有这批移民迁入。因此，西双版纳的武汉移民是云南向省外招收的财贸支边人员的一部分，计划经济体制下的"支援边疆建设"是武汉移民迁入西双版纳的制度性因素，在这一点上，武汉移民与湖南移民是相同的。

（二）劳力支边与智力支边

同为"支援边疆建设"，西双版纳湖南移民和武汉移民都是政府指令下迁移的人口，在计划性、组织性等方面有相似之处。同为"支援边疆建设"，西双版纳湖南人和武汉人之间还有许多不同。从具体发起执行"支边"的部门来说，他们一个是中央发起的全国性运动中的移民，一个是因地方建设需求的向外招工，二者"支援边疆建设"所从事的具体工作也有很大不同。

"支援边疆和少数民族地区社会主义运动"中，湖南支边青壮年的主要任务是种植和生产橡胶。橡胶试种取得成功之后，推广种植成为可能，需要大面积开荒生产（见图2-1），作为劳动密集型产业，要求从业者具有较好的身体素质和

---

① 《请协助云南省做好招收学生和抽调商业职工工作的通知》（1965年10月19日），云南省档案馆藏，档案号：13-2-35-001~002。

② 云南省计划生育委员会、云南省统计局编撰：《云南省志·人口志》，云南人民出版社1998年版，第87页。

③ 参见《招收外省财贸职工、青年学生分配情况》（1966年4月25日），云南省档案馆藏，档案号：13-2-78-047。

劳动能力，因云南本省无法解决，因此招募"湖南青年前来云南省边疆农场参加建设"，所以可以说西双版纳湖南移民是"劳力支边"的人口，他们是"支援边疆建设"的体力劳动者。

图2-1　伐木开荒

1965年到云南"支援边疆建设"的武汉移民，从一开始就限于一个特定的专业领域，他们属于"财贸支边"，他们的"支边"，源于云南财贸和商业工作的需要。计划经济体制下，财贸是一个庞大的系统，具体管辖商业、粮食、外贸等部门的工作，因此财贸"支边"人员的具体部门和从事的工作也存在差别，包括站柜台、做账、商品管理、粮食收购，或对某一特殊商品的评级品鉴……相对于橡胶种植和生产，并不算纯粹的体力活。当然，这些工作也不是严格意义上的脑力劳动，但是当时云南的许多地方，连这样基本的从业人员也严重缺乏，从云南招工的目的来看，需要的是支边商业职工的一些技能、管理经验，以及支边青年学生的文化基础，以期这样一批人能够带动边疆商业的发展，在这个意义上，西双版纳的武汉移民应该属于"智力支边"的范畴。

（三）生存与发展——制度外因素

湖南移民和武汉移民迁移西双版纳，正处于各种制度性因素强烈作用于人口迁移的时期，尽管两次"支边"有中央和地方、劳力和智力的区别，两次移民也有各自的特点，但两次事件都是由上而下发起的。同时，在制度性因素之外，还存在人们自身的选择与判断，在相同的客观环境中，面对同样的"支边"事件，人们并不只是被动地去接受，因为个体意愿不尽相同，他们会根据自己的需要做出不同的选择以适应新形势，并使之更符合自己的要求。

湖南人规模移入西双版纳最初的原因主要是无可逃避的"支边"运动，但也有不少人是出于自愿的选择。根据湖南醴陵当年的调查，在"支援边疆建设"的动员过程中，有愿意、不愿意和摇摆不定三种态度。[1]拥护"支边"的人大部分是党团员和基层干部，这是那个年代政治积极性高涨的表现。除了"毛主席故乡的亲人"对政策执行和拥护的热情外，愿意"支边"的"是部分家庭拖累不大或家庭中人口众多的"，及"三部分人"[2]。具体原因多种多样"如想弃农就工，想当干部，想多挣工资，想去开拖拉机，想摆脱自己不满的领导干部，想乘机与妻子（或丈夫）离婚另找对象等"[3]。黎明农工商联合公司橡胶分公司的谢某，当年到云南"支边"时已有38岁，超过了"支边"要求的年龄条件。因为技术人员的年龄可以放宽，他以建筑工的身份主动申请到云南，当问及他"为什么不想在家"时，他的回答是"屋里苦，屋里好苦"[4]，反映了他们为求得更好的生存条件和生活环境的心态。中国的农民自古安土重迁，非至万不得已时不离老家，这个时候的大多数被动员的对象，并没有迁移的打算，他们的顾虑很多：留恋家乡，怕找不到对象，怕水土不服、生活不习惯，等等，然而最主要的顾虑还是到云南后能否获得比当前更好的生存条件，即劳动强度和待遇问题。比如，

---

① 本段引文除特别标注外，均来自《醴陵县动员青壮年参加云南社会主义建设的扩大会议的总结报告》《中共醴陵县关于动员一万名青壮年去云南参加社会主义建设的总结报告》《醴陵王仙公社扩干代表会对"支边"的思想反映》《醴陵县八里坳人民公社动员青年支援云南社会主义建设工作总结》等，云南省档案馆藏，档案号：125-2-0515。

② 指贫农、新下中农、老下中农。

③ 《中共中央关于动员青年前往边疆和少数民族地区参加社会主义建设的决定》，云南省档案馆藏，档案号：125-2-012。

④ 《西双版纳湖南人访谈录》（2005年1—3月），笔者调查笔记打印稿，Record 28。

"我哩现在六亩田，还要开夜工，据说云南一个人平均 100 亩田，咯就背都会累弯的"；"我哩家里有吃、有穿，要是到云南去，还不晓得吃啥哩，我是不得去"；"我家里现在生活是过得，不去又是一个团员，去了又不知哪里的生活怎样，真是两头为难"；等等。不愿意到云南"支边"的，大多数是家庭生活富裕的"两个上中农"。

武汉支边人员的入滇并不是"不可逃避"的，云南向外的招工采取的是广泛宣传动员、自愿报名的原则。有人怀抱着满腔热情"支援边疆财贸工作"，但更多的人，特别是那些中小学毕业生、社会青年，报名支边也是出于不得已的选择，这些青年的出身和家庭情况，可以参看团中央对武汉市峤口区一个街道的595 个青年所作的个案调查。据该调查报告称，这些青年中出身于劳动人民家庭的占 73%；剥削阶级家庭的不到 10%。他们中大多是学生，包括没能升学的、因病休学的、自动退学的和被学校开除的，共 366 人，占总数的 61%。其中初小文化程度的 91 人，高小的 190 人，初中的 209 人，高中的 70 人，大学的 18 人。他们的家庭经济普遍困难，按家庭收入计，平均每人每月 20 元以上的 37 人；16～20 元的 92 人；11～15 元的 249 人；10 元以下的 217 人。这种家庭情况并非个别，从天津、武汉两个城市的调查看，全家平均每人每月生活费不到 10 元的青年占 1/3 左右。[①]这些普通市民子女，他们也有献身革命、献身祖国的热情，但总的来说，却既少干部子弟的使命感，也少知识分子子女的浪漫，他们"支边"的动机大多是很实际的，那就是为减轻家庭负担。大部分原来武汉市的财贸职工选择到云南"支边"的确是出于革命豪情，但从另一方面来说"支援边疆"也可能意味着更广阔的发展空间。一位天津财贸支边人员曾经总结过一些"思想不纯"的同志来云南的如意小算盘："为升官——认为云南财贸工作落后，干部不足，从天津调一批政治条件比较好的同志来充实领导集团，有官可做；为发财——认为以往调边疆的都是升级增薪，由拿小钱变为拿大钱，可以改一改生活，充实私欲要求；为享受——人家都说云南四季如春，青山绿水，乃天然的大花园，加上电影《在西双版纳的密林中》和《五朵金花》等美丽的景色，不亚于

---

① 定宜庄：《中国知青史——初澜（1953 — 1968 年）》，中国社会科学出版社1998 年版，第 194-195 页。

苏杭风光，把家属接到这里，其美不言则晓。"①这位支边人员的总结固然有某些"讲政治"的色彩，也有夸张之处，但对于大多数人来说，他们离开原来的住地，长途跋涉迁往另外一个地方，原因之一就是谋求职业的改变并通过这一变化来改善自己的社会、经济地位。

20 世纪 60 年代，西双版纳的湖南移民中还有部分自流人口，在人口自由迁徙受到种种约束的时代，他们仍然因生活所迫而选择外出寻求生存。这一时期，内地农村因天灾人祸的困扰，生产力低下，人们生活困苦。"支边"运动为湖南农民打开了一条向外讨生活的路子，"支边"云南事件后，"云南农场要人"这样的信息就为更多的湖南人所了解，1962 年以前就有少数人"与支边青壮年有点亲戚关系，他们未经批准就来农场，坚决要求留下"②。1963 年以后，从"支边"人员与家乡的书信往来中，人们了解到农场的情况是"云南边疆农场，有亲戚朋友能找到工作"③。因此从 1965 年开始，大批其他省份尤其是湖南的人口自发流入云南，云南省内地各县市也有一些人自行向边疆农场流动。湖南的一些基层干部为减轻负担，对此并不阻拦："你们要去云南，路费不够，生产队可以帮助"；"要去云南的我们不阻止"④。20 世纪 60 年代前期的湖南自流人口中，大部分人持有大队或县证明，有的还有粮户关系。这些自流人员又被称作"盲流"，他们中还有一些成分不好的"地富反右坏分子"，为逃避政治斗争，改变命运也离开原籍，流向滇边。1966 年"祁东县逃来的地主分子彭思贤、彭诸光和从广州逃来的祁东县富农分子彭思教等三人，到遮放 ×× 农场，伙同祁东籍工人，劳改释放分子刘之南兄弟二人，一同逃外国"⑤；"有一人在昆明郊区将

①　《赵鸿仪同志写给天津市委财贸政治部的信》（1966 年 6 月 4 日），云南省档案馆藏，档案号：13-2-78-064~069。

②　《接待安置湖南支边人员情况》（1962 年），云南省档案馆藏，档案号：125-2-1026。

③　《省委批转省农垦局党委关于湖南流入人口处理办法的请示报告》，云南省档案馆藏，档案号：125-2-1618。

④　云南省农垦局（66）云垦办字第 96 号文件，云南省档案馆藏，档案号：125-2-1618。

⑤　《省委批转省农垦局党委关于湖南流入人口处理办法的请示报告》，云南省档案馆藏，档案号：125-2-1618。

另一盲流人员杀伤，有两个从台湾回湖南的人也跑到西双版纳去了"[①]。自发移民投靠亲戚和朋友，与同乡就近生活具有很多有利条件，成为"工人阶级"的吸引力，亲戚同乡大量定居的心理安全感，使大批湖南自流人口最终选择在当地移民社会的边缘生活并希望跻身这个社会内部。

无论是国家计划迁移还是自发流入，移民选择迁移和最终定居下来的根本原因不外乎是为了求得更好的生存条件和发展环境。

二、支边之前

（一）关于迁出地

1. 醴陵、祁东二县概况

湖南位于我国东南腹地，长江中游，是连接东部沿海省与西部内陆省的桥梁地带，处于东经 108°50′ ~ 114°15′，北纬 24°40′ ~ 30°05′ 之间。全省土地面积 210 334 平方千米，因大部分地区在洞庭湖之南，故名"湖南"，又因境内湘江流贯南北而简称"湘"[②]。其地形东西南三面环山，对北敞开。冬季，西伯利亚寒潮南下，长驱直入湖南全境，达南岭脚下的郴州、永州一线，被阻于南岭；夏季，南方的烈日加上湘北洞庭湖大水面的蒸发，使热气郁积而不得散发；而春秋两季，由于时而受西北冷锋面控制，时而受西南暖湿气流的影响而气候多变，时晴时雨，骤冷骤热。因此，汉代以前湖南属于居住条件恶劣的蛮荒之地，汉代以后，这里逐步开发，才成了"鱼米之乡"，但气候的恶劣，冬寒夏暑，春秋两季的变化无常，培养了湖南人的奋斗精神。

从中唐到五代，湖南先后出现的石鼓、岳麓两书院，是见诸记载的中国书院之始。岳麓书院是当时各种学术交流和文化交融的重要场所，不仅推动了湖南教育的发展，开创了湖湘地区重视教育的风气，还为近代湖南人才辈出提供了一个很好的文化基础。岳麓书院交流开放、海纳百川的精神，也是近代湖南人开放务实心态的源头。

湖南省是中国人口流动频繁的省份之一，元代初年及明末清初，湖湘大地多

① 《关于湖南盲流人员近况和加强劝阻工作的具体措施的简报》，云南省档案馆藏，档案号：125-2-1618。

② 湖南省志编纂委员会编：《湖南省志·地理志》，湖南人民出版社 1961 年版，第 1-2 页。

次遭受战火蹂躏，原住民十室九空。元代和清代有两次在中央政府鼓励和安排下的大规模移民，移民主要来自江浙、江西和四川等地。[①]作为一个移民省份，湖南省境内有四十多种方言，如湘乡、新化、常德、湘西、衡阳、平浏、醴陵等，几乎没有一个湖南人能听懂省内所有的方言。移民的进入给湖湘文化提供了厚实多元的基础。近代有人论说，湖南之所以名人辈出，盖因湖南是移民省的缘故，不管移民来自哪里，其最根本的特点是有吃苦耐劳的心理准备和拼搏的精神。

湖南人开放务实的心态与吃苦耐劳的精神使得他们比较容易流动，也使得湖南人的足迹遍布各地，十分分散。而在 20 世纪 60 年代，全国性的"支边"运动对人口迁移管理很严，有一整套相应的制度、程序和规定，为了方便管理，移民的迁出区和迁入区都具有地域集中性，其中迁入西双版纳的湖南人大部分来自湖南省的醴陵和祁东两县。

醴陵位于湖南东部、罗霄山脉北段西沿，湘江支流的渌水流域，被称为湖南省的"东大门"。东邻江西省萍乡市，西连株洲市，北界浏阳市，南接攸县，紧邻长沙、株洲、湘潭金三角经济区。地处东经 113°9′49″～113°45′43″，北纬 27°22′15″～27°58′7″，总面积 2157.2 平方千米，占湖南省面积的 1.1%，其中耕地面积 3.8 万公顷。1949 年 7 月 25 日，醴陵和平解放，属湖南省长沙专署（1952 年改为湘潭专署）。1983 年 7 月，醴陵划归株洲市；1985 年 8 月撤县设为县级市。

醴陵气候属中亚热带季风湿润气候，主要特点是大陆性气候强，但温和湿润，季风明显，四季分明，热量丰富，光照充裕，灾害性天气活动频繁。国民经济以农业生产为主，水稻生产占有主导地位，是湖南省发展双季稻的中心，全国有影响的水稻高产县之一。1990 年，醴陵市成为长江流域第一个双季稻亩产过吨粮的市，也是全国双季稻亩产过吨粮面积最大的县级市。清代以来，醴陵人口增殖较快，加上气候适宜，农民改善生产条件，人均耕地相应减少，日益增多的农村富余劳动力为求出路，向手工业和小型工商业转移。东乡与鞭炮主要产区浏阳相邻，有丰富的瓷土资源和传统的手工业基础，具备发展花炮、陶瓷等类劳动密集型工业的条件。因此醴陵的家庭副业、手工业和商业在晚清有一定程度的发展。陶瓷、花炮工业的兴起，改变了醴陵单一的农业经济结构。民国三十三年

---

① 徐杰舜：《雪球——汉民族的人类学分析》，上海人民出版社 1999 年版，第 522-524 页。

（1944 年）初，全县有大小工商企业 3000 余家，从业员工近 2 万人。中华人民共和国成立以后，陶瓷、花炮逐步在醴陵的整个工业中处于骨干地位，成为全国八大陶瓷产区和四大烟花生产基地之一，被誉为瓷城和花炮之乡。以陶瓷、花炮工业为主，乡镇企业发展迅速，1981 — 1985 年，乡镇企业总产值连续五年居湖南省首位。①

祁东县位于湖南省南部，衡邵盆地西南边缘，湘江中游北岸。北抵邵东、衡阳，南连祁阳、冷水滩，东接衡南、常宁，西邻东安、邵阳。地处北纬 26° 28′1″ ~ 27°4′34″，东经 111°32′16″ ~ 112°20′10″。祁东析自祁阳，1952 年 4 月 25 日，将原祁阳县七、八、九、十区的全部及第五区、第六区的大部划出，建立祁东县，因县境内区域大部分位于祁阳县之东，故名。建县时属零陵专区，1952 年 10 月起属湘南行署，1954 年 7 月起属衡阳地区，1983 年 6 月起属衡阳市。县界线长约 372 千米，南北最长处约 39 千米，东西最宽处约 85 千米，全县面积 1871.29 平方千米，山地 165.82 万亩，水域 17.56 万亩，耕地 62 万亩。人均耕地低于衡阳市其他各县的人均耕地。②

祁东气候温和，具有四季分明、作物生长期长、热量较足而不稳定、雨量充沛而季节分配不均等特点。年平均气温 17.9 度，降水量 1232.9 毫米，日照率 36%，有霜日 16 天。农作物以产稻谷、红薯、席草、黄花、百合、槟榔芋、生姜、湘莲而闻名。席草、黄花为境内特产，民间流传"小满席草青，归阳变成金；夏季黄花香，人人喜气扬"的谣谚，产量分别居全省第一位和第二位。水生动物种类繁多，鱼类计有 7 目 18 科 63 属 85 种。山塘养鱼和家鱼人工孵化闻名全国。③

湖南是人口大省，醴陵、祁东两县人口增殖都比较快，人均耕地相对少，农村富余劳动力多。1961 年，醴陵县"面积 2465 平方千米，人口 716 897 人"，人口密度约为 291 人 / 平方千米；祁东县"面积 1894 平方千米，人口 587 642

---

① 醴陵市志编纂委员会编：《醴陵市志》，湖南出版社 1995 年版；《醴陵概况》，爱喜城市网，http://city.icchina.com；《醴陵概况》，潇湘信息网，http://www.xxxxw.com.

② 《祁东地理位置》，祁东县公众信息网，http://www.qdx.gov.cn.

③ 祁东县志编纂委员会编：《祁东县志》，中国文史出版社 1992 年版；《祁东地理位置》《祁东建置沿革》，祁东县公众信息网，http://www.qdx.gov.cn.

人"，人口密度约为 310 人 / 平方千米。[①]2003 年，醴陵市总面积 2157 平方千米，总人口 100 万人，人口密度约为 646 人 / 平方千米；"祁东县总面积 1871 平方千米，总人口 92 万人"，人口密度约为 492 人 / 平方千米。[②]

2. 湖北武汉

湖北省位于中华人民共和国中部，长江中游。因地处洞庭湖以北，故称湖北，简称鄂。介于东经 108°21′42″ ~ 116°7′50″、北纬 29°1′53″ ~ 33°6′47″ 之间，北接河南省，东连安徽省，东南和南邻江西、湖南两省，西靠重庆市，西北与陕西省为邻。东西长约 740 千米，南北宽约 470 千米，总面积 18.59 万平方千米，占全国总面积的 1.94%，居全国第 16 位。湖北地处亚热带，位于典型的季风区内，全省除高山地区外，大部分为亚热带季风性湿润气候，具有从亚热带向暖温带过渡的特征，光能充足，热量丰富，无霜期长，降水充沛，雨热同季，利于农业生产，有"湖广熟，天下足"的民谚。全省年均温 15℃ ~ 17℃，7 月均温为 27℃ ~ 29℃，江汉平原最高温在 40℃ 以上，有"火炉"之称，为中国酷热地区之一。[③]

武汉市为湖北省省会和政治、经济、文化中心，简称汉，位于江汉平原东部，长江与汉水交汇处，东经 113°41′ ~ 115°5′，北纬 29°58′ ~ 31°22′ 的位置。全市面积 8467.11 平方千米，其中城区面积 1557 平方千米，为华中地区第一大城市。市区由武昌、汉口、汉阳三镇组成，通称"武汉三镇"。中国第一大河长江及其第一大支流汉水交汇市区，形成了武汉三镇隔江、汉鼎立的格局，唐朝诗人李白在此写下"黄鹤楼中吹玉笛，江城五月落梅花"的诗句，因此武汉又雅称"江城"。在我国经济地理圈层中，武汉处于优越的中心位置，号称"九省通衢"，是中国内陆最大的水陆空交通枢纽。与长沙、郑州、洛阳、南昌、九江、合肥、南京等大中城市相距 700 千米以内，与北京、天津、上海、广州、重庆、西安等特大城市均相距在 1200 千米左右，是中国经济地理的"心脏"，具有承东启西、沟通南北、维系四方的作用。

武汉的城市文明历史可追溯到 3500 年前的盘龙城，这是长江流域发掘出的最古老的城池，被学者认为是长江流域文明和黄河流域文明融合的突破口。因水

---

① 湖南县志编纂委员会编：《湖南省志·地理志》，湖南人民出版社 1961 年版，第 33、53 页。

② 《醴陵县》《祁东县》，行政区划网，http://www.xzqh.org。

③ 参见湖北省人民政府门户网站，http://www.hubei.gov.cn/hbgk/index.shtml；百度百科–湖北：http://baike.baidu.com/view/5325.htm。

运发达，物产丰富，这里从来就是兵家必争之地，并由军事中心进而发展为区域性政治商贸中心，武汉也因此拥有融汇多元文化的优势和特质。

武汉经济高度繁荣。明末清初，汉口就跻身全国四大名镇之列，熙来攘往，交易繁忙，商贾云集，被誉为"楚中第一繁盛处"。清朝中后期，武汉成为我国最早开放的通商口岸之一，数十年中对外贸易总额仅低于上海，成为中国第二大对外通商口岸，人称"东方芝加哥"。民国时期，孙中山在《建国方略》中描述道："武汉者，指武昌、汉阳、汉口三市而言。此点实吾人沟通大洋计划之顶水点，中国本部铁路系统之中心，而中国最重要之商业中心也。三市居民数过百万，如其稍有改进，则二三倍之，决非难事。现在汉阳已有中国最大之铁厂，而汉口亦有多数新式工业，武昌则有大纱厂。而此外，汉口更为中国中部、西部之贸易中心，又为中国茶之大市场。湖北、湖南、四川、贵州四省，及河南、陕西、甘肃三省之各一部，均恃汉口以为与世界交通唯一之港。至于中国铁路既经开发之日，则武汉将更形重要，确为世界最大都市中之一矣。所以为武汉将来立计划，必须定一规模，略如纽约、伦敦之大。"

中华人民共和国建立后，武汉得到了很好的发展，成为华中地区最大的工商业城市，拥有钢铁、汽车、光电子、化工、冶金、纺织、造船、制造、医药等完整的工业体系。1959年，武汉的工业总产值仅次于上海、北京、天津，位居全国第四位，这一位次一直保持到20世纪80年代。80年代中期以后，武汉进一步大力发展现代制造业，重点发展钢铁、汽车及机械装备、电子信息、石油化工、环保、烟草及食品、家电、纺织服装、医药、造纸及包装印刷十大主导产业。一批年销售收入过百亿元的大型企业，以及一批拥有核心技术的"武汉制造"知名品牌正在涌现。[①]

（二）社会区域与身份

农村与城市存在诸多差别，居住农村的乡民与居住城市的市民也是完全不同的，在中国社会中，城乡及其人口的差别因为户籍等制度性因素的存在而更加分明。长期以来，中国城市和农村成为不同的两个社会区域，农民和工人分别是其中人数最多、规模最大的两个社会群体。这一时期移入西双版纳的两个"支边"人群，就存在这样的身份差异，在迁移之前，他们生活在不同的地域，而且在社

---

① 参见新华网–武汉频道，http://www.hb.xinhuanet.com/WangQun_QiYe/2008–04/17/content_13001303.htm；百度百科–武汉，http://baike.baidu.com/view/1267.htm.

会区域与身份方面也截然不同。

20 世纪 60 年代"支边"运动中的湖南移民是来自内地农村的人口，除了较好的身体素质和劳动能力外，当时还要求移民中有一定数量的掌握各种技能和知识的人员，规定"动员的对象，主要的应该是本人自愿，政治可靠，身体强健，家务拖累不大的青年，也应该动员一部分有较多生产经验的壮年；男女人数应该大体相等。应该配备一套包括各行各业人员的班子，除了大部分是农民外，还必须有一定数量的工人（包括手工业工人）及商业、教育、卫生和各种服务业的人员……同时，还必须配备一定数量的干部和党、团员"①。因此，湖南"支边"队伍是以青壮年农民和木工、泥工、瓦工、建筑工等手工业技术工人为主体的农村人口。

1965 年到云南支援财贸工作的武汉移民属于"智力支边"，人员的招收分为"职工"和"学生"两部分。当时正是由于云南财贸工作的需要，才向上海、天津、武汉等工商业发达城市招工，提出招收服务员、营业员、会计员、出纳员、统计员、保管员等"八大员"。②这些财贸行业的职工不同于湖南移民中的小手工业者，他们是现代城市中的行业工人，分配到思茅专区的武汉职工"职务和工种：行政干部 74 人，其中商店（厂）正付（副）经理 4 人，股、柜长 34 人，人保干部 13 人，办事员 23 人；职工 345 人，其中财会 30 人，计统 14 人，物价 4 人，出纳 4 人，保管 38 人，采购 4 人，业务 13 人，营业 137 人，服务 23 人，技工 18 人，照相 3 人，理发 2 人，信贷 2 人，冷冻、热刨工 14 人，其他工种 39 人"③。小手工业者的生产活动主要是为农业生产和生活服务的，而财贸行业中的商业贸易和管理乃至生产都并不直接与农业相联系。财贸支边的另一部分是"应届初高中毕业生"，当然其中也有一部分是非应届毕业生又没有正式工作单位的青年，笔者在调查中就遇到几位"支边"之前在各处打零工的社会青

---

① 《中共中央关于动员青年前往边疆和少数民族地区参加社会主义建设的决定》，云南省档案馆藏，档案号：125-2-0512。

② 简兆鄂、黄兴：《首批支援西双版纳建设的武汉支边青年》，载《武汉文史资料》1999 年第 7 期。

③ 中共思茅地委财贸政治部、思茅专员公署财粮贸办公室：《关于对武汉市财贸职工、社会青年接待和分配工作情况的报告》（1966 年 2 月 10 日），普洱市档案馆藏，档案号：14-1-36-016~018。

年。[①]包括应届初高中毕业生，或非应届，或中途停学，闲散在社会上，没有固定职业，有时做点临时工的这些青年，受过不同程度的教育，具备一定的文化素质、学习基础和读写算的能力，所以他们在经过简单培训和一段时间的实践后便可以适应财贸工作的需求。社会青年没有工作单位，也就没有具体的职务，家庭环境对他们的影响很大，武汉工商业发达，行业分工也很细，从出身来看，这些青年有的来自农民家庭，有的父母是工人，还有诸如手工业者、摊贩、渔民、职员等。

20世纪60年代，西双版纳的两次支边移民分别是来自湖南农村的青壮年农民和小手工业者以及湖北省会城市武汉的工人和学生，不仅居住的地理范围不同，在社会区域和身份上也有很大区别。

三、移民数量

（一）湖南支边人员数

根据中央书记处1959年9月24日的通知："为了发展云南橡胶及其他热带经济作物，在第二个五年计划期间，由湖南向云南移民五万人。"[②]原计划移民分两批完成，第一批一万醴陵移民于1959年冬至1960年春迁完；第二批来自祁东、祁阳两县的四万人于1960年冬到达云南。第二批的计划人数后来有所变动，"1960年的计划数字，经与各省联系，已经确定的有：江苏十万人、安徽五万人、湖北四万五千人、湖南十万人，共二十九万五千人迁往新疆；……湖南二万人迁往云南；……以上总计五十万零五千人"。[③]上述两批移民的实际数目，各种档案及文献的记载略有出入（见附录"参考一"）。

这些统计数据有所出入的原因主要是：第一，1962年以前移民的情况很不稳定，因各种原因私自返籍的情况时有发生，有的人后来又重返农场，移民数量处于不断变化之中。据统计，"1959——1962年，因自动迁返或久假不归者，

[①] 《西双版纳武汉人访谈录》（2008年5——7月），笔者调查笔记打印稿，Record 02。

[②] 《关于今冬明春接收湖南移民一万人的工作安排》，云南省档案馆藏，档案号：125-2-0512。

[③] 《农垦部党组关于1959年动员青年参加边疆建设工作情况和1960年计划数字的报告》，载农垦部政策研究室等编《农垦工作文件资料选编》，农业出版社1983年版，第376页。

有 6570 人，占支边人数的 18%"[1]。第二，在迁移途中，一些人因病或因事故死亡，病号或伤员就地治疗，途中失散等情况造成的统计误差，如湖南省祁东县支边人员 1—10 列车途中有 7 人死亡；[2]第二批到西双版纳的支边人员中就有"途中较重病号 109 人，在思茅住院 36 人"[3]。

支边人员迁出区与迁入区都具有地域集中性，云南思茅（今普洱）地区主要集中安置醴陵、祁东县的移民。德宏州集中安置祁东、祁阳的移民。红河州全部安置醴陵的移民。临沧地区全部安置祁阳的移民。当时思茅专署农垦局管辖思茅、西双版纳州的农垦工作，下属农场除勐连、振东两处外，其余都在西双版纳，因此以思茅专署农垦局为单位统计的支边人员，基本上等于进入西双版纳的湖南移民数。与全省的情况一样，由于诸多原因，当时思茅地区支边人员的统计数据也不统一（见附录"参考二"）。

最后安置在思茅专区的两万余人，其中西双版纳应占两万一千多人。1962年以前，思茅专区"返籍 3813 人，占安置数的 17.54%"[4]。因此最后定居在西双版纳的国家指令性移民应有一万八千人左右。

（二）自流湖南人口数的估算

自发移民不是经政府有计划、有组织迁移的，不同于通过户口手续而迁移的人口。在户籍管理制度、计划经济体制和人民公社管理体制对人口流动的严格限制之下，在"支边移民"尚未迁移前，就规定"无动员任务的地区，原则上不接受青年外移的请求"[5]。这样的"禁令"，恰恰反过来说明不少人是想要"外移"的，"支边"必然引起更多的自发流动。

1963 年以前，"支边移民"尚不稳定，而且随着中央从农村开始调整政策，

---

① 邹启宇、苗文俊主编：《中国人口·云南分册》，中国财政经济出版社 1989 年版，第 208 页。

② 参见《湖南省祁东县支边人员 1—10 列车统计总表》（表一）（表二），云南省档案馆藏，档案号：125-2-0516。

③ 《思茅专区安置委员会接待安置工作小结》，云南省档案馆藏，档案号：125-2-0713。

④ 《湖南支边人员安置与返籍情况简表》（1962 年），云南省档案馆藏，档案号：125-2-1025。

⑤ 《农垦部党组关于执行中央动员内地青年前往边疆地区参加社会主义建设的决定而召开会议的报告》，载农垦部政策研究室等编《农垦工作文件资料选编》，农业出版社 1983 年版，第 343 页。

通过实施《农业六十条》，极大改善了内地农村的情况，许多移民因此迁返，这种行为一定程度上影响着湖南有迁移意愿的人，使他们暂时处于一种驻足观望的状态。1961、1962 年自流入云南的湖南人口只有几百人，且部分遣返。1961 年 1 月～5 月"先后由湖南祁东、祁阳、醴陵及其他各县以探亲访友为名，盲目流入我省边疆国营农场 204 人"①；"自六月以后……前后共遣送了湖南外流人员 115 名"②；"有一些湘潭、衡阳地区的人……他们未经批准就来农场，今年以来约有 250 人，已劝返 125 人，尚有 100 余人在农场，还在继续劝其返籍"③。

为了解决职工增加所造成的生活困难，自 1961 年起，云南农垦实行"一吃二住三橡胶"，至 1963 年农场的生产和经济生活得到改善。1965 年到 1966 年上半年，大量湖南自流人员进入云南。"从一九六五年十月到一九六六年四月十三日，由湖南自流到我省边疆人口达 13 000 余人……一九六六年五月至年底仍继续流入我省农场的约 3000 余人，先后遣送回湖南 4600 余人。从一九六五年十月至一九六六年底，留在农场的尚有 11 500 人左右"④。1966 年 4 月 30 日以后流入的人，农场实行"只管吃饭，不发工资"⑤，5 月以后流入的人大部分遣返。到 1968 年 5 月，"湖南省醴陵、祁东、祁阳、邵东等县，农村劳动力自由流入云南边疆地区，据统计，有 8000 人左右，其中：1965 年 10 月 1 日至 1966 年 12 月 31 日 7500 人左右，1967 年元月以来有 500 人左右"⑥。考虑到自流人口分散性和流动性可能造成的统计遗漏，20 世纪 60 年代自流入云南的湖南人口应不少于一万人。

尽管这批自流人员的分布没有详细记录，但作为橡胶主要种植地和大批"支边"人员迁入地，自流西双版纳的人数一定不少。据《西双版纳农垦志》记载，"另有数千湘籍农村青年自行到垦区谋职"⑦。1961 年 1 月至 5 月流入云南的

① 《云南省农垦局关于迁返湖南盲流人员途中所需经费粮食的请示报告》，云南省档案馆藏，档案号：125-2-0865。
② （61）云垦字第 345 号发文，云南省档案馆藏，档案号：125-2-0865。
③ 《接待安置湖南支边人员情况》（1962 年），云南省档案馆藏，档案号：125-2-1026。
④ 《前往湖南协商自流问题提纲》，云南省档案馆藏，档案号：125-2-1618。
⑤ 《劝阻湖南盲流人口情况和湖南方面的反映简报》（1966 年），云南省档案馆藏，档案号：125-2-1618。
⑥ 《关于湖南省流入人口的处理意见》，云南省档案馆藏，档案号：125-2-1618。
⑦ 《西双版纳农垦志》，西双版纳州农垦分局 1999 年编印，第 53 页。

204 人中，"据统计盲目流到思茅地区的 98 人"①，占总数的 48%；1965 年到云南的 2090 人中"分布在景洪县橄榄坝农场四百○四人，景洪农场三百三十一人，勐养农场一百五十三人，东风农场四十八人，勐腊县勐腊农场三百四十人，勐海县黎明农场一百○六人"②，共计 1382 人，占总数的 66%。照这两个比例，20 世纪 60 年代流入西双版纳的湖南人口有 6000 人左右，约占流入云南人口总数的 60%。

　　1966 年 5 月，"文化大革命"开始，1966 年 8 月思茅专署农垦局所属各农场的"四清"运动转化为"文化大革命"。③"文化大革命"十年间，农垦机构陷入瘫痪。1968 年云南省和湖南省签订对自流人口的处理意见，规定："凡在 1966 年 12 月 31 日以前，由湖南流入云南的人口，原则上不再迁回湖南。……从 1967 年元月 1 日到 12 月底，湖南流入云南的人，原则上动员返回原籍从事农业生产。但原移民家属或将作落户处理的家属可以留在云南。1968 年元月以后流入云南的人，应严加劝阻，随到随遣返原籍。"④1970 — 1974 年云南农垦改为兵团建制，由于知识青年和现役军人的到来，农垦人口大量增加，不能再接收外来人口。在计划经济体制和户籍管理制度下，自流人口谋生困难。诸多变化使湖南人口自流云南潮在 20 世纪 60 年代末基本中断，直至 20 世纪 80 年代才逐渐恢复。

　　（三）武汉财贸支边人员数

　　20 世纪 60 年代中期迁入西双版纳的武汉移民，源自云南省财贸部门统一向外省市招工。1965 年，云南省计划向上海、天津、武汉三地招收 1 万名财贸支边人员，最后的结果是实际完成 5318 人（学生 3514 人，职工 1704 人），其中分地区统计的计划数和最终完成数见表 2-2。⑤

---

　　① 《云南省农垦局关于迁返湖南盲流人员途中所需经费粮食的请示报告》，云南省档案馆藏，档案号：125-2-0865。

　　② 云南省农垦局（65）云垦办字第 524 号文件，云南省档案馆藏，档案号：125-2-1618。

　　③ 《西双版纳农垦志》，西双版纳州农垦分局 1999 年编印，第 13 页。

　　④ 《关于湖南省流入人口的处理意见》，云南省档案馆藏，档案号：125-2-1618。

　　⑤ 《省外招收财贸人员情况》（1966 年 3 月 15 日），云南省档案馆藏，档案号：13-2-78-030~031。

表2-2　武汉、天津、上海财贸支边人员招收分地区统计情况表

地区	任务数（人）	其中		完成数（人）	其中	
		学生（人）	职工（人）		学生（人）	职工（人）
武汉	5000	3000	2000	2902	1410	1492
天津	4000	3000	1000	2171	1860	312
上海	1000	1000	—	244	244	—

所招收的省外职工和学生被分配到全省不同的地区（见表2-3），然后再由各地逐级往下分配。

表2-3　云南省招收外省财贸职工、青年学生分配情况表[①]

地区	人数（人）	职工（人）	青年学生（人）
昆明	130	96	34
东川	72	25	47
玉溪	276	111	165
曲靖	70	—	70
昭通	480	175	305
文山	592	137	455
红河	1022	164	858
楚雄	336	186	150
大理	124	76	48
丽江	431	195	236
思茅	939	451	488
临沧	505	65	440
保山	236	121	115
德宏	105	—	105
合计	5318	1802	3516

---

① 《招收外省财贸职工、青年学生分配情况》（1966年4月25日），云南省档案馆藏，档案号：13-2-78-047。

　　当时西双版纳归思茅专区管辖，思茅专区的分配人数据表2-3为939人，而当时思茅专署的统计则为"武汉市支援我区的财贸职工、社会青年于1965年12月26日至1966年元月7日先后三批到达我区，共计902人，其中职工419人，社会青年483人。并于元月13号前分配到专、县财贸部门"①。对于这里出现的数据差异，依据后来的访谈调查，结合所掌握的档案资料来看，两个数据都是有其根据的，都是准确的。因为笔者最初是以从普洱市档案局（原思茅专署档案局）查阅到的武汉支边人员分配统计表、行政介绍信清册为线索，②来寻找当年支边人员进行访谈的，其中绝大多数访谈对象都被登记在册，并且他们的姓名、性别、出生年月、民族、原有文化程度、工作单位、政治面貌、家庭成分都能一一对上号，这充分证明了这部分档案资料的详细和真实。通过访谈对象搭桥，又可以不断联系到新的对象，在这样的过程中，逐渐发现有一部分人无法在花名册中查找出来，他们没有被记载在档案文献中。起初，笔者将这种情况当作档案的遗漏，随着调查的深入，又发现这部分没有登记在册的人都比较集中在相同的单位。例如当年武汉支边到勐海茶厂的十余人，在普洱市档案局保留的资料中，没有他们的任何相关信息。据现在勐海的武汉移民的回忆，勐海的支边财贸人员大部分都是由昆明分配到思茅专区财贸政治部，再由思茅专区分配到县的，而茶厂的财贸人员是统一被分配到云南省外贸系统，再分配到思茅外贸局，最后被分到茶厂的，茶厂当时归外贸系统管理。勐海的武汉财贸支边人员分配在"三个大的系统，就是国营商业，一个呢是国营粮食，一个呢是当时的勐海茶厂"，是"一起来的，前后一点，分配的系统不一样，他们（茶厂）通过思茅外贸分过来的，外贸又是一个系统可晓得？商业是商业一个系统"③。在这里，就出现了两条分配途径，就是说这批财贸支边人员"是云南省一起招的，当时整个大的一起

　　① 中共思茅地委财贸政治部、思茅专员公署财粮贸办公室：《关于对武汉市财贸职工、社会青年接待和分配工作情况的报告》（1966年2月10日），普洱市档案馆藏，档案号：14-1-36-016~018。
　　② 思茅行署商业局政治处：《地区商业局及直属公司、勐腊、江城、西盟县商业系统干部、职工、党员花名册，天津、武汉支边职工名册》（1966年），普洱市档案馆藏，档案号：14-1-38。
　　③ 《西双版纳武汉人访谈录》（2008年5—7月），笔者调查笔记打印稿，Record 07。

的名字叫财贸支边"①，到了云南省会昆明，这些人员中划出了一部分到外贸系统，然后由财粮贸部门和外贸部门再逐级下分，所以当年分配到勐海茶厂的 Qch 回忆说：

"我们在昆明下，他们坐车下来，商业部门是直接到思茅，由思茅地区以前的经贸会，也属于商业系统的总机构了嘛，往下分。我们从昆明下来直接进思茅外贸局了，当时西双版纳属于思茅地区管……勐海茶厂也属于外贸系统下面的一个产品供应部门了嘛！也属于省外贸土木公司管辖，具体大概框架是这个样子了。"②

所以，商业和粮食部门分配的人员与分配到茶厂的人员，迁移经历有所不同，茶厂的人员"从昆明就到思茅外贸局了，没有经过专署，商业系统和粮食部门在专署里面吃饭"。从思茅进勐海坐的都是大卡车，商业粮食系统的人员乘坐的卡车上还拉着粮食，他们到勐海后是住在县招待所，然后又再由县里分配单位；茶厂的人员到勐海的时间稍晚，他们坐的卡车上没有拉其他的东西，然后就直接被拉进茶厂，参观完厂区就分配部门了。③

再后来，随着时代的发展和行政事业单位的变迁，原来的一些档案也就遗失或不知道归并到什么地方去了。这样，笔者推断：表 2-3 记录的人数较之思茅专署财粮贸办公室的数据多出的 37 人，应该是分配到当时思茅地区外贸部门的人数，思茅专署财粮贸办公室的统计仅仅是当时财贸系统下商业和粮食部门统一分配的人数，表中的数据包括了商业和粮食部门及外贸部门的分配人数。这个例子也表明了移民历史的复杂性，由于这一批财贸支边人数不多，他们分配到各地以后更是非常稀少了，不论在档案文献的记载或现实生活中，他们很容易就会被遗忘和忽略。例如根据现有的档案，分配到思茅专区的天津支边财贸人员"共计 39 人，其中：在职 32 人、社会青年 6 人、家属安排 1 人"，这 39 名天津支边

---

① 《西双版纳武汉人访谈录》（2008 年 5—7 月），笔者调查笔记打印稿，Record 08。

② 《西双版纳武汉人访谈录》（2008 年 5—7 月），笔者调查笔记打印稿，Record 08。

③ 《西双版纳武汉人访谈录》（2008 年 5—7 月），笔者调查笔记打印稿，Record 06、Record 09、Record 10。

人员中又仅有 3 人分配到西双版纳勐海县。①

那么，这 900 多人中分配到西双版纳的又有多少呢？根据表 2-4 的数据计算，分配到景洪 34 人、勐海 37 人、勐腊 74 人，三县共 145 人。当然此表的数据仍然没有包括外贸部门的分配人数，但通过外贸部门分配的人本来不多，最后分配到西双版纳的人也很少。按照 Qch 的说法，"思茅外贸局一共当时有五十多个还是六十多个人。茶厂分得最多，十三个，其他的县里面三个、五个不等。思茅外贸局当时留下来四个"，这里不排除由于时间距离较久远，而产生的记忆模糊的情况。Qch 确定的是，当时思茅专区管辖的县，除勐海外都设有外贸站，其中景洪外贸站分了 2 人，勐海没有外贸站，但茶厂要了 13 个人，这里总共 15 人，②如果按剩下的地方每县 2~3 个人计算大概还有 20 余人，合计 39 人左右，与两表的统计差异可以对上号，那么外贸部门分配到景洪和勐海的 15 人，到勐腊的大概 3 个人左右。口述和文献相互补充、彼此印证，通过对两者的考察，得出的结论是：迁入西双版纳的武汉财贸支边人数约为 145 人 +15 人 +3 人，共 160 余人。

表 2-4　武汉支边职工及知识青年分配西双版纳人数统计表③

县名	原计划分配数（人）	实际分配数			计划完成情况	备注
		老职工分配（人）	知识青年分配（人）	合计（人）		
景洪县	40	24	10	34	-6	
勐海县	40	27	10	37	-3	
澜沧县	60	29	20	49	-11	
孟连县	50	26	20	46	-4	

①　《天津支边财贸职工分配情况》，思茅行署商业局政治处：《地区商业局及直属公司、勐腊、江城、西盟县商业系统干部、职工、党员花名册，天津、武汉支边职工名册》（1966 年），普洱市档案馆藏，档案号：14-1-38-001。

②　《西双版纳武汉人访谈录》，（2008 年 5 — 7 月），笔者调查笔记打印稿，Record 11。

③　《武汉支边职工知识青年分配统计表》（1966 年 1 月 3 日），思茅行署商业局政治处：《地区商业局及直属公司、勐腊、江城、西盟县商业系统干部、职工、党员花名册。天津、武汉支边职工名册》（1966 年），普洱市档案馆藏，档案号：14-1-38-017。

续　表

县名	原计划分配数（人）	实际分配数			计划完成情况	备注
		老职工分配（人）	知识青年分配（人）	合计（人）		
勐腊县	85	44	30	74	-11	
江城县	40	18	10	28	-12	
西盟县	50	16	30	46	-4	
景东县	15	0	15	15	完成	
景谷县	15	0	15	15	完成	
镇沅县	20	0	20	20	完成	
墨江县	15	0	15	15	完成	
普洱县	10	0	15	10	完成	
内地县计	75	0	75	75		
边疆县计	365	184	130	314	-51	
合计	440	184	205	389	-51	

四、迁入区域——农垦与地方

（一）西双版纳农垦

农垦系统是一个特殊的称谓，指由农垦部统一管理的全国各类国营农场。1956 年 5 月，中共中央、国务院决定成立农垦部，[1]为了便于管理，农垦部还在各地逐级设立农垦局，大的农垦局又下设农垦分局，各农场也根据管理的需要设立分场、生产队等不同的小单位，这样的层层设置和组织，构成了一个完整的系统，很好地将全国的农场统一了起来。

20 世纪 50 年代的云南，除了地方国营农场和军垦农场外，还有一定数量的国营垦殖场。军垦农场是部队为屯垦戍边、集体安置复转退军人而建立的，如1955 年 4 月建立的黎明农场，是云南第一批创办的军垦农场之一，也是西双版纳第一个大型农场；1960 年又建了勐海县的打洛农场、勐腊县的曼东农场等军

---

① 《当代中国的农垦事业》编辑部编：《当代中国的农垦事业》，中国社会科学出版社 1986 年版，第 15 页。

垦农场。地方国营农场是地方政府为垦荒兴农而建立的，1958 年起，西双版纳陆续建立了勐海县的勐康农场、景真农场、勐混农场，景洪县的勐旺农场等几个地方国营农场。国营垦殖场是国家为发展橡胶而兴办的农场，1956 年 3 月，由华南垦区调来的 56 名干部，分两批先后到达景洪，其中 42 人筹建景洪垦殖场，另 14 人筹建广龙垦殖场，二场是西双版纳最早建立的橡胶垦殖场。1956 年之后，西双版纳相继建立的国营垦殖场有：1957 年 1 月建立的勐养垦殖场，1956 年 11 月筹建的曼勉垦殖场、曼增垦殖场（1957 年后分别改名为国营飞龙农场和国营南联山农场），1957 年 1 月建立的橄榄坝垦殖场。① 1957 年以前，这三种不同的农场，统属关系各不相同，经营方针也不一致，大体上军垦农场和地方国营农场经营短期农作物，国营垦殖场则以橡胶资源调查，胶树引种试种为主。

1957 年 3 月，农垦部部长王震到云南视察，将省热作局改为省农垦局，实行农垦部和省委双重领导。经农垦部批准，原热作局所属的垦殖场改为国营农场，此后新建场皆称国营农场。军垦农场和地方国营农场渐渐与国营垦殖场合并，有的被撤销，如 1957 年 1 月，经省委省人委批准，军垦黎明农场交省农垦局领导；1961 年 7 月根据思茅军分区及专署农垦局协议，将打洛农场、曼东农场划归专署农垦局领导，其中曼东军垦农场于 1962 年 1 月改为勐腊育种站，不久打洛农场撤销。勐康农场后并入勐阿农场，景真农场并入黎明农场，勐混农场并入农垦系统后于 1959 年 9 月迁往打洛地区的勐板另建打洛农场，勐旺农场亦于 1959 年 9 月迁至勐醒另建勐醒农场。至 1960 年，临沧、德宏、红河、思茅（辖西双版纳）、文山农垦局相继成立，为地州管理国营农场的机构，② 这样云南的各类农场也成为一个完整的系统。

西双版纳垦区是云南农垦的一个重要组成部分，至 1962 年底，共有国营农场 22 个，植胶 3.92 万亩，116.04 万株，总人口 3.71 万人，其中职工 2.11 万人。③ 1963 年，省农垦局对全省农垦管理体制作了一次较大调整，将相连成片的若干国营农场合并为一个总场，实行省局—专局—总场—农场—生产队五级管理。

① 《西双版纳农垦志》，西双版纳州农垦分局 1999 年编印，第 47–48 页。

② 参见云南省农垦总局编撰《云南省志·农垦志》，云南人民出版社 1998 年版，第 79 页；《中国农业全书·云南卷》编辑委员会编：《中国农业全书·云南卷》，中国农业出版社 2001 年版，第 257–258 页；《西双版纳农垦志》，西双版纳州农垦分局 1999 年编印，第 48 页。

③ 《西双版纳农垦志》，西双版纳州农垦分局 1999 年编印，第 48 页。

西双版纳全区 22 个农场组建调整为 6 个总场 43 个农场，其中景洪县有景洪、东风、勐养、橄榄坝 4 个总场；勐海县有黎明总场；勐腊县有勐腊总场。[①]

1969 年 10 月 6 日，经国务院、中央军委批准，云南农垦转为生产建设兵团建制；1970 年 3 月，农垦系统和华侨农场组建为云南生产建设兵团，兵团按军级建制，归昆明军区领导，下设 4 个师、18 个团和 5 个独立团，团以下设营、连，派进 2300 多名现役干部，成为解放军序列的生产部队。西双版纳景洪、东风、勐养、红旗、黎明、勐腊 6 总场依次组建为一至六团，勐连、振东二场组建独立营，归属一师建制；原各总场下辖的农场组建为营，共建 44 个营；生产队组建为连，至 1970 年末，共有 653 个连队。1974 年又新组建了十九团、二十团。至 1974 年兵团撤销前，西双版纳垦区共有 8 个团，79 个营，968 个连；总人口 13.69 万人，其中职工 9.04 万人；植胶 40.82 万亩，980.19 万株。[②]

1974 年 11 月，生产建设兵团撤销，恢复农垦建制，原一师下属一至六团、十九团、二十团依次改为国营景洪农场、国营东风农场、国营勐养农场、国营橄榄坝农场、国营黎明农场、国营勐腊农场、国营勐捧农场、国营勐满农场，营改为所在农场的分场，各按顺序排列，原一师直属单位改名为分局直属单位，跨地区的原勐连、振东、惠明等场划归思茅农垦分局管理。自此，西双版纳垦区不再包含思茅地区的农场。

西双版纳农垦是云南农垦发展最具代表性的地区，自 1951 年以来逐渐形成了以橡胶为基础产业的格局。景洪、东风、勐捧三场是全国规模最大的橡胶生产企业，勐满、勐腊、橄榄坝、勐醒、勐养五场也都以植胶为主，黎明、大渡岗两场除粮食及茶叶生产外，部分植胶。20 世纪 50 年代后西双版纳的诸多社会变化都与农垦联系在一起。

（二）相对于"农垦"的"地方"

这里所提出的"地方"概念，不同于我们通常说的"中央"和"地方"，而是在特定历史时期中，特定区域环境内，相对于"农垦系统"而言的。"农垦"在很多时候都是用和"地方"相对而言的，离开"农垦"也不容易说清楚这个

---

① 《西双版纳农垦志》，西双版纳州农垦分局 1999 年编印，第 49 页。

② 参见《中国农业全书·云南卷》编辑委员会编《中国农业全书·云南卷》，中国农业出版社 2001 年版，第 258-259 页；《西双版纳农垦志》，西双版纳州农垦分局 1999年编印，第 49 页。

"地方"的概念。与其他有着很多国营农场的地区一样，西双版纳的国营农场紧密地构成了当地的农垦集体，而这个集体与当地的行政事业乃至企业并不属于同一个管理系统，农垦系统是从国家农垦部到基层农场的垂直管理的体系，他们所在地的其他机构就被称为"地方"，犹如部队称所在地的非军队机构为"地方"一样。

在特定的历史时期中，农垦因其特殊的管理体制成为一个当地较为独立的单元。在体制上，尽管名称时有变化，但大体以国家农垦部—云南省农垦总局—西双版纳农垦分局—农场—分场—生产队的行政体制来管理；兵团时期也是营、连、团隶属一师，一师隶属云南生产建设兵团的建制。这样，不仅农垦与地方机构互不统属，而且在上下级的设置上也没有什么联系，他们是从上到下完全不同的两条线。

大体说来，农垦系统的国营农场建立在"地方"的特定区域内，其人员在这个范围内生产工作，但所有这些都不直接和当地政府或机构发生关系，农场也基本不参与地方事务。"地方"的概念则指所有当地"发工资"的机构部门以及这些单位管辖的领域，包括政府、企事业单位，乃至当地乡村。

这样的"农垦"与"地方"概念，体现了20世纪60年代西双版纳湖南移民与武汉移民的又一不同之处。这一时期的湖南人是"前来云南边疆农场参加建设"的"支援边疆和少数民族地区社会主义运动"的青壮年；自流的湖南人"一直在……边疆各农场之间来回跑"，①流动区域也限于大量湖南籍职工定居的农场。他们是迁入农垦系统的"橡胶移民"。湖南移民迁入西双版纳，在农垦系统下的各国营农场集中居住，他们的生活生产、生存发展都与农垦体制联系在一起，农垦体制的变迁不仅对当地社会，也对湖南移民及他们的后代产生影响。1966年到西双版纳"支援边疆财贸工作"的武汉人在商业、粮食、外贸部门工作，他们工作的内容、面临的人事都是从地方的角度出发，因此与当地结合更为紧密。

20世纪的西双版纳湖南人和武汉人同为"支边"移民，却在迁移原因，迁出地域、社会，移民身份背景，乃至迁入系统等方面都不相同。这些不同对他们的迁移及后来的发展变化产生了影响，导致他们走上了不同的变迁轨迹。

①　《省委批转省农垦局党委关于湖南流入人口处理办法的请示报告》，云南省档案馆藏，档案号：125-2-1618。

第四节　西双版纳湖南人的群体变迁

两次"支边"都是国家或政府计划下的迁移行为，移民都是在有组织的情况下迁移的，从迁移过程来说，他们都是集体迁移的移民。然而，在群体性方面，二者之间又存在着较大的不同，湖南移民在迁出之前、迁移阶段及移民以后的整个过程中，都是联系比较紧密，共性较多的人群，这种群体性在他们的 2~3 代的后代身上也有不同程度的留存；·而武汉移民尽管也是集体迁移的人群，但在迁移前后，移民个体的差别和变化很大，可以说是具有"去群体性"的集体迁移人口。从前文对二者迁移以前的社会环境和身份的分析，已经能够看出他们之间的这种"群体性"和"去群体性"的差别，下文将重点论述迁移之后的湖南移民群体变迁和武汉移民个体经历。

一、西双版纳湖南人的群体变迁

（一）迁移过程中群体化的加强（1959 — 1960 年）

迁移之前的湖南移民来自农村，中国乡村社会的种种特点不少学者已有深入研究，大体说来，乡村社会有着自己一整套的文化传统，村民之间彼此熟悉，不同的乡村之间又通过血缘亲属关系相互联系在一起。所以，那些后来支边的湖南移民在迁移之前就是一个有着很多共性的群体，而在经历了后来的迁移过程之后，这种共性又随之加强了。

迁移过程指从为迁移而做各项准备起，到在迁入地实现定居的阶段。湖南人口规模移民西双版纳从 1959 年"动员青年前往边疆和少数民族地区参加社会主义建设运动"开始，是在全国"支边"的大背景下，湖南向云南移民的组成部分。作为政府行为下较大规模的人口迁移，"支边"需要统一的调度、各部门的协调才能完成。从中央到湖南、云南地方政府，从醴陵、祁东经广西、贵州到云南西双版纳，动员、组织、迁移、安置每一个环节都与各种政策相联系。

20 世纪 60 年代的支边运动，要求人员有较好的身体素质，在配备上兼顾一定数量的掌握各种技能和知识的人员，还考虑到男女平衡及移民巩固的问题，具体提出了"五不要"（地、富、反、坏、右分子不要），"六不批"（现役军人爱人、孕妇、身体太弱、残废、有传染病和严重慢性病、家庭拖累大离不开的不批）。根据这些条件，湖南向云南的支边人员"年龄在十七至三十岁，占总人数百分之八十五以上，男女青年各半；各行业人员和农业生产能手占百分之十五以下，年龄一般不超过四十五岁。"①根据这些具体条件，首先在迁出地广泛动员，并进一步确定迁移对象，在这样的过程中，尽管也会有一些特殊情况，但大部分移民的条件特征都是基本相同的。

人数确定后就是组织遣送，沿途的车运、医疗、食宿、宣教等项开支的费用报请中央农垦部报销。从湖南动员地至贵阳市由湖南组织运输，广西壮族自治区协助；从贵阳市至安置地由云南负责，贵州省协助。庞大分散的农民队伍，老老少少、男男女女全部编成团、营、连、排、班的军事建制，以便管理。当时的一位妇女杨氏回忆说："来的时候不晓得怕，好玩嘛！路上好玩！我们东堡（大队）都在一节车厢。有八个姑娘，在车上唱歌哟！一路唱。我就闷车，吐！一点东西都吃不下。到景洪的时候我说我饿够了，别人就说你憨嘞！你吃不下东西不晓同你哩（家）×××（指杨氏的丈夫）讲一声，就可以吃病号饭嘛，有面条吃。我说咯我哟哩晓得喽？闷车闷得啥哩都不认得。他哪里会管我？他'带队干部'肩上挎个红条条，走在前面哇啦哇啦张着嘴喊。我是带着三个娃娃，上下车都是别人帮我接一下，抱一下。"②人员迁移按军事建制编排，这种编排又是以移民原来家乡的乡、公社、大队为单位的，带队的干部也是原来的乡、公社、村干部。

在迁移受到限制的年代，这也是很多人生平第一次出远门，一路上有不少感受："沿途经过贵州一带看到高山峻岭，田地窄小，有的人就想到没有在家好。甚至有的顾虑'净是大山如何种庄稼？今后是不是有吃的'，有的妇女看到大山还哭起来。"③。景洪农场中学的彭老师到云南来的时候只有 7 岁，对于沿途情况没有太多印象，但是各种迎送活动却生动地印在其脑海中："我就记得来的时候是 12 月份，冬天，我穿着棉袄，头发剪得齐齐的学生头。每个人都挂个'支边光荣'的牌牌，每到一个地方都组织欢迎，旁边的人看那么个小娃娃也挂个牌

---

①　《湖南省、云南省关于动员青年前往边疆参加社会主义建设协议书》，云南省档案馆藏，档案号：125-2-0512。

②　《西双版纳湖南人访谈录》（2005 年 1—3 月），笔者调查笔记打印稿，Record 04。

③　云南省动员安置委员会办公室：《接待安置工作简报（第十四期）》（1960 年 10 月 24 日），云南省档案馆藏，档案号：125-2-0706。

子，觉得好玩，都来摸我一下。到沾益好像还转过车……"①

图2-2　迁移途中（一）　　　　图2-3　迁移途中（二）

　　最初的"支边"没有将云南计划在内，湖南向云南移民五万人的通知是
1959年9月底才下达的，当年冬天就要迁移一万人，时间并不充裕。虽然文件
中对于各种问题和各项工作都有具体的规定，但实际执行中纰漏很多。据记载，
醴陵"一九五九年十月至一九六〇年的元月……进行了为期两个多月的动员一万
名青壮年前往云南参加社会主义建设工作……经过二十多天的充分准备，半个
多月的深入思想发动，二十天的组织迁送……"②实际上，整个过程比上面的记
述要短得多，"我记得只有10多天时间。1959年12月上旬开始动员，12月20
号我们就离开大队了，12月21号离开醴陵"③。两省《关于动员青年前往边疆
参加社会主义建设协议书》签订的时间，据《云南省志·农垦志》记载是1959
年9月19日，中央决定移民的通知是10月24日下达的，协议不可能之前就签
好，所以这个时间是有问题的；云南省档案馆藏的协议书，印发日期是1959年
12月2日，当比较可靠。1960年1月，农垦部将1960年湖南第二批迁往云南的

---

　　① 《西双版纳湖南人访谈录》（2005年1—3月），笔者调查笔记打印稿，Record
01。
　　② 《中共醴陵县委关于动员一万名青壮年去云南参加社会主义建设的总结报告》，
云南省档案馆藏，档案号：125-2-0515。
　　③ 转引自和渊《西双版纳：二十世纪整合中的西南边疆》，硕士学位论文，云南大
学，2001年，第23页。

人数改为两万人，①与原计划的四万人相比已有所变动，然而云南 1960 年 8 月底的各种会议和文件中仍然写着要"接待和安置四万名湖南支边青壮年及其家属共 72 000 人"，可见计划更改的滞后性。另外，虽然有中央的经费补助，并经各个部门的协调，但在物资匮乏的年代，迁移中存在的问题依旧很多，云南省移民委员会 1959 年 10 月 5 日的一份会议记录中集中反映了当时从吃住到运输、医疗等方面存在的困难。②

由于时间、物资紧张，加上迁移规模大，途中不免遭遇种种状况，有的人没能顺利到达安置地。长途迁移的疲劳和饥饿使许多妇女晕车，"从晴龙（隆）至盘县途中停车休息，结果少了一个女同志，在停车周围找了三个小时……最后在山脚下的草丛里才找到她，她苦苦哀求不肯坐车"③。有人"拿少数民族的稻草垫汽车"；"在路过曲靖县多国公社时，吃了该社苞谷秆，并拿了五包苞谷"，结果"被该社社员扣住汽车不准开，后经司机写了证明才准走"④。有的人吃野果中毒，造成伤亡，1960 年"十月十八日在墨江、通关吃小桐果中毒 14 人……19 日西双版纳景洪农场吃橡胶籽 18 人中毒，死亡小孩一人"。由于运输工具缺乏、车辆超载、路况不好等也引起一些交通事故（参见图 2-4⑤）。1960 年"10 月 16 日，汽车由昆明出发至 26 公里处，车翻下沟……墨江站 18 日发生撞车……在沾益、东川，小孩被车撞伤"。因为疏忽，本来不该批的怀孕 8 个月的妇女，"在车上生了小孩"。由于各种原因住院、死亡和失踪的情况都有发生。⑥

① 《农垦部党组关于 1959 年动员青年参加边疆建设工作情况和 1960 年计划数字的报告》，载农垦部政策研究室等编《农垦工作文件资料选编》，农业出版社 1983 年版，第 376 页。

② 《移民委员会会议记录（草稿）》（1959 年 10 月 5 日），云南省档案馆藏，档案号：125-2-0513。

③ 参见《云南农垦》1990 年专刊，第 12 页。

④ 云南省动员安置委员会办公室：《接待安置工作简报（第十四期）》（1960 年 10 月 24 日），云南省档案馆藏，档案号：125-2-0706。

⑤ 图片来源：纪录片《胶魂》第二集。

⑥ 《湖南省祁东县支边人员 1 — 10 列车统计总表》（表一、表二），云南省档案馆藏，档案号：125-2-0516。

图 2-4　险途

　　在这种集体迁移的旅途中，原来的社会地位与阶层显得不是那么重要了，干部、农民、小手工业者……大家随着迁移大军，共同面对未知的一切，共同的迁移经历也因此成为共同的集体记忆。

　　（二）适应生存与移民社区（1960 — 1970 年）

　　迁移过程结束后，移民首先面临的是适应移居地自然与社会环境以实现生存定居的问题，这是他们在迁入地经历的第一个阶段，也是衡量移民成功与否的重要标准。按照前文的估算，20 世纪 60 年代迁入并定居西双版纳的湖南支边人员约 18 000 人，自发流入人员约 6000 人，两万余湖南移民是怎样适应生存下来的呢？

　　1. 适应——挑战与艰辛

　　居住地改变后，移民要适应新环境，获取新的谋生手段与知识，这个过程一定会经历曲折。湖南移民进入西双版纳正值"大跃进"和人民公社化运动后经济困难、物资匮乏的特殊历史时期，他们面临诸多挑战，生活艰辛。

　　吃是生存的基本需求。饱受天灾人祸困扰的 1960 年，全国农业总产值下降，粮食产量下跌，人均占有量严重不足，加上计划经济体制下物资调配缓慢，各农场因人员骤增，供粮十分困难。西双版纳景洪县除东风、橄榄坝农场可基本自给外，其余都急需调给粮食，勐腊、勐海县也需要调剂解决。①调配的粮食囤积在数十至百余千米之外且交通不便之地，"背粮就不能生产，生产就不能背粮"，却仍然"有断粮危险"②。迁入初期，因不熟悉当地自然情况，缺乏识别经验，经常有人误食有毒的野生植物果实中毒。1960年1月19日，景洪农场10队新工人家属吃野刀豆13人中毒，7人昏迷不醒，6人头昏呕吐。③

迁移者往往带着他们原先居住地区的疾病进入新居住地，而他们也容易在新居住地感染一些他们以前没接触过的疾病。经历"大跃进"和自然灾害，营养不良的移民，历经艰苦的长途跋涉，还面临水土不服和地区性疾病的侵扰。1961年，勐远农场支边职工中水肿病流行，因为喝了细菌较多的生水，还并发"上吐下泻的疾病"，导致多人死亡。④

住是定居的首要条件。当年的移民对定居点的回忆是"山沟沟、竹房、竹床、屁都没有！"为接收大批支边人员而赶工建造的简易竹房远比不上移民家乡的瓦房舒适，质量更难以确保，"一排排的篾笆房，盖个草排，搭床就是几个叉子，铺块篾笆"；"夜里睏（睡），一睏下去，床一塌！……这边斗（装）好，那边一塌；那边斗好，这边又一塌！咯（这）张床搞了一两个小时都冇（没）搞好！急人！"⑤（参见图2-5、图2-6⑥）。茅草竹房容易失火，因为成排建造，一旦烧起来便造成极大损失，1960年，东风农场五作业区二队失火，全队烧光，支边工人付存雪夫妇一个不满周岁的儿子被烧死；1961年4月，橄榄坝农场工人李伯妹煮南瓜不慎失火，烧死小孩1人，烧毁草房9栋，造成经济损失两万余元。⑦

① 《思茅专区安置委员会接待安置工作小结》，云南省档案馆藏，档案号：125-2-0713。

② 云南省动员安置委员会办公室：《接待安置工作简报（第十七期）》，云南省档案馆藏，档案号：125-2-0706。

③ 中共国营景洪农场党委会：《湖南支边青壮年半年来的思想工作总结》，云南省档案馆藏，档案号：125-2-0713。

④ 《西双版纳农垦志》，西双版纳州农垦分局1999年编印，第461页。

⑤ 《西双版纳湖南人访谈录》（2005年1—3月），笔者调查笔记打印稿，Record 17、Record 04。

⑥ 图片来源：《版纳垦区》，西双版纳州农垦分局1983年编印。

⑦ 《西双版纳农垦志》，西双版纳州农垦分局1999年编印，第10页、439页。

图 2-5 初到西双版纳

图 2-6 进餐

经济生活方面，由于农场处于起步阶段，工人收入不高，生产生活条件也很差。1958 年，职工月均收入 22.66 元，[①]处于试用期的移民收入更低，一些家庭

---

① 《西双版纳农垦志》，西双版纳州农垦分局 1999 年编印，第 195 页。

成员众多，工资支付食堂伙食费后便所剩无几。据档案记载，大渡岗农场职工方龙生将工资全部交伙食费后，"还欠 16 元"①。橡胶开荒的生产性质使各生产队散布在荒山野岭、人烟稀少之地，到商业供应点购买生活必需品要走很远的路，不但消耗时间和精力，还要支付在外的餐费、车费等，这些花费往往超过购买商品的金钱。卫生所、托儿所、学校等机构尚未建立或人员不足，移民生活不便，甚至安全没有保障。1960 年 1 月 24 日，景洪农场 14 队两个小孩跌进开水锅一死一伤；②一些急性病人因就医困难、抢救不及，而时有死亡。工作环境和内容的转变，对生产技术提出了新要求，开垦荒山，种植树苗劳动强度大且危险，砍坝时竹挑树碰，旁人的砍刀误伤，虫蛇野兽袭击等都会造成伤亡……

这一时期，境外国民党军残部仍然窜入骚扰，局部地区不时发生小规模战斗。1961 年 1 月，黎明、打洛、勐阿、大勐龙、东风、景洪、勐养等场派民兵2000 余人，参加对蒋军残部的作战支前。③1963 年 4 月，特务在东风农场原四作业区一小队托儿所竹笆房下引爆了一包炸药。④1966 年 11 月 5 日，勐腊总场抽调民兵与地方民兵和部队一道搜捕由老挝入境的 3 名国民党特务，历经 9 昼夜，击毙其中 1 名，缴获物资若干。⑤这些发生在身边的事，令许多人觉得边疆形势不稳定，有发生战争的可能，因而感到恐惧："怕得很！听见马'啪嗒、啪嗒'走，又讲外国人来了，又讲特务来了"，"来倒是没来，但是你怕呀，对不对？"⑥"怕境外残匪从竹笆墙缝来割脑袋"⑦。

居住地域的改变带来生活上的不习惯，移民们思念家乡亲人，对当地风俗和社会观念也不甚理解。南联山农场林二嫂，看到傣族死了一个人丢在外面，便

<hr>

①　《对湖南支边青壮年迎接安置工作情况的报告》，云南省档案馆藏，档案号：125-2-0713。

②　中共国营景洪农场党委会：《湖南支边青壮年半年来的思想工作总结》，云南省档案馆藏，档案号：125-2-0713。

③　《西双版纳农垦志》，西双版纳州农垦分局 1999 年编印，第 10 页。

④　参见《云南农垦》1990 年专刊，第 89 页。

⑤　《西双版纳农垦志》，西双版纳州农垦分局 1999 年编印，第 14 页。

⑥　《西双版纳湖南人访谈录》（2005 年 1 — 3 月），笔者调查笔记打印稿，Record 23。

⑦　参见《云南农垦》1990 年专刊，第 26 页。

说："我不知道死了人是这样，不然我就不会来"[①]；"怕兄弟民族……暴乱起来，杀害他们。另一方面，看不惯兄弟民族的风俗习惯，认为他们落后，不讲卫生"[②]。支边人员留在原籍的家属生活困难，"醴陵老人每月仅有口粮7、8、10、15斤谷子不等"[③]。勐捧农场三分场汤氏，2岁时随父母"支边"到南联山农场，因为"才来也不习惯，家里（指湖南）老人又病……我哩（的）爸爸放不下，就硬是离了职"。1966年，父母带着汤氏和出生不久的妹妹回了老家。[④]

"支边"是由上而下的运动，但运动中的人们并不仅仅是被动地去接受，由于移民个体的意愿不尽相同，他们会根据自己的需要做出不同的选择以适应新形势，并使之更符合自己的要求。历史上，很大程度地由于文化小传统的作用，如果不是活不下去，中国广大农民一般是不愿意背井离乡的，所以大多数人面对"支边"时难免顾虑重重，但人们决定背井离乡到其他地方，都无一例外地希望在新地方能比迁移以前生活得更好，因此大大不如家乡的物质条件、生存的困难和威胁、不安全感和生活不适应等问题，使他们不愿意在移居地生活下去。这个时候，内地农村生活有一定程度的改善，加之重合不重分的传统思想，家乡亲人来信催返，有的还寄来路费和介绍信，"一部分是由于过去生活比较富裕或支边动机不纯，也有对参加边疆建设要艰苦奋斗的认识不足，缺乏思想准备，因而，一旦碰到暂时的困难就产生动摇。有的由于家庭影响，写信来宣扬家乡生活好，甚至寄粮票、路费要他们回去"[⑤]。所以，这一时期一度出现了湖南移民返乡潮。

2. 生存——定居与发展

（1）实现定居。

物产丰富、自然条件优厚的西双版纳具备生存定居的良好条件。20世纪60年代初，各农场粮食缺乏，一是由于支边"计划大，进度急，物资准备严重不

---

① 《对湖南支边青壮年迎接安置工作情况的报告》，云南省档案馆藏，档案号：125-2-0713。

② 云南省农垦局：《安置湖南支边人员报告总结》，云南省档案馆藏，档案号：125-2-1026。

③ 《关于景洪县内各国营农场支边人员私自返乡的情况报告》，云南省档案馆藏，档案号：125-2-1027。

④ 《西双版纳湖南人访谈录》（2005年1—3月），笔者调查笔记打印稿，Record 11。

⑤ 云南省动员安置委员会：《关于接待安置湖南省一万名支边青壮年工作的总结报告》，云南省档案馆藏，档案号：125-2-0703。

足"①；二是因为长期处于封建领主制下的各族人民生产积极性不高，没有兴趣改进技术、提高产量。此外，湖南移民到来之前，复、转、退军人是版纳农垦的中坚力量，②但缺乏农副业生产经验。粮食和物资的紧缺并不仅限于云南农垦，而是全国农垦系统都普遍面临的问题，因此"一九六〇年下半年，有关各省、区均已停止移民"，中央停止支边运动，开始解决遗留问题，"巩固留在边疆地区的支边人员"③。1961 年，云南省委提出"一吃、二住、三橡胶"，要求国营农场重点解决吃的问题。④1961 年 2 月，中共云南省委发布《关于国营农场养猪种菜的规定》，鼓励职工按规定发展"小自由"。⑤

湖南是农业大省，1957 年，醴陵稻谷"亩产 313 公斤"；⑥云南 1958 年稻谷亩产"208 千克"，⑦长期处于封建领主制经济下的西双版纳产量可能更低。"支边"人员多是"本人自愿，政治可靠，身体强健……的青年"及"有较多生产经验的壮年"⑧，他们运用丰富的农副生产经验，改进生产工具，推行先进耕作技术，不断创下粮食高产。支付食堂伙食费后，移民的工资虽然所剩无几，但基本生活有了保障，家属帮助食堂养猪种菜，发展副业，极大地改善了生活，吃的问题基本解决。

"支边"人员除农民外，"还必须有一定数量的工人（包括手工业工人）及商业、教育、卫生和各种服务业的人员"⑨。湖南向云南"支边"的队伍中有木

---

①　《中央批转农垦部党组关于动员青年参加边疆建设工作情况和今后意见的报告》，载农垦部政策研究室等编《农垦工作文件资料选编》，农业出版社 1983 年版，第571 页。

②　《西双版纳农垦志》，西双版纳州农垦分局 1999 年编印，第 52 页。

③　《中央批转农垦部党组关于动员青年参加边疆建设工作情况和今后意见的报告》，载农垦部政策研究室等编《农垦工作文件资料选编》，农业出版社 1983 年版，第571 页。

④　《西双版纳农垦志》，西双版纳州农垦分局 1999 年编印，第 129 页。

⑤　《西双版纳农垦志》，西双版纳州农垦分局 1999 年编印，第 10 页。

⑥　醴陵市志编纂委员会编：《醴陵市志》，湖南出版社 1995 年版，第 313 页。

⑦　《云南省志·农业志》编纂委员会编撰：《云南省志·农业志》，云南人民出版社 1998 年版，第 446–447 页。

⑧　《中共中央关于动员青年前往边疆和少数民族地区参加社会主义建设的决定》，云南省档案馆藏，档案号：125–2–0512。

⑨　《中共中央关于动员青年前往边疆和少数民族地区参加社会主义建设的决定》，云南省档案馆藏，档案号：125–2–0512。

工、泥工、瓦工、建筑工等技术工人，住房毁坏后，瓦工、泥工、建筑工建造土坯房，木工、铁工制造生产生活用具，[①]方便了生活，提高了工效，妇女和家属利用各种材料织衣做鞋，例如将劳保手套拆散再重新织成"线裤""线衣"用于御寒，满足了需求，节约了开销。[②]

农场组织职工学习，了解当地自然情况，专门教育家属和保育员，修理托儿所的房屋并增加设备，防止事故的发生；[③]1961年3月，西双版纳各农场创建职工子弟小学，1965年创办了半农半读的农业中学；1964年1月，西双版纳州财委召集会议，确定总场设中心商店，农场设分店、贸易组；[④]为农场建设和生活服务的砖瓦、石灰、碾米、榨油、小水电、机械修造、制糖等工业加工项目也开始起步。[⑤]移民逐渐熟悉了当地自然环境，能够识别可食与有毒的野菜和野果，提高了警惕，熟悉了生产，掌握了新的劳动技能，避免了不必要的伤亡。

1962年以后，边境骚乱逐渐平息，由于交叉居住和生活需要，移民开始尝试接触当地村民。广龙农场杨氏试着"到寨子里买糯米饭吃"，从起初不敢进村，到后来"做鞋子到寨子里卖"；黎明农工商联合公司橡胶分公司的李某学会了傣语，在物资紧缺的年代，"这个地方没有猪油卖"，李某便托当地人"从外国买回来"[⑥]。"南联山新职工家属做鞋子换群众鸡养，有的用钱买"[⑦]。与当地村民的交往消除了"怕"的心理，通过简单的交换改善了生活。

经过两三年的适应，大多数湖南移民适应了当地的自然环境和生活，实现了定居。

---

①　云南省农垦局：《1959年接待和安置湖南支边青壮年工作情况和今后的意见》，云南省档案馆藏，档案号：125-2-0512。

②　据笔者2005年1—3月田野调查。

③　中共国营景洪农场党委会：《湖南支边青壮年半年来的思想工作总结》，云南省档案馆藏，档案号：125-2-0713。

④　《西双版纳农垦志》，西双版纳州农垦分局1999年编印，第12页、296页。

⑤　《中国农业全书·云南卷》编辑委员会编：《中国农业全书·云南卷》，中国农业出版社2001年版，第259页。

⑥　《西双版纳湖南人访谈录》（2005年1—3月），笔者调查笔记打印稿，Record 04、Record 23。

⑦　《思茅专区安置委员会接待安置工作小结》，云南省档案馆藏，档案号：125-2-0703。

（2）发展机遇。

西双版纳橡胶种植虽早，但长期处于试种阶段。1960 年 2 月，思茅专署农垦局成立，[1]主管西双版纳垦区，大规模的橡胶开发才开始。这个时候到来的湖南移民依靠吃苦耐劳的精神和先进的农业生产经验，不但很快适应生存下来，在百业待兴的农场他们还获得了较原来更多的发展机会，这加速了他们的适应过程，并吸引了其他湖南人口的自发流入。

"团结好从湖南来的干部和党、团员是作好支边工作的关键"[2]，原来的支边干部因语言沟通和管理的需要受到了重用，"原公社一级的干部均安排为场级干部，大队级干部安排为农场作业区级干部，其他各级干部都根据其本人情况作了较为适当的安置，同时还提拔了 110 多名非脱产干部为脱产干部"[3]。在经济和科技较为落后的边疆，"支边"人员中的教育、卫生行业人员及技术工人的专业技能为他们带来了更广阔的空间。学校、卫生、农机等各项机构和设施的建立并增加，提供了新的发展机遇，一部分人被培训作教师、卫生员，还有一批青年工人被选拔到昆明参加省农垦总局举办的汽车、拖拉机驾驶员培训班学习。[4]技术工人通过工资评级，得到了比原来更高的收入，经济条件大为改善。[5]

当时农村并不多见的文艺活动、电影、广播等事物，在一定程度上体现了"工人阶级先进性"，也吸引着"支边"青年。1961 年，广龙农场职工排演的节目《支边青年歌唱新家乡》，参加全国职工第二次文艺会演，到北京表演；至20 世纪 60 年代末，西双版纳垦区 6 个总场都成立了放映队，部分下属农场成立了放映组，轮流至生产队及村寨放映电影。[6]1960 年 3 月和 1961 年 12 月湖南省慰问团的两次到来[7]，在一定程度上也稳定和巩固了"支边"人员队伍。

---

① 《西双版纳农垦志》，西双版纳州农垦分局 1999 年编印，第 9 页。

② 《关于认真作好安置湖南青壮年工作及搞好生产的意见》，云南省档案馆藏，档案号：125-2-0704。

③ 云南省农垦局：《安置湖南支边人员报告总结》，云南省档案馆藏，档案号：125-2-1026。

④ 《西双版纳农垦志》，西双版纳州农垦分局 1999 年编印，第 174–175 页。

⑤ 参见《思茅专署农垦局转发支边技工工资等问题》，云南省档案馆藏，档案号：125-2-0745；云南省农垦局：《关于支边青壮年技工工资的意见》，云南省档案馆藏，档案号：125-2-0703。

⑥ 《西双版纳农垦志》，西双版纳州农垦分局 1999 年编印，第 330–331 页。

⑦ 《西双版纳农垦志》，西双版纳州农垦分局 1999 年编印，第 9–10 页。

对许多湖南移民来说，迁移以后，他们的活动或者说生产劳动能够获得比过去更多的实物和收入，实现了发展；相反，返籍并不能保证更好的生活，一些人的经济条件和地位反而下降了。云南农垦曾规定，返籍人员的党团组织关系暂不予转回，听候湖南省委组织部通知指名转给党团组织关系。[①]许多移民在迁移前将家产处理干净，返籍时为了路费又再次变卖财物，这种反复使他们的经济生活大不如从前。所以"至 1963 年，'返乡潮'已基本在全垦区平息下来。后来，已返湘的青壮年得知垦区生活和经济条件改善的信息，又有相当部分人员重返垦区"[②]。前文提到的汤氏一家迁回湖南后不久，家中老人过世，一家人只有父亲一个劳力，在农村生活困难。1969 年，父母又带着姐妹俩回到南联山农场投靠亲戚。[③]经济因素是引起人口流动的重要杠杆，即使在迁移受到限制的年代，生存发展的新机还是吸引了大批湖南人自流向西双版纳，一些返籍的人又重返农场。

20 世纪 60 年代，努力适应当地自然条件的湖南移民和处于流动状态的"返籍""自流"及返籍后又"倒流"回农场的人口，共同反映了移民不断适应环境以寻求生存发展的过程及对自己生活的评价，他们因适应而定居，因不适应而返籍，因求生存而流动；因"不如家乡"而返乡，因生活条件的改善和"工人阶级"身份的吸引而自流、倒流。由农民变为工人，从"靠天吃饭"到"吃工资"，迁移前后身份的变化、更多的发展机遇，在移入地较高的经济收入等最终使大部分人定居下来，适应与生存毋庸置疑是他们能否实现定居的根本原因。

3. 湖南移民社区与湖南人群体

迁移与最初的适应过程只是一个过渡阶段，移民社会最终要向定居社会转型和嬗变。在这种转型与嬗变过程中，如果脱离一定的社会组合关系，移民就是一盘散沙，易为当地人群所同化。湖南移民不仅数量庞大而且以各农场为中心集中居住，整个 20 世纪 60 年代，他们的返籍、自流、倒流，适应、生存、定居都在农垦体制内进行，相对封闭的农场作为移民社区，为西双版纳湖南移民群体的形成创造了地域条件。

---

① 《关于妥善处理已返籍的湖南支边青年的问题的通知》，云南省档案馆藏，档案号：125-2-1027。

② 《西双版纳农垦志》，西双版纳州农垦分局 1999 年编印，第 53 页。

③ 《西双版纳湖南人访谈录》（2005 年 1 — 3 月），笔者调查笔记打印稿，Record 11。

　　为了便于管理，安定移民，方便生活，"支边"要求"男女平衡"，到农场后"保持建制，不与原来的老队混编"①，"我场的新工人多数以原公社、大队为单位分配到生产队，所来的 8 个大队，只有 1 个大队青壮年分配在两个单位，其余都是一个或两个大队分配在一起，有三个新建队，除了一部分老工人作骨干外，全是由新工人组成"；② "我们来到的这个队当时叫四作业区三队……当时有湖南支边职工 103 人，占全队职工 109 人的 94.5%"③。这就是说，移民所处的社会环境暂时未发生根本改变，未婚青年的对象都是家乡人，少部分人的工作调动也是从此湖南人社区到彼湖南人社区，许多家庭之间还有亲属关系，这就像是将原来的湖南村社搬到西双版纳，连村社间的亲属关系也一块儿迁移了。村社文化的完整移植，使移民只要单纯地适应当地自然条件就能实现定居。自流人口为求生存而在各地间不断流动，"流动人"没有从根本上受到其他群体的固定影响，流动区域也限于大量湖南籍职工定居的农场，因此他们身上也保留着较多的移出地特征。人是文化的载体，同一区域的人，在同一时段内，以同一身份集团性地长期移住到同一个新区域，原籍文化会自然地形成一种相对的定势。湖南移民基本上生活在一个特定的圈子中，这个圈子中有相对固定的人，人与人之间有固定的关系，西双版纳由此出现了"湖南风"。

　　在移民社区内，人们的生活非常简单，"每日只要做事，吃饭有食堂，娃娃有托儿所"④。移民和当地人之间语言不通，彼此不熟悉，因此对当地文化缺乏认同感；另外，为"帮助兄弟民族"而"支援边疆建设"的宣传和风俗习惯的差异，形成一种来自经济文化相对发达地区的优越感，使他们不可能很快与当地民族融合。从脱离湖南农村进入西双版纳起，他们就用不同的称呼将自己与当地人区别开来。相对于当地"老百姓"，他们自称为"老工人"，⑤ "老百姓"是种田的农民，"自种自吃"；"老工人"是国家企业职工，是"国家的人"，每

---

　　① 《关于认真作好安置湖南青壮年工作及搞好生产的意见》，云南省档案馆藏，档案号：125-2-0704。

　　② 中共国营景洪农场党委会：《湖南支边青壮年半年来的思想工作总结》，云南省档案馆藏，档案号：125-2-0713。

　　③ 参见《云南农垦》1990 年专刊，第 87 页。

　　④ 《西双版纳湖南人访谈录》（2005 年 1 — 3 月），笔者调查笔记打印稿，Record 04。

　　⑤ 据笔者 2005 年 1 — 3 月田野调查所得。

月有工资，有医疗保险，老了领退休金。这种心理限制了他们与当地人的交往，李某、杨氏等个别人的做法不过是为了获得便利或改善生活。农场职工在当地人眼中是外来户，是说汉语、穿汉装、住平顶房，不信南传上座部佛教的"陌生人"。双方都有自己固有的界限，有内外之分，在感情上、心理上都存在着社会距离。"文化大革命"期间，家庭副业被作为"资本主义尾巴"割掉，双方交换的条件不复存在，有限的交往因此中断，移民的生活更为简单。

移民家乡的传统文化世代沿袭、根深蒂固，即使搬迁引起区域环境的巨大变化，他们也不可能全部抛弃原有的文化；相反却总是力图在新环境中保持，并在新区域的容纳下继承和发展原有的传统文化。农场既是移民依托的亲缘组织又是地缘组织，成为他们重建文化环境、维持原有价值观的中心。他们通过不同的方式阐释迁出地文化体系——语言、道德、风俗习惯和历史传统，并进而塑造社区历史。尽管湖南移民社区不断变迁并逐渐被打破，但少数地方仍然保留了这类社区的一些特征。在景洪农场，当年的醴陵支边人员组建了一个小班子负责婚丧嫁娶时的吹拉弹唱，如今，只有在当年支边人员的丧事场，才能听到这些老人演奏悠长的家乡曲子；景洪农场四分场通用的一种语言，用云南方言读字，音调和语调却带有浓重的醴陵口音，场内不论醴陵人、墨江人，傣族也好、汉族也好，都会说这种"四分场普通话"。[①]湖南移民社区的出现一方面是移民对原籍感情和风俗文化认同的表现；另一方面表明移民已经开始新家乡的建设，开始从移民社会向定居社会嬗变。

迁移使原有的文化系统构成被打乱，必然在迁入区经历一定的变异过程后重新组合，形成一个适应新区域的新文化系统。定居农场的湖南移民群体因集中居住和主动选择而保有许多湖南文化特征，但从迁移肇始，他们便已经和移出地的湖南人产生了差异。在群体迁移的旅途中，原来的社会地位与阶层显得不是那么重要了，干部、农民、小手工业者……大家随着迁移大军，共同面对未知的一切；到达移入地后，人们在小社区内聚居，大部分的劳作、生活时间都在一起，开荒种植，在食堂吃饭，孩子送托儿所，休息时间聚在一起自娱自乐……在这个特别的时期，在陌生的异乡，艰苦的生活加深了移民心理上的相互认同；大家相互平等对待，共同的迁移经历、共同的劳动生产、共同的生活内容，成为他们共同的集体记忆；他们经历了种种心理过程，建立起一些新的关系，在农场内部实

---

① 据笔者 2005 年 1—3 月田野调查所得。

现了社会重组，成为一个既区别于当地人又不同于迁出地湖南人的新群体。

（三）发展变迁与湘籍农场人（1970—1990 年）

20 世纪 60 年代末，"支边"及自流的湖南移民在西双版纳各农场实现了定居，从此，农垦的体制变动、农场的政策变化和文化变迁使他们的生存环境发生变化，对他们产生不同程度的影响，为适应这些变化他们开始了新的变迁。

1. "兵团建制"

1967—1969 年处于特殊时期，农垦各级相应开展政治运动，生产活动相对减少，"1967—1969 年间，农垦各级领导机构相继瘫痪，农场的生产建设处于无政府状态"。①人口增加、空间交错，由生产模式、文化观念等差异引发的冲突开始凸显出来，因农场植胶空间的扩展而引发的土地、放牧、橡胶、鲜胶乳等生产资料的争夺，以及因文化观念差异所引发的职工和村民间的冲突时常发生，"这一时期，牛吃火烧橡胶的现象也较突出"②；"在职工中，……民族政策观念削弱，不尊重民族风俗习惯、侵犯群众利益的现象时有发生"③，有时两个或几个人的打架斗殴，甚而变为整个生产队与村寨之间的群殴和冲突。

在国营企业内部，国家的一切政策和运动在农场都被严格地执行，1967 年西双版纳各总场"相继成立'造反'组织"；1968 年 3 月，"各总场、农场相继被'造反派'夺权，后经'大联合'成立'革命委员会'"；1968 年 6 月"各场先后开展'清理阶级队伍'派性斗争"；1968 年 12 月，西双版纳农垦"清理自流到场的湘籍人员"，④湖南移民群体相互之间也有一些"斗争"⑤，湖南移民群体的分化也悄然开始。

1970 年 3 月，根据"中央军委批准组建云南生产建设兵团和昆明军区党委的批复"，云南农垦组建为中国人民解放军云南生产建设兵团，"原省农垦局所

---

① 《中国农业全书·云南卷》编辑委员会编：《中国农业全书·云南卷》，中国农业出版社 2001 年版，第 259 页。

② 《西双版纳农垦志》，西双版纳州农垦分局 1999 年编印，第 364 页。

③ 云南省农垦总局编撰：《云南省志·农垦志》，云南人民出版社 1998 年版，第 427 页。

④ 《西双版纳农垦志》，西双版纳州农垦分局 1999 年编印，第 14 页。

⑤ 据笔者 2005 年 1—3 月田野调查。

属地（州）农垦局及国营农场组建成 4 个师、18 个团和 5 个独立团"。①西双版纳垦区组建为云南生产建设兵团一师，这一建制一直延续到 1974 年 10 月。兵团建制在一定程度上稳定了局势，并使农场的物质条件得到发展，"1970 年组建云南生产建设兵团……不久一师党委决定自办商业，经与地方协商，原有代销商店归口管理……从此农垦有了自办商业"；②"1971 年，一师所属各团保卫股派专人管理户口，从此，国营农场的户口纳入城镇户口管理范畴……"；③"1970 年组建兵团后，农机迅速增加，1974 年大中型拖拉机增至 732 台，手扶拖拉机增至 605 台，驾驶员不够，各场就委任第一代技术骨干中的老驾驶员充任教练，自己办培训班，或采用传、帮、带的办法，一个师傅带几个徒弟，边学边干"④；"兵团一师时期，上海和云南曾一度协议将上海静安医院迁至景洪，作为农垦职工医院。……后静安医院未能迁来，改由援助医疗设备、帮助培训医务人员，协助一师建院。……1975 年 4 月州农垦分局医院正式开诊"⑤……，这些变化在客观上进一步改善了湖南移民的生存条件。

兵团建制时期的另一个重要变化是知识青年大批到来，现役军人进入农场，他们对当时居住在农场的湖南移民产生了不小的影响。1968—1971 年间共有知青 106 561 人来到云南，他们中的多数也是到国营农场，即当时的生产建设兵团。⑥西双版纳各农场，在 1966 年以前就有几批数量不多的知识青年到来，1966 年以后，知识青年到农场的数量激增，"1968 年 2 月，……北京 55 名'老三届'知青自发组织并经周总理批准来到东风农场"；"同年 12 月首批上海知青到达勐腊总场。至 1972 年，垦区先后安置了京、沪、昆、渝四市知青 10 余批，总计 52 941 人，其中北京 3051 人；上海 30 245 人；昆明 4097 人；重庆 15 548 人。另有其他城市的知青 353 人。使知青占职工总数的比例达 56%"。⑦在兵团

---

① 云南省农垦总局编撰：《云南省志·农垦志》，云南人民出版社 1998 年版，第 290 页。

② 《西双版纳农垦志》，西双版纳州农垦分局 1999 年编印，第 183 页。

③ 《西双版纳农垦志》，西双版纳州农垦分局 1999 年编印，第 356 页。

④ 《西双版纳农垦志》，西双版纳州农垦分局 1999 年编印，第 175 页。

⑤ 《西双版纳农垦志》，西双版纳州农垦分局 1999 年编印，第 336 页。

⑥ 云南省计划生育委员会、云南省统计局编撰：《云南省志·人口志》，云南人民出版社 1998 年版，第 88 页。

⑦ 《西双版纳农垦志》，西双版纳州农垦分局 1999 年编印，第 52 页。

时期，"师、团、营、连四级正职干部均由现役军人担任"[①]。

2. 移民社区变动与文化变迁

（1）农场的发展，体制的变迁，运动的开展，人员不断变动，打破了湖南人集中居住的社区格局。

首先，知识青年和现役军人的迁入，直接改变了湖南人集中居住的局面。兵团时期国营农场人口剧烈增长，西双版纳农垦职工的数量"1974年达最大峰，有90 419人"[②]。20世纪70年代以前，湖南支边青壮年是农垦系统移民数量和规模最大的一次，加上为了安定这批移民而采取的"不与老队混编"的做法，使得一个个湖南移民聚居社区形成。兵团时期，湖南移民已经适应了在农场的生产生活，与来自其他地方的农场职工相互熟悉，隔阂已大大减弱，这个时候他们以"老工人"的角色，迎接新移民的到来。比湖南移民数量更多的知识青年来到农场，直接打破了湖南籍工人集中居住在某一生产队的局面。

其次，现役军人和知识青年大批到来，推动了农场各项事业发展，人力的增加使得"垦区植胶空间在这一时期得到了较大的拓展，新的营、连陆续建立，至1976年，全垦区8个农场总人口14.12万人，职工8.86万人，植胶30.27万亩，664.75万株，其中16.01万亩开割，1976年总产干胶3539.97吨"[③]。今天全国橡胶面积最大的橡胶农场——勐捧农场，在总场时期只是隶属于勐腊总场的一个小场，兵团时期勐腊总场更名为云南生产建设兵团第一师第六团，原勐捧农场为第六营。1974年，六团六营与兵团时期新建的八营、九营、十营、十一营、二十营、二十三营、二十五营组建为十九团，兵团建制撤销后十九团更名为国营勐捧农场，[④]鉴于这一时期在勐捧农场发展过程中的重要地位，该场的志书也将其正式形成的时间定为经兵团时期拓展后的1974年。

植胶空间拓展，新的垦殖点建立，必然需要人力补充。此时，早期创建的各农场已经粗具规模，景洪县各农场的部分人员被抽调支援建设勐腊县各农场，1970年底新建的几个营中，八营（后为勐捧农场二分场）、九营（后为勐捧农场三分场）是由一团（今景洪农场）抽调人员组建的，十营（后为勐捧农场四分

---

① 《西双版纳农垦志》，西双版纳州农垦分局1999年编印，第254页。

② 《西双版纳农垦志》，西双版纳州农垦分局1999年编印，第53页。

③ 《西双版纳农垦志》，西双版纳州农垦分局1999年编印，第100页。

④ 参见《国营勐捧农场志（一九七四——一九九七）》，国营勐捧农场2000年编印，第51页；《西双版纳农垦志》，西双版纳州农垦分局1999年编印，第49页。

场）、二十营（后为勐捧农场五分场）则由二团（今东风农场）组建。[1]被抽调的工人以湖南移民为主体，他们又经历了一次跨县迁移。例如，在天河农场受批斗的 A 这时便选择带领全家离开；前文提及的离职后又返回南联山农场投靠亲戚的汤氏父母，为了谋求新的发展也随亲戚选择了迁移，两家人都迁到了后来的勐捧农场三分场。[2]勐腊县各农场建立的比较晚，支边人员分配并不是很多，勐捧农场 1959 年 9 月刚创建，最初没有分配醴陵移民，1960 年的祁东移民仅有514 人分配至此。[3]这个时候从景洪县调入的湖南移民属于二次迁移，脱离了湖南移民圈，面临着新的生存环境，必须作出相应的改变。湖南移民在各农场之间的流动从不间断，如 1984 年，黎明农场四分场又抽调了 37 名湖南工人组建勐捧农场八分场七队。[4]国营农场作为移民社会，人口总是处在持续变动之中，这种变动将湖南移民的社区不断分割。

（2）人口的变动在打破和分割原来湖南移民社区的同时，也为移民社区注入了新的文化，进一步改变了湖南移民群体。

人创造文化，文化又涵养着人，人是文化的载体。尽管知识青年后来大都离开了西双版纳，但这些来源、经历都不同的人们来到国营农场，在当时确实改变了农垦体制内的"湖南风"，引起了移民文化的变迁。知识青年来自经济发达的城市，他们所接受的教育、生长的环境以及部分人有过的"打砸抢"造反经历使他们的行事作风与湖南移民有很大不同。在湖南移民眼中"知青胆子大"，并不那么安分守己，敢于破坏规则，"知青城里来的，胆子大些，敢搞！把上山的树砍了做木工"；[5]"1973 年 4 月 1 日，二团六营知青打群架，31 人中打死 3 人，重伤 2 人，轻伤 6 人"。[6]但群殴仅限于"知青打知青"，知青与吃苦耐劳、较为朴实的湖南移民之间并没有什么激烈冲突；另一方面，知识青年带来的各种新

---

① 《金凤起舞——纪念勐捧农场建场三十周年文集（1974~2004）》，勐捧农场2005 年编印，第 1 页。

② 据笔者 2005 年 1—3 月田野调查。

③ 参见《湖南支边青壮年人数分场统计表》，云南省档案馆藏，档案号：125-2-0707。

④ 参见《云南农垦》1990 年专刊，第 49-50 页。

⑤ 《西双版纳湖南人访谈录》（2005 年 1—3 月），笔者调查笔记打印稿，Record 02。

⑥ 《西双版纳农垦志》，西双版纳州农垦分局 1999 年编印，第 16 页。

鲜事物，先进观念，还吸引着许多"老工人子女"。

"支边"青壮年在湖南生长了二十年，在迁入西双版纳后的十年中又是农垦体制中的绝对多数，知识青年在农场的几年虽然也对他们造成了一定的影响，但还远不能改变他们身上牢固的湖南文化特征。支边青年的后代则不同，他们大部分在农场生、农场长，少部分也是在三四岁时就随父母到了西双版纳，几乎没有受到湖南社会文化的直接影响。他们熟悉的是西双版纳的自然环境和农场的生产生活，在父母忙于劳动生产时，上山背柴、采野菜、挖山药；在"备战、备荒、为人民"、"深挖洞，广积粮"为指导的年代，"要准备打仗"的他们又学会了识别山上的草药；他们还从技术工人那里学会做木工、夯土基……农场和地方本来互不统属，农垦自办学校，职工子弟与场外同龄人接触不多，加上交通不便，人们被局限于所属的农场内。所以，尽管对农场的一切十分熟悉，湖南青少年对外界的认识却很贫乏。

知青来到农场后，首先是解决了农垦教育的师资问题，除了小学的办学水平大大提高外，"中等教育发展很快。至 1974 年基本上营有初中，团有高中。共有初中 57 所，教学班 130 个，学生 7600 人，……1972 年开始创办高中班……至 1974 年，全垦区共有高中班 9 个，在校生 265 人。至 1977 年，垦区完备的基础教育体系基本形成，职工子女从托儿所一直到高中，就学问题已能在系统内解决"。①其次，知青的重要性不仅在于推动了农场各项事业的发展，使得移民的生存环境大为改观；更在于他们是农场封闭的环境中，青少年接触外界文化与观念的唯一鲜活窗口。黎明农工商联合公司宣传科的段某谈起对知青的印象时说"知青带来很多东西，这里的人嘛……，像我们这些老工人子女，在这种地方，又封闭，见不到什么世面，憨不噜粗粗的，也认不得打架闹事，没有什么文艺活动，他们一来就跟着到处混，学处朋友，在外面玩，搞人际关系"，"原来这里老山沟沟，见识不方便，到一趟勐遮都不得了"。②少年们不仅从知识青年那里学到丰富的知识，还跟随他们悄悄传看《一双绣花鞋》《梅花档案》等手抄本"禁书"，学习各种乐器，甚至模仿他们的发型装扮，行为作风……各种看来十分新奇的事物潜移默化地影响着湖南青少年，在一定程度上满足了他们对知识的

① 《西双版纳农垦志》，西双版纳州农垦分局 1999 年编印，第 296 页。
② 《西双版纳湖南人访谈录》（2005 年 1 — 3 月），笔者调查笔记打印稿，Record 26、Record 27。

追求，拓宽了他们的视野。几乎再没有人愿意跟随负责婚丧嫁娶的小乐队学习演奏传统乐器，做"接班人"，大人们因此"急得跳起来！'你们这些鬼崽崽不学，以后我们死了没人给我们吹'"，这些少年追求着他们心目中的"时尚"，而与他们父辈身上的湖南传统渐行渐远。

不同来源的移民在相同的地域范围内生活，他们相互影响，互相改变着对方。关于不同群体的交往与融合，在后文"地缘社会的形成"中还将会详细论述。

20 世纪 60 年代末以后，知青和现役军人大批进入西双版纳各农场，湖南移民因各种原因不断的调动，使得一个个湖南人居住的社区和湖南移民圈逐渐被打破，面对不同的生活环境和需求，西双版纳湖南人发生了不同的改变，开始出现了不同的特征。又因为农场和地方互不统属和相互隔绝的关系，西双版纳湖南人受当地人的影响不大，更多的是受到农场移民文化的影响。

3. 农垦体制与农场人的形成

在长期较为封闭的农垦体制下，为适应不断变化的农垦与移民文化环境，西双版纳的湖南籍人口越来越多地与来自其他地方的农垦移民相互融合，成为带有自身特点的"农场人"群体。

（1）"农场人"的形成与农垦体制密切相关。

作为当地较独立的生产与生活单元，农垦与地方互不统属，在高度集中统一的管理体制下，农场的生产、交换、流通和分配，都是由国家包揽下来：生产过程中，工人们都是在"集体化"的劳动组织里，执行农场统一的生产计划，统一的出勤天数，统一的开工时间，统一的作业任务；交换过程中，实行的是产品统一上交，资金统一拨放，物资统一分配，工人完全不进入交换和流通领域；分配实行的是八等级工资制，职工经济收入差别不大。

为了发展橡胶，农场接收了大量人口，而当时的西双版纳还没有与这么多人口相适应的社会设施，为了保证劳动力的生活和生产，国营农场"自办社会"，建立起了从教育、卫生、商业、娱乐到与橡胶生产和工业相关的各种设施，自成体系，百业俱全，农场、分场有自己的学校、卫生所、医院、基建队伍、运输单位……作为农场最基本组织的生产队，同时又是行政单位和社会生活基本单位。国营农场长期"包下来"了职工子女的就业，在农垦内部安排工作，"80 年代以后，招工主要为内招，老职工子女逐渐成为第三代农垦职工的主体"；"1982

年以后，垦区新职工的主要来源为老职工子女"。①老年人退休后，休闲的时间增多，但是他们的生活与交往仍然没有超出农场的范围，"1987年，在勐醒农场首先成立了退休职工管理委员会（简称'退管会'），在生产队成立退管小组，把全场500余位退离休职工组织起来，开展有益的活动"；1988年10月29日"分局老年体育协会成立"。②因为远离市镇，农场职工除从事橡胶生产外，还种植蔬菜瓜果发展副业；一些自流人口走队窜场做生意，卖肉卖菜卖冰棍，卖爆米花，收酒瓶废塑料……农场职工足不出户也能生活。可以说，农场职工和职工子女无论在生活和生产上，从生到死都不需要和外界发生太多的联系，在这种较为封闭的农垦体制下，国营农场作为汉族聚居的社区，内部整合显得比较容易。

（2）"农场人"与其他人群的差异。

在农垦与地方互不统属的模式下，一方面是体制内的农垦移民内部整合比较快，另一方面是农场职工与体制外的当地人或者其他移民的差异却延续下来。在从事的生计方面，特别在民营橡胶很少的20世纪80年代以前，农垦职工与当地人在职业上有着很大的不同；农场职工多是来自省内其他地州或外省的汉族人口，与当地民族在风俗习惯、社会观念等方面各有所向，他们称当地民族为"阿尼族""老傣族"，实际上包含了对自己生活方式的认同。

二十世纪八九十年代以前，国营企业还是大部分人心中较为理想的"单位"，只要是国营农场的固定职工，无论从事的职业辛苦与否，他们和后代的生存是有保障的，不至于生活无着，还可以享受到农机、水利、水电、医疗、气象、广播等设备和技术带来的便利。橡胶作为战略物资的地位与西双版纳垦区在生产橡胶方面的优势和业绩，使得版纳国营农场职工的收入稳定且颇丰。农垦扶持地方经济，"80年代末至90年代前期，农垦系统的工农业总产值和上交地方的税费，在全州工农业总产值和财政收入中所占的份额，均为40%左右"；③1982年，"分局拨款20万元，援建景洪工人文化宫"；④"1985年冬，州政府召开扶贫工作会议之后，垦区共选定扶贫点22个。……在增强贫困山区造血功

① 《西双版纳农垦志》，西双版纳州农垦分局1999年编印，第52、53页。
② 《西双版纳农垦志》，西双版纳州农垦分局1999年编印，第360、361页。
③ 《西双版纳农垦志》，西双版纳州农垦分局1999年编印，第1页。
④ 《西双版纳农垦志》，西双版纳州农垦分局1999年编印，第21页。

能的过程中，农场给予了必要的经济扶持，将'三通一建'（即通路、通水、通电，建学校）作为必要的基础工程，优先扶持"；[①]1988 年 3 月 13 日，"分局与州乡镇企业局签订合同，由农垦分局向州乡镇企业局提供扶持民营橡胶发展的贷款和贴息贷款"，[②]经济生活的保障和优势，无形中增加了"农场人"的心理优越感和集体认同。

封闭的体制和一度的优越感使"农场人"带有了某些特征。国营企业的性质要求职工讲组织讲纪律，不像农民那样自由散漫，也不像自流人口那样较少受到框框条条的限制，而是必须按时上下班，照章办事，国家政策要严格的执行，企业制度要严格的遵守，不然就可能失去工人的资格或是面临降低生活水平的危险，而那种"老百姓"和"老工人"的划分，实际上就是国营农垦体制与农村集体所有制的划分。国营企业的管理体制和经济保障，是"老工人"群体的特征和存在的基础之一，随着新职工的不断加入，"老工人"群体也不断扩大，不再单指湖南支边青壮年，"老工人"即是"农场人"的前身。"农场人"的概念不同于"汉族"和"老傣族""阿尼族"的民族划分，也不同于湖南人、四川人等在来源上的划分，而是指仅限于农场正式职工及职工子女的社会群体，因为只有他们才受到农场这种企业文化的影响。20 世纪 80 年代自流向西双版纳的湖南人有的成为农场临时工，大部分则没有获得农场的工作，他们的生活经历就与农场职工不同。相对于有固定收入的农场职工来说，他们的经济地位比较低，从事的职业往往是劳动强度比较大，当地人和农场职工不愿意从事的职业，这些来自湖南或其他地方没有固定工作的自流人员被农场人称为"黑包工"，指他们无粮无户，从事比较脏和累的职业，"老工人"的称呼透露出"农场人"的优越感，也反映出湖南籍农场人与农垦系统外的湖南籍人口的区别。

（3）湖南籍农场人。

20 世纪 60 年代的支边移民对故土有着强烈的情感，总是希望叶落归根，退休后回家乡安度晚年，甚至为此在回乡探亲时，就为子女物色对象，将女儿嫁回湖南，以期将来有所依靠。但是经过几十年在农场的生活与工作后，他们适应了周围的环境，最终与其他农场职工融合成了农场人，退休后大多年老体衰，子女也都在西双版纳，返回故乡的心情已淡漠；少部分老家亲戚比较多，对故土牵挂

---

① 《西双版纳农垦志》，西双版纳州农垦分局 1999 年编印，第 367 页。

② 《西双版纳农垦志》，西双版纳州农垦分局 1999 年编印，第 27 页。

比较深的，回湖南后发现各方面都不适应。因为多年生活的隔离，亲戚朋友都比较疏远了，认识的人也少了，气候也不适应了，自己虽然乡音未改，但人事全非，常常陷入"笑问客从何处来"的尴尬境地。因此，一些人又重返西双版纳，最终选择了有亲人、朋友、同事的农场作为其归宿。云南"气候好"，湖南"老的死了，小的不认得了"，"屋里（指湖南）没哪个了"，[①]当年的湖南支边青壮年都已经成为了西双版纳的农场人，他们的身心熟悉的是农场的自然和人际环境。

支边青壮年的子女，在西双版纳出生，在国营农场长大，接触的是来自其他地方的职工子女，与他们有许多共同的经历：父母都是农场职工，生活的技能、所受的教育、所接触的事物、所受到的影响几乎都在农垦内部完成。到了工作年龄后，又由农场分工参加劳动成为农场职工，同事就是过去的同学，工作的环境就是自己一直生活、学习的环境。由于几乎没有受到湖南文化的影响，加之封闭的农场生活，他们比他们的父母更具有"农场人"的特点。

湖南移民向农场人的变迁还从他们的婚姻上反映出来。例如笔者调查的一个支边移民家庭中，A先生是当年的支边人员，有子女6人（分别为B1、B2、B3、B4、B5、B6），其中20世纪80年代前结婚的B1、B2、B3、B4，对象都是湖南人。尽管A的妻子杨氏表示子女的婚姻他们并没有干涉，但这一现象至少从一个侧面证明了20世纪80年代以前湖南人作为一个紧密群体存在的事实。黎明农工商联合公司橡胶分公司的李某说"几个娃娃都是和当地我们一起来的人交朋友"，他认为"找其他人搞得不好甩你嘞"；"找个湖南人，不管怎么说，说话办事方便点"。[②]再来看20世纪90年代B5、B6的婚姻，B5的妻子是云南籍农场职工的后代，B6的丈夫则是农场的傣族职工。他们过去是同学或校友，工作后又在同一系统，这就是"农场人"的结合。实际上在湖南支边青壮年的后代中，年长的几个配偶是湖南人，年幼的几个配偶为云南人；或前妻（夫）是湖南人，再婚找云南人的情况很多。[③]

总之，在这一时期，第一代湖南移民身上的移出地特征越来越少，移民后代

---

① 据笔者2005年1—3月田野调查。

② 《西双版纳湖南人访谈录》（2005年1—3月），笔者调查笔记打印稿，Record 32。

③ 据笔者2005年1—3月田野调查。

在农垦体制内成长，"湖南人"逐渐成为了"农场人"。

（四）"农场人"的变迁（1990—2010 年）

"农场人"仅仅是湖南移民及其后代变迁过程中的一个阶段，时代在进步，体制在发展，时代体制中的人也在不断变化。

1. 企业改革——农垦体制的打破

国营农场自成一体、高度集中的行政管理体系，以及与地方互不统属的封闭体制，在一定历史时期内对农场的巩固和发展发挥过作用，是独特的"农场人"群体形成的不可或缺的因素。但农场作为农业企业，还要发展社会事业，建设公共设施，维护社会治安，实际上承担了政府的职能，到 20 世纪 80 年代，这种以企代政、政企结合的体制，弊端日益突出。"西双版纳农垦分局 1988 年盈利3146 万元，扣除交地方 7% 利润留成 214 万元，交总局财政 1955 万元，交能源交通基金 107 万元，交地方建筑税 33.7 万元，交教育附加费 250 万元，还贷款338.9 万元，剩余 497.5 万元，仅占 15.8%"。[①]农场作为法人，有纳税的义务，但享受不到税收返还、财政补贴，不仅要为"大社会"交纳税金，上缴利润，而且还要为农场内部的"小社会"承担政策性支出，要自养离退休职工、自办教育、自修公路、自建房屋等，这就是"企业办社会"，即农场负责办理包括文教、卫生、政法、民兵、对外交通等本应由地方政府办理的事务，其费用"除国家给予少量的文教补贴、政法人员经费、老残干部安置和边防执勤费四项外，均由农场负担"[②]。

1986 年，国家农牧渔业部发布了《关于农垦经济体制改革问题的报告》，[③]开始改革农垦经济管理体制，改革根本方向是政企分开，简政放权，"改革的重点，一是改革企业内部的经营管理，调动农垦职工的生产积极性，提高劳动生产率；二是处理好农垦企业同当地群众利益的关系"[④]。

---

① 吕清：《云南农垦的危困及出路》，《中国农垦》1990 年第 6 期。

② 《农垦工作三十二年的基本经验（未定稿）》，载农垦部政策研究室等编《农垦工作文件资料选编》，农业出版社 1983 年版，第 1342 页。

③ 《中共中央、国务院批转农牧渔业部〈关于农垦经济体制改革问题的报告〉的通知》，载《农垦工作文件资料选编（1983 ~ 1990 年）》，中华人民共和国农业部农垦司、中国农垦经济研究与技术开发中心 1991 年编印，第 290 页。

④ 本刊评论员：《农垦经济管理体制改革的两个重点》，《中国农垦》1985 年第11 期。

　　国营农场的经济体制改革弱化行政职能，强化企业经营，使得"统一、集体"的传统农垦体制被打破，与市场的联系加强，农场职工的经济状况产生差异。20世纪90年代以前，橡胶属国家统购统销物资，营销方式以交售为主，由省局供应站按照国家计划调拨销售。1990年至1993年，统一交售制演变为联销与自销相结合的体制，自销比例逐渐加大。[①] 1994年，云南省政府批准农垦总局转为经济实体；[②] "1996年2月，省政府批准组建云南农垦集团，成立云南农垦集团有限责任公司。集团内部实行母子公司制，建立以资产联结为主要纽带的母子公司体制。原6个分局改制为分公司，作为集团公司的分支机构，代表集团公司履行委托范围内的国有资产经营管理职责和社会性、政策性工作"[③]。农垦与市场日益结合紧密。

　　随着企业自主权的扩大，各农场因具体情况存在差异，发展路子开始有所不同，分别建立了橡胶制品、食品、电力、建材、医药等第二产业和商贸、物资供销、旅游服务业等第三产业；农场"定包奖"生产岗位责任制逐渐建立，广泛推行家庭农场；车队、食堂等实现承包，"农场人"在职业上出现了差别。"大锅饭"的打破，使原来农场职工经济状况差别不大的情况改变，过去生活和收入稳定的状况不复存在，农场人存在的经济基础遭到破坏。劳动力的饱和以及各种负担，使得农场再无法安排大量职工子女就业，至1993年，西双版纳农垦系统"总人口达14.23万人，占全州人口总数的18.1%；职工7.42万人，占全州职工总数的60.2%，占云南农垦职工总数的52.3%"[④]。国营农场拥有的劳动力大大超过了农场生产的需要，同时，这种增加职工的方式也"不利于农林牧渔场经济的繁荣和职工素质的提高，也不符合劳动制度改革的精神"[⑤]。因此，自1993年起，农场子弟不再分配工作，农场职工的后代必须向农垦体制外寻求新的出路。地方

---

①　《西双版纳农垦志》，西双版纳州农垦分局1999年编印，第123页。

②　《云南省人民政府关于省农垦总局转为经济实体的批复》，载《农垦工作文件资料选编（1991～1995年）》，中华人民共和国农业部农垦局1997年编印，第417页。

③　《中国农业全书·云南卷》编辑委员会编：《中国农业全书·云南卷》，中国农业出版社2001年版，第269页。

④　《西双版纳农垦志》，西双版纳州农垦分局1999年编印，第1页

⑤　《劳动部、农业部关于印发〈农林牧渔场劳动计划体制改革座谈会纪要〉的通知》，载《农垦工作文件资料选编（1991～1995年）》，中华人民共和国农业部农垦局1997年编印，第65页。

的各种社会机构逐渐建立起来，且比政企合一的农垦更为灵活、专一，因此发展很快，农垦机构精简，教育、卫生等部门逐渐归并地方，这是企业发展的必然，并反过来促进农场人与当地人的交往和融合。

封闭体制的打破，使得农场与农场之间、农场内部职工间的同一性减少，"农场人"存在的体制和经济基础在很大程度上不复存在。

2. 市场经济与"农场人"的变迁

经济交往始终是影响移民变迁的重要原因，农垦体制对"农场人"形成和存在的作用就在于它使得这个体制中的人在经济管理和生产生活方面保持着相对独立的，与体制之外不同的特点。经济交往同时是移民与当地民族之间联系的重要途径，这种交往和联系的多少造成不同群体相互间融合程度的不同；经济的发展也使得不同群体间的关系发生变化，进而影响着移民的变化方向和途径。

经济因素在湖南移民定居西双版纳并转变为农场人的过程中起过重要作用，促使移民与当地人交往的最早动因就是经济生活的需要。李某和那些走村串寨卖东西的人，过去一般经历丰富、思想开放、适应性强，移民的变迁往往最早从他们身上反映出来。即使在特殊时期，农场工人与当地村民之间的经济往来也没有完全中断。随着农场有意识地改善比较紧张的场群关系，通过"林业三定"划出有争议的用地并大力扶持民营橡胶，农场人与当地人的交往处在复苏当中。在扶持民营橡胶的过程中，农场派到村寨的技术员首先和当地民族接触，他们互相接受对方的文化，有的技术员被留在地方工作，分离了农场人这个群体。"农场人"因为环境关系和经济交往的需要，在行为细节上也多少与当地人有相似之处。20 世纪 80 年代后，我国经济体制的变革也不可避免地对包括湖南籍人口在内的"农场人"产生影响。

对于西双版纳的农场人来说，他们的命运是和橡胶紧密联系在一起的，"改革开放前的 28 年，农垦管理机构的设置和国营农场的布点建设主要围绕发展天然橡胶进行。多年来，垦区产业结构单一，以橡胶为主的种植业生产人员占 80% 左右，工副业、运输业、建筑业占 5% 左右，商业服务和其他行业不足10%"[1]。20 世纪 90 年代后，农场扩大橡胶种植的土地余地已不多，1996 年，

---

① 《中国农业全书·云南卷》编辑委员会编：《中国农业全书·云南卷》，中国农业出版社 2001 年版，第 267 页。

云南省"橡胶种植面积已达 15.63 万公顷，占橡胶宜林地面积的 89.2%"①。这一时期，农场早期的胶树也开始老化，面临更新，"八五"期间，云南农垦"二十多万亩老胶园需要更新改造"。橡胶与生态平衡问题自 20 世纪 80 年代初被提出后，就处于不断的争论之中，20 世纪 90 年代，政府部门提出"在现有胶园的荒地上补植补造是可以的，但总的说不宜再扩大"，"所以橡胶种植面积就是 200 万亩，不再发展"。②

有限的资源加上激烈的市场竞争促使农场做出相应变动，各种改革开始实施。农场产品统一收购的制度不复存在，因自销产品与市场的联系加强，1990 年，"景洪、东风、勐捧、勐满、勐腊、勐醒、橄榄坝、大渡岗、黎明等场 30 余人前往天津参加第九届全国农垦产品订货会"。1991 年泼水节期间，西双版纳农垦在景洪北路布置"农垦一条街"，参与傣历年展销活动，"签订 1400 余万元的销售合同，现金销售收入 35 万余元"。此后，农场还参与了 1992、1993 年自治州举办的傣历年和建州 30 年展销会。③食堂、招待所、车队等由对内服务转为对外经营，并兴建新的旅游服务等第三产业，与地方开展横向经济联合，在市镇集资建商铺等，与外界的接触增多，"1991 年 2 月，分局招待所与商业公司合并，成立分局商业服务公司"；"1993 年 1 月，勐养水泥厂实行风险抵押承包。2 月，分局商业公司实行国有私营，职工租赁柜台自主经营。4 月，分局招待所划归绿桥旅游开发公司，进行改造装修，更名为'绿桥饭店'。4 月，勐醒农场投资修建的'翠屏峰热带雨林公园'正式对游人开放。5 月，橄榄坝农场将 12 辆东风牌货车按净值有偿转让给职工个人经营。……12 月 18 日，橄榄坝农场职工丁镇文等人自筹资金兴办的旅游景点'勐巴拉纳西王国园林'，建成开放"。④西双版纳各地都有农场集资兴建的酒店、商铺等。市场经济的发展和企业自主权的扩大，使不同的农场在经营管理上出现了差别，加之它们各自所处的自然环境也存在差异，在不同农场生活的人之间共同特征减少，而与当地人群更

---

① 《中国农业全书·云南卷》编辑委员会编：《中国农业全书·云南卷》，中国农业出版社 2001 年版，第 149 页。

② 《云南省保永康副省长听取省农垦总局领导同志工作汇报后的谈话（摘要）》，载《农垦工作文件资料选编（1991～1995 年）》，中华人民共和国农业部农垦局 1997 年编印，第 144 页。

③ 《西双版纳农垦志》，西双版纳州农垦分局 1999 年编印，第 28-30 页。

④ 《西双版纳农垦志》，西双版纳州农垦分局 1999 年编印，第 32-33 页。

多的趋向相一致。

随着农场和地方经济联系的加强，职工从事的职业渐渐脱离以橡胶为中心的局面，谋生出路开始多元化，单个家庭之间的差别加大。一方面是生产岗位责任制、家庭农场、承包的实行，使一部分职工"先富起来"，经济收入提高。食堂、车队因承包由对内服务型向对外经营型转变，承包者在不断适应外界需求的过程中变化剧烈。另一方面，大部分农垦职工的收入不再像过去那样稳定。为了减轻负担，不但农场子女不再分配工作，职工也开始下岗，在岗职工岗位面积增加，实际上减少了收入。在求生存的过程中，"农场人"之间的竞争开始加大，过去由于农场职工集中居住的特点和经济交往的需要，在一些农场、分场或生产队与村寨交叉的地方，往往形成了一些习惯的集市，人们逐渐在这些地方建房开铺，随着农场体制改革和市场经济发展，人们开始在这些地方争夺地盘，黎明橡胶分公司所在地勐板，道路两旁已经全是商铺，现在想建房是"有钱没地点，地都被别人占光了"[1]。农场子女失去了就业保障，"就是不分工，娃娃冒（没）的吃"[2]成为农场职工的忧心事。"农场人"经济优越性的丧失，内部贫富分化的加大对他们产生了很大影响，动摇了"农场人"存在的经济基础。

市场经济不仅使"农场人"内部出现了分化，也使"农场人"对外的经济地位发生变化。对于收入低微的临时工和没有固定职业、生活无着落的自流人员来说，为了生活，他们经营种菜、贩猪，回收酒瓶、废塑料，卖冰棍、爆米花等小买卖，从事的劳动强度比较大，生计不太体面。20世纪90年代以前，这些人被农场人称为"黑包工"，这个称呼透露着有固定收入的农场职工在经济地位上的优越感。封闭体制和国营农场的性质使"农场人"讲求组织纪律；而"黑包工"则较少受到框框条条的限制，为了解决生活来源他们的思想也往往比较灵活，对于做生意有自己独到的经验和见解。生意人必须得把当地的生产情形，社会状况，以及货品的需求数量弄清楚之后，才能营生求利，因此早期做生意的"黑包工"实际上就是"边疆经济通"。虽然他们的知识是零散的，没有系统的，但因为他们是实际的商人，他们从实际经验之中获得的关于当地经济、商业的知识和

---

① 《西双版纳湖南人访谈录》（2005年1—3月），笔者调查笔记打印稿，Record 30。

② 《西双版纳湖南人访谈录》（2005年1—3月），笔者调查笔记打印稿，Record 33。

建立的人事关系，不仅对他们的生存极为重要，也加速了他们与当地融合的过程。随着商品经济的不断发展，他们逐渐积累了财富，为求生存而到西双版纳的他们，又对故土的情感较浅，致富后就愿意在当地安家，于是开始在城镇集市开铺，离开了农场这个生活圈成为当地的新成员。国营企业体制庞大，改革中往往面临许多曲折，地方企业比较灵活，负担少，自营橡胶收入高。因此，地方经济发展，"老百姓"经济生活不断改善，西双版纳居民年均收入与农场人均收入的差距逐年缩小，并超过农场职工的收入[①]。相对于农场职工经济地位的降低，"黑包工"和"老百姓"的经济地位则不断上升，自我意识增强，强烈的反差使得农场人的改变日益剧烈。

总之，湖南人与农场职工融合为"农场人"群体后，因各地环境迥异，农场不断变迁和新的生存发展问题出现，他们为适应新变化，做出了相应改变。

3．群体变迁中的个体差异

湖南移民最初的迁移靠得是政治力量、各种行政手段和农垦体制，这些在一定程度上为他们的定居创造了条件，但湖南移民的生存适应及发展不是凭国家的帮忙。移民要在当地社会定居就要依赖当地社会，也就必须和当地社会融合，适应新环境并与当地人不断融合的过程是漫长的，其间移民个体的变化不尽相同。影响移民变化程度的因素是多方面的，既有他们在移出地的职业和社会根源，也有他们移入时间的长短，更有移入地经济、文化、社会差异等诸多因素，还有移民和移民后裔的区别。

就移出地的影响来说，进入西双版纳的第一代移民都有自己的政治、文化、经济背景，在故乡就分属于不同的社会群体，他们的思想观念、生活方式等各方面都被打上了深深的烙印。老家经济条件的优劣是早期湖南支边青壮年实现定居与否，或者是否返籍的重要原因。移民在移出地的种种经历不仅影响着他们的适应状况，也使他们在移入地的发展和变迁产生差异。

进入西双版纳后，湖南移民脱离了原来的社会和群体，移入地的各种因素对他们变迁的作用加大。早期，这些移民大多数都因相同的原因迁徙，在农场处于基本同等的地位，都是开发边疆的普通劳动者，此时他们之间的差异比较小。

---

① 西双版纳傣族自治州地方志编纂委员会编：《西双版纳傣族自治州志（中册）》，新华出版社 2002 年版，第 16 页；《西双版纳农垦志》，西双版纳州农垦分局 1999 年编印，第 198 页。

然而在定居云南本土化的过程中，他们因为移入的地区不同，受到的各种影响不同，进而产生了差异。例如知青大批返城后，单靠零散的自流人员无法填补农场劳动力空缺，在补充劳动力问题上各农场采取了不同的措施。勐海县黎明农工商联合公司不单经营橡胶，橡胶生产只是集中在几个分场，过去的职工主要是湖南和墨江籍的，补充的职工也主要是湖南的自流人员和墨江、镇沅的农村青年；景洪县各橡胶农场开发比较早，扩大种植橡胶的土地较少，县境内傣族有自己比较肥沃的农田，生活有保障，还有自己的生活方式与文化体系，不愿意成为农场职工，因而景洪县各农场补充的人员也主要是云南腹里地区的农村人口；勐腊县的坝子较景洪、勐海少，农场场区主要在山区，山区的哈尼族、克木人长期以来生产力低下，生活水平不高，农场对他们有比较大的吸引力，这一时期，勐捧农场除了招收内地农村青年外，还将周边的十来个村寨"并寨入场"，村民被招收为职工。在黎明农工商联合公司，湖南移民直到现在还比较集中居住在橡胶分公司所在地，勐板的小街上几乎都是湖南人开的铺子；景洪农场的湖南人所受到的文化影响和冲击来自汉族；而在勐捧农场，本来湖南籍人口就相对较少，"并寨入场"后，少数民族入场，和农场职工一同生活，其他来源的职工也有很多补充进来，各种各样的文化人群使得这里的湖南人变化巨大。[①]

同时，移民对移入地不同群体的影响也不同，湖南人或农场人与西双版纳傣族或其他山区民族间的相互作用和影响是不一样的。在各自的历史发展过程中，傣族和其他山区民族形成了不同的性格特征，"摆人居住坝子，天惠较丰，刻苦耐劳之精神自较低落，× 若山头居民，尤其阿卡（今西双版纳哈尼族）人民，因山地瘠苦，耕种田亩，常在距村三四十里之外，每日朝出晚归，习以为常，阿卡妇女更为勤劳，於山上操作之时，背负重篮，胸拥婴孩，手搓棉线，一人同时兼操数事，辛劳备至"，[②]这决定了他们对同一事物有不同的反应和表现。傣族较优越的经济条件和闲适的民族性格使他们较少受到湖南人、农场人这些外来群体的影响；"阿卡"等山区民族因为生产力不高，生存条件相对差，在20世纪70、80年代，国营农场对他们的吸引力也就大得多。景洪市辖区内的所有农场

① 据笔者2005年1—3月田野调查。
② 黄国璋：《滇南之边疆情势及今后应注意之点》，载《边政公论》1944年第三卷第3期。

中，2003 年少数民族人口最多的就是哈尼族，其次是彝族。① 因为所在地区和发展历程的不同，西双版纳农垦各农场的少数民族职工人数不一，但总地来说西双版纳三县中勐腊县各农场的平均少数民族职工最多。② 勐捧农场 1993 年，"少数民族职工 3390 人，占 44.1%，是州内各大农场中少数民族职工最多的农场"。③ 少数民族职工的多少又对农场职工整体产生影响，在相互影响的过程中各农场的湖南人或农场人渐渐地产生了差异。

在不同原因影响的合力下，湘籍人口与当地人的交往有早有晚、接触有深有浅。

二、西双版纳武汉人的个体经历

叙述了西双版纳湖南人的变迁历程之后，再来看西双版纳的武汉移民就会发现，想要对这一群人的变迁发展理出一条线索非常不易，或者说他们几乎没有一个大多数人共同走过的路径，个体之间存在着太多的差异。这并不是说湖南移民相互之间没有个体差异，而是说武汉移民从迁移之前到迁移之后，从生活背景到社会背景都从未有过鲜明的群体特征。因此也无法将西双版纳财贸支边武汉移民的发展变迁做出阶段性的阐述，而只能择取这些人和他们历史中有代表性，或者仅仅是能够稍微复原的个人经历和某些事件来描述他们的移民历史。

（一）关于迁移

1966 年财贸支边人员迁移云南，由云南地方政府主导进行，当然在具体实施过程中许多方面都学习和借鉴了之前的全国性支边运动。二十世纪五六十年代，中国社会处于一种相对封闭的状态，人们很少知道他们生活环境之外的详细信息，所以云南向武汉招收财贸人员，首先也是进行宣传，"1965 年 11 月，武汉市各城区及商业部门开始宣传、动员，积极招收支援云南边疆建设的财贸工作

---

① 《景洪市统计年鉴》，景洪市统计局 2003 年编印，第 20–21 页。

② 据《西双版纳农垦志》，西双版纳州农垦分局 1999 年编印，第三章；西双版纳傣族自治州地方志编纂委员会编：《西双版纳傣族自治州志（上）》，第三章。

③ 《西双版纳农垦志》，西双版纳州农垦分局 1999 年编印，第 80 页；西双版纳傣族自治州地方志编纂委员会编：《西双版纳傣族自治州志（上）》，新华出版社 2002 年版，第 148 页。

人员"①。因为招收的地点和对象在城市，借助现代的宣传手段"在武汉把带去的电影，什么《美丽的西双版纳》《在西双版纳的密林中》《摩雅傣》《五朵金花》等这些片子，整个的在武汉放了一个月，免费的"②。然后根据各单位和街道报名人员的情况，审核各项条件，最终确定人员名单；组织遣送也是将人员按原来的单位或街道编排乘车，"200名武汉市江岸区所辖的知识青年被录取，……并按城区、街道分片编为七中队、八中队，每中队100人。中队下设10个小队，每小队10人"③。以下是一位当年的武汉人对迁移过程的大概描述：

> 可以这样说，云南大部分的地州，大部分的县，都统一安排，都统一分配，这就是一个大的背景。然后呢，具体你可以想象，就是这一边云南省委财贸政治部一直动员到县这一级，一直到每一个县它都有对口的财贸政治部，都派人组成工作组到武汉市来做具体招收的工作，那就是在武汉市，甚至是要住好多天，包括我们这一个县都去了好几个。那么他们去做什么工作呢？那么无非就是动员你这个财贸单位报名了多少人，街道的居民委员会呢，青年介绍了多少人，对云南的大体情况作一些宣传，放映了《在西双版纳的密林中》这样一些当时介绍云南的文化宣传方面的资料，包括影片。进行宣传，进行动员，进行报名，进行体检，进行批准，就这样的一些手续。然后取定起程的时间，那边还有青年和职工的户口，户口要转到这边来了。还有这个行程的安排。因为还有一个到这边来，说还有不同，是两种形式，一种就是说，青年呢等于说在云南参加工作了，职工呢是从那边调动到这边来了，哎！这样一说你就理解了，那么户口同时都要迁过来。还有工资，职工在那边拿多少工资，那么到了云南以后要拿多少工资，一般这边的工资要比那边还要高一点，还有边疆补贴！那么青年就直接按这边的工资标准，来这个地方报名批准了就算你参加工作了。然后还有一个过程就是途中，因为路程比较远不是，那么都是包的列车啊！从武汉市，职工是职工的列车，

---

① 简兆鄂、黄兴：《首批支援西双版纳建设的武汉支边青年》，《武汉文史资料》1999年第7期。

② 《西双版纳武汉人访谈录》（2008年5—7月），笔者调查笔记打印稿，Record 06。

③ 简兆鄂、黄兴：《首批支援西双版纳建设的武汉支边青年》，《武汉文史资料》1999年第7期。

青年是青年的列车。就从武汉市到昆明，到云南省会了并不是马上就分到各县，他是层层分配。而且当时的云南省委相当重视，就是把我们招收的这些人在昆明留了七八天嘞！这七八天就是参观、游览、看文艺节目，哎！然后在昆明就分地州，分到地州以后呢，比方说我们当时分到思茅，因为当时西双版纳是归思茅管，在思茅又停留几天，又同样是培训哪！参观哪！然后又分到哪个县，哪个县的又上来接下去，是这么一个过程。①

图 2-7　武汉财贸支边人员所佩戴的徽标

尽管武汉财贸支边人员与湖南农垦支边移民在迁移程序上大体相同，但在群体性方面，二者的差别是很大的。

从移民个体来说，财贸支边人员是来自不同单位和街道的城市居民，在现代工商业城市中，人们的联系并不像农村社会那样紧密，所以武汉移民来源零散，大多素不相识。也有一些人是同一单位的同事或同校的同学，但也仅只是为数不多的二三人原来就认识，"来之前就是我、他，还有那个死掉的 Wmm 是同学，其余都不认得，到火车上才认得"②。这些人因为要到云南工作，而被集中起来集体迁移，在旅途中，有一些人互相认识了，不过范围也很小，因为"我们就是

---

① 《西双版纳武汉人访谈录》（2008 年 5 — 7 月），笔者调查笔记打印稿，Record 07。

② 《西双版纳武汉人访谈录》（2008 年 5 — 7 月），笔者调查笔记打印稿，Record 09。

这窝砣,就是一车一车的,坐那种客车,基本上就是这客车的人认得"①。而且到达云南后,这些人又很快地被分配到各地,从省会到各地区,再到各县乡,他们被分配到各个单位,没有比较集中的居住地点。被分配到各单位后,因为过去就不是很熟悉,所以联系不会很多。那些过去有过共同经历,彼此熟悉的知青同学或移民乡亲,迁移对他们来说是从原来的群体到新群体的过程,而武汉移民在迁移之前,迁移过程中,迁移以后都是"去群体性"的,他们的迁移是分散—集中—再分散的过程。

从组织者来说,在这次招工工作中,云南、武汉、天津、上海等相关各方之间,属于相互平行的,非行政隶属的关系,所以武汉移民的迁移与之前的湖南移民有些不同。在全国性的支边运动中,移民的动员、遣送、安置……,各方面都由中央制定了详细的政策,从整体上将这次运动中的移民都统一组织和管理起来,地方政府更多地是遵从这些措施去完成整个移民的过程,迁移各个阶段都有中央政令的保障,迁移的过程带有较为浓厚的政治色彩,例如在动员迁移对象时,移民来自哪里,移民多少人,是农垦部统一确定的,之后为了完成所规定的人数,执行的部门又往往将"支边"与"爱国""革命""思想觉悟"等意识形态层面联系起来,以至于人们的许多主观愿望常常被有意无意地压制了。而在相互平等的行政关系中,没有一个由上往下的权威,因此在许多方面也就要松散一些,武汉移民"支边"与否,首先取决于人们自己的意愿,然后才是"审核"和"批准"的过程;不像"支边"运动,在广泛宣传的同时就已经"摸底",由有关部门确定符合条件的对象,然后再有针对性地动员。所以云南向省外招收财贸人员,虽然确定了计划数字,但根据实际情况,最终并没有完全达到目标。在人员的分配上,湖南移民没有更多的选择余地,他们一早就被分配好了去处,相识相熟的人都往同一去处,他们也不愿意脱离自己的群体。而武汉"支边"人员招收到云南后,是"层层分配"到当时的各专区的,最终安置到哪个县,专区负责的部门有决定权;到县后分配到哪个部门、留县还是到乡,又是由县级部门决定的,也就是说人员的分配是灵活机动的,可变性比较大。所以,在武汉移民中不乏根据自己的意愿主动要求"去哪里"或者"不去哪里"的一部分人。有的人凭着自己的感觉和印象做出选择:

①　《西双版纳武汉人访谈录》(2008 年 5 — 7 月),笔者调查笔记打印稿,Record 01。

层层分，在昆明的时候分到思茅，到思茅又分到景洪。好，到了景洪的时候再分……因为我们来之前就看电影，什么"美丽滴西双版纳—澜沧江畔"，我就想到澜沧江可能在澜沧，我就说我要去澜沧。他们说你为什么要去澜沧？我说澜沧有个澜沧江，他们说澜沧江就在景洪了……我们在昆明的时候都还是这种跟我们讲：只要是你相识的人，当然亲友更好嘎（啊）！在哪个地方就分你去哪里，但是我们么没有呢！就由他分了。①

有的因为其他人的邀约，于是又离开昆明"往下走"：

你比如说留在昆明的，Lgl 她就不知道，本来她就该留昆明，后来几个同学说我们一起再下去，她说走嘛走嘛。好像越往下去越好玩一样，还有一种感觉：哦！他们明天不得坐车了，明天我们还得坐车嘞！还好玩嘞！②

有的人不愿意到原先分配的地方，便努力争取到其他的地方去：

Qch：当时说你们去西盟了嘛！西盟有外贸局噻（啊）！哦，西盟不去，听说是佤族都害怕，不想去了。

……

Zsm：听到人说，杀头，听着就比较恐怖了，哪个还敢去。

Qch：而且那个县城听他们介绍说很小，有一个球场，到上边打篮球，球滚下去，找一天才找得上来，我们就不想去了。去茶厂！③

还有一批要求"到边疆去"的人：

到了思茅嘞！原来是准备把我分到镇沅去，后来我想最好到边疆克（去），就给当时的财贸政治部主任史焕章反映，结果把我的报告和其他人

---

① 《西双版纳武汉人访谈录》（2008 年 5 — 7 月），笔者调查笔记打印稿，Record 01。

② 《西双版纳武汉人访谈录》（2008 年 5 — 7 月），笔者调查笔记打印稿，Record 06。

③ 《西双版纳武汉人访谈录》（2008 年 5 — 7 月），笔者调查笔记打印稿，Record 09。

的报告，就单单为了我们写的报告推迟了一天……最后把我一个人，就是我们那一条街的，分到了景洪，其他的有一个还分到江城，其余的全部分到镇沅。①

关于这个"到边疆去"的要求，实际上是移民个体在了解了各县的具体情况后，做出的到条件稍好的地方去的努力：

> 为什么 Oy 跟 Sxs 跑到这里来？跑到勐海？他们两个本来是分到澜沧的，后来到思茅以后，他们听那些山东、河南的驾驶员说澜沧那些地方比较艰苦，山区多……说思茅地区勐海这个地方比较好，是云南的产粮大县。他们两个人后来就要求换地方。思茅专区的署长问有什么困难，他们两个就提出来，要求到勐海来。②

从动员到安置，湖南移民迁移云南是一个执行的过程，而武汉移民的招收是一个尝试和协商的过程。也正因为如此，武汉移民能够较早地发挥自己的主观能动性，使客观条件更符合个体的意愿，又因为个体的意愿不尽相同，所以他们的生命轨迹也就有了更多的不同。

（二）方向各异

1965 年，云南省向省外招收财贸支边人员；1965 年 12 月，武汉财贸支边人员离开武汉，到达云南时已是 1966 年，分配到当时思茅专区的武汉移民，大多是在"思茅过的元旦"；财贸支边人员全部分配完毕，大约在 1966 年 2 — 3 月间。1966 年 5 月，"文化大革命"在全国展开，此后十年是武汉移民迁入西双版纳后的最初阶段，也是大部分武汉移民是去是留的定型时期。

不论是否构成群体，移民在迁入后要最终定居下来，一定是要经历一个适应过程的，在这一点上，西双版纳武汉移民与之前的湖南支边人员并无二致。西南边地的各项条件与繁华的武汉之间的差距远远超出这些职工和青年的想象，很

---

① 《西双版纳武汉人访谈录》（2008 年 5 — 7 月），笔者调查笔记打印稿，Record 02。

② 《西双版纳武汉人访谈录》（2008 年 5 — 7 月），笔者调查笔记打印稿，Record 09。

多人已经开始打退堂鼓，探索年代的混乱与无序，助长了此种心态并促使他们将愿望付诸行动。不少原财贸职工，怀抱满腔热情与抱负，来到边疆，"绝对不是说要混口饭吃来的，我们是有职业的，是不是？就是总是想着：哎哟！我在那里克（去）要有多大的作用那种心来的，好像说这里，哎呀！太落后了！非要我去来改变这一切一样的"，①探索年代，全国各级各类机构的各项事业没有正常开展，他们也因此觉得"人家不用你"，原来的业务也没有用上，比如在武汉做车工的，来到版纳没有车工可做了；"天津来的搞药材的几乎全部转业"②。社会青年和应届毕业生中的许多人因为各种原因被排除在学校或工厂之外，不能升学也没有工作，计划经济体制下又不可能自谋职业"摆个地摊"，③迫于生活的压力到云南"支边"，"当然当时我们也可以不来……但是你生活在社会当中，生活在社会中的第一要义就是物质基础，当你物质基础很差的时候你被迫要选择，这个就是我们跟职工不同的一点……我换句话讲，如果当时我们家庭条件是比较好的话，比方我们家是高干，高干子弟也不可能到这个地方来，家长一句话就可以当兵去了嘛！就可以去单位参加工作了嘛！对不对？所以这个毕竟是社会的下层，姊妹多，家庭负担重，急于想参加工作，这个就是历史的真实"④。在这样特殊的环境和心态之下，1966 — 1976 年的 10 年中，西双版纳武汉人的反应和选择各不相同：

1. 被动的逍遥派

"文革"中的派系斗争在各类文学、影视作品中都有生动的描述，也有不少著作进行过研究。大体上，一开始"造反"的红卫兵小将属于"红五类"子女，他们反对"地富反右坏"分子，但是运动的迅猛发展，很快改变了这种局面。以各类响亮名号成立的造反组织层出不穷，这些组织中的"造反派"，针对当时各类大小单位中的管理和领导阶层提出了"夺权"，揪斗和批判具体的掌权

---

① 《西双版纳武汉人访谈录》（2008 年 5 — 7 月），笔者调查笔记打印稿，Record 01。

② 《武汉天津支边财贸职工、知识青年反映出的一些问题》（1966 年 10 月 12 日），普洱市档案馆藏，档案号：14-1-36-019-023

③ 《西双版纳武汉人访谈录》（2008 年 5 — 7 月），笔者调查笔记打印稿，Record 09。

④ 《西双版纳武汉人访谈录》（2008 年 5 — 7 月），笔者调查笔记打印稿，Record 07。

者。"造反派"称那些维护掌权者或反对"揪斗"的人为"保皇派"。还有一部分人，不愿意参与此类派系活动，偶尔在情势所迫之下，喊喊已经无关痛痒的口号，作作样子，他们称自己为"逍遥派"。

财贸支边的武汉移民，绝大多数都将自己归为当时的"逍遥派"，关于他们中的许多人没有参与当时当地派系斗争的原因，Qch 的表述很有代表性：

> 那个时候我们在"文化大革命"可以说通俗一点，属于终极逍遥派，因为刚来，这个地方环境不熟。对领导层来讲呢？我对他没有意见，他也没有整我，没有批评我；我跟他没有什么恩怨，你叫我去斗他我斗不出什么名堂。跟派别的人来讲，不存在，我跟你也没有渊源关系，我刚来一年都不到。但是那种大型会是不是参加呢？参加的！[1]

> 如果说是在武汉，我有时候想想，"文化大革命"那个时候我还是蛮积极的那种，我肯定还是会参与，我想的话，哈哈哈！有时候不是说你自己想要参与，你有个信念必须听党的话，是不是？你不管它对错，至于我来这里以后，因为我不处在那种地位，我可以逍遥，是不是？我有时候会回忆这一段时间，我觉得我在武汉必定会参与一些运动，因为那个时候在团里面还搞点工作，在这里我就完全逍遥了！[2]

> 当然，西双版纳武汉移民中也不乏想要"大有作为"的参与者，景洪有一个武汉移民 Wdh，老乡们说"他在造反当中太可恶了，老百姓也不喜欢他呢，当官的更恨他"，"斗得太狠，别人都恨他"，后来被"拿去劳改"，判了十年的刑；[3]还有两人因为被贴大字报和批斗而自杀。[4]

相对于这些个别现象，大多数武汉移民只能"被动的逍遥"，既逍遥于派性

---

① 《西双版纳武汉人访谈录》（2008 年 5 — 7 月），笔者调查笔记打印稿，Record 09。

② 《西双版纳武汉人访谈录》（2008 年 5 — 7 月），笔者调查笔记打印稿，Record 01。

③ 《西双版纳武汉人访谈录》（2008 年 5 — 7 月），笔者调查笔记打印稿，Record 04。

④ 具体情况详见云南省档案馆藏，档案号：13-2-85-001~027 及 13-2-85-028~046。

斗争之外，又在单位无所事事，这更加重了他们的思乡情绪，于是很多人便"跑回家去"，有的请个假，回去就一直不归；有的干脆什么也不管一走了之。各地最初忙，对此类行为也无暇顾及，尽管他们的户口和工作关系都在云南，回武汉后没有收入，但那个年代的中国家庭一般都成员众多，他们可以和父母兄弟姐妹一起生活，"家里姊妹多么，粮食么，后来就是分着吃了嘛！吃一家人的粮食了嘛！只要有个睡觉的地方，有个饭吃就得了嘛！"①回家时间的长短因人而异，半年到一两年不等，直到"待不住了"，才返回云南的工作单位。1967年2月17日，中共中央、国务院发出《关于支援内地和边疆建设的职工应就地参加文化大革命的紧急通告》，要求支边人员响应"抓革命、促生产"的号召，"积极返回本单位"。②武汉市军管会号召"从云南返回武汉的这些青年职工，现在国家动员你们返回原单位去抓革命促生产，然后你们报名……这个当时大家说没钱回去嘛！军管会专门组织车辆"，将这些青年送回云南，"我记得当时回来的时候，哦！整个列车啊，一车人！一车人回到昆明以后也是军管会安排，那时候正在武斗，路上也不安全，然后军管会联系车子给我们送到各个县。各个县也不处理，就是回来以后照样发你工资，户口这些都在这点，你原来干什么工作还是干什么工作，就是这么个过程。回去的时间不等，有的几个月，有的长一点点。等于回去的这段时间单位就不发工资了，回来以后照样发工资……就是这么一段插曲"。③

2.　回乡的努力

特殊的年代，偏远的边疆，乏味的生活，使思乡的情绪变得尤为强烈，长假不归毕竟不是最终的解决办法。无所事事的"被动逍遥派"，开始努力为返回家乡寻找机会，依托"造反有理"，武汉支边财贸人员也成立了一个造反组织——"钢工总六六支边造反团"，被分配到各地的武汉移民纷纷加入这一组织，通过各种活动为自己返回家乡寻找理论依据。

在"钢工总六六支边造反团"这个名称中，移民将这一组织纳入武汉"钢工

---

①　《西双版纳武汉人访谈录》（2008年5—7月），笔者调查笔记打印稿，Record 09。

②　定宜庄：《中国知青史——初澜（1953—1968年）》，中国社会科学出版社1998年版，第402页。

③　《西双版纳武汉人访谈录》（2008年5—7月），笔者调查笔记打印稿，Record 07。

总"名下，突出了自己的来处。"钢工总"是当时武汉市有名的造反组织，"文革"时期武汉的造反组织众多，风格彪悍，武斗成风，还发生过全国罕见的枪炮大武斗，其中最有名的造反组织包括"三钢""三新"等。武汉"三钢"是指"钢工总""钢二司"和"钢九·一三"，武汉"三新"是指"新华工""新湖大""新华农"。"三钢"属于工人的造反组织，"三新"则是学生组织。武汉支边人员以工人为主，他们将自己归入武汉的"钢工总"，"六六支边"又进一步规定了参加者的特征。

武汉移民成立造反组织，并不是为了在当地"夺权"，他们"炮轰"的对象是武汉和云南之间那一次关乎他们命运的协议。"钢工总六六支边造反团"成立后的主要活动，就是组织人员到昆明和武汉查找档案，到北京要求中央派员接见，纠正"资产阶级错误路线"。

一位当年"景洪这些职工推荐的代表"Szc 是这样回忆的：

> 调查了好多单位，这个什么商业系统、财贸系统好多单位，武汉财贸政治部，还有云南那些有关部门。最后我没有克（去），有些同志就克（去）了中央了……那个上面（名册）有个姓江的叫 Jsy，他去了。去了中央以后去汇报情况嘛！因为当时去了好几个人，去的人在当时来讲还是属于中层干部……中央当时是国务院有一个财办办公室，就是管财贸的，我们当时克（去）的时候就要求李先念接见……为什么要李先念接见呢？因为李先念是国务院副总理，又是主管财办的主任，他说没有时间，就派了一个副主任来接见……在中央财办排列下来的话，是最后一个副主任，可以说是当不了家的。①

这个从昆明到武汉，再到北京的大体过程，与其他几位访谈对象的回忆相符。不过 Szc 认为这个组织是职工的组织，将武汉支边青年学生排除在外，但是在笔者的访谈中，那些原来的学生中也有不少人说自己是这个组织的成员，而且也参与了到北京请愿的事件。例如：

---

① 《西双版纳武汉人访谈录》（2008 年 5 — 7 月），笔者调查笔记打印稿，Record 04。

　　"文化大革命"开始以后，这一批人里面就有回武汉探亲的，有的亲戚是在北京的，然后"文化大革命"大字报多得很，铺天盖地的，当时这五千人里头分到各个地专州，然后就了解一些信息，就好像觉得来的不正道了嘛！好像是两个省的省委书记做的袖笼生意……私下交流，交换这笔生意，就是你给我们支援五千个武汉的财贸人员来，我给你们多少三七，多少天麻，多少什么，然后反正报纸上是这样写的嘛！然后一边就拉着人过来，一边拉着药材过去……当然的口号还是"到边疆去，到农村去，到祖国最需要的地方去！"那是满腔热忱的，后来知道这个内幕就感觉好像有些受骗一样！后来这些武汉人就成立了一个"六六支边造反兵团"，然后就到武汉去了解情况，到武汉去上访的机会就更多了……总是觉得好像两个省在交易，后来周总理作了个批示，他说你们这些人去到云南去了是合法不合理的。所谓合法，无论任何人支援边疆都是合法的，不合理呢就是他们用这种交易手段，那确实对你们来说有一点不合理。既然合法不合理你就只能去理解。合法呢，他就说你们还是安心在边疆了嘛！①

　　当时是这个意思了嘛！这边"文化大革命"开始了，一部分人提出来我们这个支边是不是也是错误路线造成的？当时就说可以上访不是，就自愿组成一个团体去北京去上访嘛！到了北京以后那个没什么后果的，有个国务院上访接待，就登记一下你们要反映什么问题，然后指定有个地点吃饭，住的地方呢！在北京几天又返回来了嘛！②

关于这件事情的结果 Szc 说：

　　结果他们清查为什么我们这一批人要到云南，是根据什么政策，因为在云南查的时候就查到国（劳）字 325 号电文。反正是一个多少电文，就是找着国（劳）字这么一个电文，云南和武汉当时就依据这个电文组织这批人来。国务院财办就说，这个电文就不合你们去嘛！这是国（劳）字啊！职工

---

①　《西双版纳武汉人访谈录》（2008 年 5 — 7 月），笔者调查笔记打印稿，Record 06。

②　《西双版纳武汉人访谈录》（2008 年 5 — 7 月），笔者调查笔记打印稿，Record 09。

要去哪里，这么大批的去人的话必须要中央组织部的电文，他这是国（劳）字就是中央劳动部的电文，那么就说这个电文对知青①是起作用的，知青就是从学校没有升学的没有就业的，从现在来讲就是失业的、待业的那些学生。②

Szc 所指的这个"国（劳）字"文件，在《请协助云南省做好招收学生和抽调商业职工工作的通知》里也明确提到："根据'国务院（65）劳字 325 号批复'，同意云南'招收、抽调部分学生和商业职工'。"③在这里学生是"招收"，职工是"抽调"，但 Szc 等人对这些材料却有不同的解读，认为青年来云南是说得通的，但职工就不符合所规定的条件。在他们看来"劳"指劳动力，招收的应该是社会闲散劳动力，而不是他们这些已经有工作单位的"职工"，职工只能由中央组织部调动，而不应被算作劳动力招收。所以他们要求返回武汉：

那么职工要返回呢，由于当时的大方向压住了，回去不了了，你改也不能改了，因为"上山下乡，支援边疆"！号召是这种……你再怎么政策不合，但他的大方向是合的，你回去不了。然后经过两省协议，调查的结果两边都汇报，云南也讲了，那个时候……由湖北省抓总指挥部，所谓抓总就是抓革命促生产的总指挥部，得到他们同情，他们要把我们收回去，回原单位，职工回原单位，知青不行！由于内部走漏了风声，有一些职工小姨妹克（去）了，弟弟克（去）了，啊！私心比较重，所以就通知了知青的造反组织。我们那个时候本来研究回克（去），结果知青知道就冲了这个会场了……因为这样一搞，他们知青把会场冲了以后就不了了之。然后云南省和湖北省达成了一个协议，这个协议就是说还是要这批回去的职工返回云南。内容是这种的，就是说在六八年底以前，包括 31 号，你上了火车云南都承认你。因为那个时候因各种各样的关系都调回（武汉）的人也有噻

---

① 这里的"知青"，指当时财贸支边的中小学毕业生和"社会青年"。具体原因祥见下章第二节中的分析。

② 《西双版纳武汉人访谈录》（2008 年 5 — 7 月），笔者调查笔记打印稿，Record 04。

③ 《请协助云南省做好招收学生和抽调商业职工工作的通知》（1965 年 10 月 19 日），云南省档案馆藏，档案号：13-2-35-001-002。

（啊）！……以后就个人回个人单位，搞自己工作，就慢慢的到现在了。[①]

这些情况，别的访谈对象则没有提及。

在有关这个造反组织和相关的事件上，Szc 的说法是有依据的，他能够详细地叙述这一事件，甚至能够清楚地说出那份电文是"国（劳）字325号"，连数字都不差，而且他的许多说法和其他人的描述，和当时的全国政策局势，和许多当年职工的经历也是能够对上号的。1968 年下半年，北京、上海、天津以及各大中城市，一次又一次以"群众专政"的形式，在城市中进行"政治大扫除"……没隔几日，甚至天天在夜间突然到车站、码头、各公共场所甚至居民家中去"查户口"，给返城知青和他们的家长造成了莫大的压力。[②]1968 年年底之前返回云南，否则算作"反革命"的规定与 1967 年《关于支援内地和边疆建设的职工应就地参加文化大革命的紧急通告》的宗旨是相符的，这也影响了一些调回武汉的支边人员，Xxl 是当时户口粮食关系都已经转回武汉的职工：

> 我是很那个的，我是刚刚来了，来了一年，第二年我就回武汉了。因为家里面妈妈生病，就调回银行去了。……正式调回去，还是回原单位上班。后来武汉市就造反，就说"要走大家走，要留大家留，为什么他们留下来我们要走？"……非常不愉快，那个户口都是强行下的，那个军代表和那个当地的……单位其实是死死的留得我了吗！因为我当时搞文艺，银行就需要这样一批人，留得我么，他们就半夜就来查户口，晓得我住……我原来是住在武汉 ×× 路 3 号，进来以后，他从包包里头拿一个章，拿一个那种图章出来就销，当时就销掉了……还有军代表在场，简直太可怕了，下了通知就马上走，因为这个街道里面是不能留了，幸好当时勐海茶厂还收留了，如果不收留我们在云南就不晓得咋个办啦！流落他乡。[③]

---

① 《西双版纳武汉人访谈录》（2008 年 5—7 月），笔者调查笔记打印稿，Record 04。

② 参见定宜庄：《中国知青史——初澜（1953 — 1968 年）》，中国社会科学出版社 1998 年版，第 414 页。

③ 《西双版纳武汉人访谈录》（2008 年 5 — 7 月），笔者调查笔记打印稿，Record 14。

另一方面，不同访谈对象回忆的差异，各种不一致的说法，从一个侧面反映了武汉支边人员并不构成一个群体。1966年的财贸支边人员自己也认为知青和职工是两个来源不同的部分，知青中大部分是应届毕业生，还有一些是往年毕业而没有就业的社会青年。这个名义上包含了所有武汉支边人员的"钢工总六六支边造反团"，有着统一的名号，明确的目标，但却实实在在不是一个群体组织，没有统一的行动，没有相互的认同。职工们说造反团是他们组织起来的，知青们也宣称自己是造反团的成员，或者也成立了类似的造反组织，也付诸了实际的行动。更进一步说，"职工"和"青年"也没有分别成为不同的群体，从"回家"这个愿望和目的来说，并不是群体行动所能达到的，所有人同时返回没有任何可能，事实上也没有任何人想要这样做，每个人都只是在为自己的返乡努力。如果从武汉财贸支边移民的角度出发，他们之间没有明确的界限，但实际上这些财贸支边人员是没有共同内在特征的。

笔者认为，"钢工总六六支边造反团"是一个自发的，并不十分严密的组织。其成立可能仅只是一部分职工的行为，因为他们在武汉有原工作单位，而这个组织造反的目的——回家，对于所有武汉支边人员都是那样的有吸引力，"六六支边"的旗号实在能够号召所有的职工和青年，于是许多人自发地不断加入到其中来，宣称自己是这一造反团的成员。以返回武汉为目的的"钢工总六六支边造反团"之下，于是有了太多各自为政的小组织，Szc说的造反派头头是Jsy，Zc又说"钢工总六六支边造反团"是"Zbx的队伍"。[①]这些小组织分别按照自己的意愿和安排来活动，在近半个世纪的时间里，每个事件的亲历者都只是继承了一些历史的残片。"钢工总六六支边造反团"不可能是一个有着完整脉络的故事，但那些无法证实和辨别的细枝末节，恰恰真实全面地反映了在动乱的"文革"年代，武汉移民为返乡做出了怎样的努力。

3. 版纳印象

武汉财贸支边人员被分配到条件不同的地区，每个人的工作单位和生活环境都有所不同，个体生命丰富多彩，在此只能列出笔者调查笔记《西双版纳武汉人访谈录》及部分其他文献中，他们自己对过去生活的一些回忆、描述（见附录参

---

① 《西双版纳武汉人访谈录》（2008年5—7月），笔者调查笔记打印稿，Record 04、Record 09。

考三）以及图片（图 2-8、2-9[①]），不再多加论述。

图 2-8 贺小珍身着民族服装　图 2-9 1965 年刚到云南不久的 22 岁的阇远翔

4. 去留之间

西双版纳武汉人的"去群体性"最终表现在他们方向各异的生活道路上，这些缺乏群体特征，零散的移民在稳定性方面远远不如集中居住的湖南移民群体，他们的最大特征就是变动性和差异性，他们变迁的轨迹只能按照最简单、最粗的线条，划分为留下来的和离开的两条道路。

如果说湖南移民的变迁历程是以"定居"为主线的话，"离开"则是武汉移民历史的主流，离开的人要么回到武汉，要么迁往他地。其中，返回武汉的主要是那些原来在武汉有工作单位的职工，他们中的大多数再次通过工作调动的方式返回武汉。这是一个漫长的过程，武汉移民来到云南后的二三十年间，一直不断有人返籍，Hxz 回忆说"我一起来的都不在一起，再就是都回去了，我们在（留）下的很少，在景洪顶多十来个，有没有？都走完掉了……就是说通过各种门路回去，在内地安排工作……我们六六年来的，一两年回克（去）滴（的）

---

① 图片来源于《长江周末》，1995 年 6 月 9 日（星期五），第 127 期。

也有，六八年就回去的都有，但是陆陆续续到八几年都还有人回家"①。在武汉财贸支边人员到达云南后，就有"少数职工，坚决不在云南工作，要求调回武汉，个别的无理取闹，不干工作，跑来昆明住下不走……其中有的人，经过长期教育、等待无效的，我们根据他们的要求作为自动离职处理"，截至当年（1966年）八月，"已作为自动离职处理回武汉的有十余人，今后个别的可能还会有，这部分人离职回原籍后，望能给予落户"②。

除了"通过各种门路"，调回武汉的人外，还有一些属于比较特殊的原因。1966年，云南和武汉市就职工调回的问题作了具体的规定，即"对确有特殊困难的职工，进行适当照顾的原则。……（1）患有各种疾病，在云南坚持工作确有困难的；（2）男方支滇，女方确因有特殊情况不能来云南的；（3）女方支滇，男方在汉工作，又不具备支边条件的，留下几个小孩由男方抚养，困难较大的；（4）支滇职工系独生子女，父母亲年老多病，在汉生活无人照料的。对上述情况的人，可以调回武汉工作"。③以上的几种特殊情况，以第一类情况回去的最多，例如当时分到勐海西定中心商店的 Wlx，后因精神失常，离职回武汉。④第二、第三类情况也有一些，笔者采访过的两位支边职工：景洪的 Szc 和勐海的 Xzl，在武汉的单位都不属于财贸系统，Szc 因为"爱人是在武汉第一米厂，一米厂属于财贸噻（啊）！加工谷子那个厂，她们属于财贸，所以她们来以后，我就支持她就一起来，我就属于顶一米厂的一个名额"⑤；Szc 在武汉的原单位是无线电仪表工业局，"不在支边范围内，以前我前妻在人民银行。那么当时支边在职职工是财贸职工，当时银行也属于财贸系统。……她好像是领导批准她支边了，她反映她的丈夫在工业局怎么办？（领导）就来找我，叫我一起，就一起来

---

① 《西双版纳武汉人访谈录》（2008 年 5 — 7 月），笔者调查笔记打印稿，Record 01。

② 《中共云南省委财贸政治部关于武汉调云南职工接家属有关问题解决意见的函复》（1966 年 8 月 4 日），云南省档案馆藏，档案号：13-2-78-002-004。

③ 《关于武汉调云南职工需要照顾回武汉工作问题的函复》（1966 年 9 月 23 日），云南省档案馆藏，档案号：13-2-78-018-019

④ 参见《关于 Wlx 同志病情的处理意见》（1966 年 11 月 6 日），勐海县档案馆藏，档案号：24-1-74-032-040；《西双版纳武汉人访谈录》（2008 年 5 — 7 月），笔者调查笔记打印稿，Record 06、Record 09。

⑤ 《西双版纳武汉人访谈录》（2008 年 5 — 7 月），笔者调查笔记打印稿，Record 04。

了，哈哈哈"①。配偶符合支边条件，他们一同随迁，属于夫妇带着孩子一家支边的情况。相对的，因为一方支滇，另一方"因有特殊情况"或"不具备支边条件"，乃至可能因为配偶不愿意到云南，或者已支滇的一方以此为由调回武汉的情况，一定也不在少数。笔者在调查中还发现这批武汉移民中那些迁移之前就成家的夫妇，后来离婚的不少，例如 Xxl、Syx、Szc 等，离婚的原因都是因为原来的配偶调回武汉，而他们无法返回。②第四类情况就不太可能了，因为那个时候的中国，独生子女家庭少之又少。

那些返回武汉的社会青年则以女性居多，大多是通过婚姻关系返回武汉去的；当然通过婚姻离开的人中，不少是随迁到其他地方去了，一位当年分配到勐海的青年说：

> 分配在我们商业局的秘书股，就相当于办公室。她名字叫 Wqr，然后呢她也很进步，来了不久以后就加入共产党。后来中央确定军队支左，商业局是个大单位，我们这边来了个支左的，是个团干部，就是商业局的支左军代表。当时这个团干部也没有成家，在商业局支左两三年么，后来他们就自由恋爱结婚了。后来调防，这个部队就调四川的彭县，因为她爱人就是团级干部，她就有这个资格，调到四川德阳建设银行，后来她这个爱人又从部队转业到德阳武装部，当处长，后来呢就一直在德阳生活了。③

还有一位叫 Lpq 的女性，也属于这种情况，她被分配到勐海县勐混粮管所当会计，认识了当时分配到勐海粮管所的中央财经大学毕业生，后来两人结婚，1979 年她丈夫考取民族大学经济学研究生，后来留校任教，她也就随迁到了昆明。④还有一些不甘于一辈子在边疆生活，对自己的前途和命运抱有更多期望的青年男性，通过工作调动、上学读书等实际的行动离开了他们"支援"的地方。

---

① 《西双版纳武汉人访谈录》（2008 年 5 — 7 月），笔者调查笔记打印稿，Record 10。

② 《西双版纳武汉人调查日志》，笔者调查笔记打印稿，2008 年 5 月 28 日。

③ 《西双版纳武汉人访谈录》（2008 年 5 — 7 月），笔者调查笔记打印稿，Record 07。

④ 《西双版纳武汉人访谈录》（2008 年 5 — 7 月），笔者调查笔记打印稿，Record 09。

那些因为种种原因最终没能离开的武汉移民，就在当地生活下来，其中又有部分人在退休后跟随子女到外地去生活，真正选择在迁入地终老的人并不多。留下来的人都经历过工作部门，乃至单位的调动，"文化大革命时候不是打倒一切，好多老师搞得不能上课了吗！然后恢复教育的时候就欠缺老师了嘛"[①]；"就是砸烂公检法以后，79年恢复重建公检法司了嘛！这个时候需要这一些人，那么我80年就调到县检察院"[②]。大多数人的工作调动还不止一次，例如：

　　Hyc：大体在过四个单位，首先是商业局，然后呢1984年有一个重要的体制改变，就是恢复原来50年代成立过的供销社，就是国营商业和供销社分开，分开我就到了供销社……

　　Hyc妻：……你又在过那里不是，石油公司。

　　Hyc：那是在商业局嘛！商业局在了若干个公司了，若干个公司！

　　Hyc妻：哈哈！调去调来的……

　　Hyc：所以第一个是商业局，第二是供销社，第三个部门就是乡镇企业局，那是在90年代，任局长，1993年。然后呢，第四个大的单位就是1996年调到县人大，任财经委主任，1996年，直到2003年退休，这个就是我大体的经历。[③]

　　社会的变动，人员的流动性越来越大，以至于到最后他们分别成为部门经理、老师、卫生工作者、政府官员，还有的搞承包做生意……以西双版纳勐海县为例：2008年，当年的武汉支边人员"除了调走的以外，一直在这个地方工作，一直工作到退休，……现在住在勐海的应该是十三个人"，其中商业供销部门退休的四个，粮食部门退休的一个，勐海茶厂退休的四个，政府退休的一个，教育

　　① 《西双版纳武汉人访谈录》（2008年5—7月），笔者调查笔记打印稿，Record 06。

　　② 《西双版纳武汉人访谈录》（2008年5—7月），笔者调查笔记打印稿，Record 08。

　　③ 《西双版纳武汉人访谈录》（2008年5—7月），笔者调查笔记打印稿，Record 07。

部门退休的两个，检察院退休的一个。①

1966 年来到西双版纳的武汉财贸支边人员自始至终没有成为一个群体，他们有各自不同的发展道路，没有太多的共同生活；他们各自被淹没在本单位、本人的生活圈子里；他们的变迁是越来越"去群体"的过程；他们的迁移是个体生命的历史。

通过对西双版纳 20 世纪 60 年代两次"支边"事件中的移民——湖南人和武汉人的分析，我们知道农垦移民和地方移民的不同，看到湖南移民是群体变迁的代表，而武汉人更多的是个体变迁。当然这不是绝对的，湖南人中也有各自不同的生命轨迹，但有大致趋同的变迁轨迹；武汉人也是作为一个群体迁移过来的，但是在迁移前和迁移后他们的共性都是非常少的。湖南移民人数多，居住集中，工作单位就是生活单位，只要到过西双版纳的人，都会注意到这个特殊的群体；武汉移民人数少，居住分散，且因各自生活轨迹和范围不同，不成群体，工作和生活的范围并不完全重叠，所以他们并不十分引人注意，即使是生长于斯的"80后"，也很少知道西双版纳有这样一批武汉移民。同为"支边"移民，也存在太多的差异，而正是这些千差万别的移民共同构成了我国 1950—1966 年的移民史，只有经过深入细致地考察，才能全面认识这一时期的移民及历史。

---

① 《西双版纳武汉人访谈录》（2008 年 5 — 7 月），笔者调查笔记打印稿，Record 08。

第三章　后论：移民与边疆社会

　　"移民"与"边疆"是本书中研究两条相互联系的主线，经过对整个十七年边疆移民的宏观历史、个体案例的分别考察和研究，下篇将二者结合起来，从几个方面，论述移民和边疆社会以及二者间的联系。这几个方面既存在差别，各自成为一个小问题；又相互联系，每一部分都和其他问题牵扯在一起。所以在材料和表述上亦会有一些重复，然而不同的问题论述的重点是有所不同的。

第一节　宏观社会历史发展中的个人生命：普通民众
怎样经历历史

　　在通常的历史表述中，那些重大事件会因为其重要和显著的特征被记录下来，因此社会发展趋势的叙述是宏观的。但是，在这种宏观的表述中，人们"除了了解到堆积出的一系列事件序列和机械的制度描述外，根本无法感受到中国政治运作奇诡多变的态势和与人们日常生活的关联意义"[1]。实际上，人生活在社会中，历史上发生的一切都会与普通民众发生联系。人们每每能够总结出特定历史时期的一些特点，人口迁移也是如此，尽管移民活动纷繁复杂，但总能归纳出特点，有特点就有规律。规律就是事物在发展过程中内部的本质联系与必然趋势，规律导致某种类似的现象经常反复地呈现，这些类似的现象，就是特定历史时期的价值观念、风气、重大的历史事件作用于迁移活动的结果，所以移民个体生命就是宏观社会历史的具体反映，从移民的个体生命可以反观历史。当我们说到一个人时，并非只是指他个人，还包括了和这个人有联系的其他人，以及那些

---

　　① 杨念群：《为什么要重提"政治史"研究》，转引自《理论与方法：历史学与社会科学的关系及其他》，载《历史研究》2004年第4期。

波澜壮阔的历史；相反的，当我们想到一个时代时，心中绝非只有空渺的限定范畴内的时间和空间，而是从想到的那些人和事中去感觉这是一个什么样的时代。当我们述说某人经历的时候，我们也是在述说着时代，下文所述的"A 先生的故事"主要讲的是不同历史事件对某个个体的影响，当我们去描述时代背景时，我们就已经在描述这个时代中的人了；而"出身不由己，道路可选择"则体现了社会环境和历史事件对不同人物的影响。

一、A 先生的故事——朝鲜战争与两大天然橡胶基地

A 先生，男，汉族，1928 年生于湖南醴陵，2007 年于西双版纳景洪去世。笔者采访时，他已有 77 岁。二十岁之前，A 先生的大概经历是这样的：

> 我在湖南有兄弟姐妹七个，五兄弟，我最小。七岁以前我最享福，后来因为打仗，国民党征了好多次兵（抓壮丁），劳力没在屋里，就没得钱，欠好多账。7 岁我开始读书，前前后后读了 3 年。我没有钱，过年人家拿（给）压岁钱、拜年钱，我就不交，收到袋子里，到了上学我就去读，有钱就读一个学期，没钱就不读，11 岁就不能读书了，就开始做"推脚"……做瓷器要泥巴，泥巴在山里，到山里把泥巴推出来就喊"推脚"。一次推脚三个铜板，一个铜板是 20 个钱，推脚弄得自己吃的……四四年，我娘死咯嗒（了），是阴历二月死的，四四年四月份我就去做长工……四九年八月份解放（湖南），解放第三日我就当兵去了，当了三年多。[1]

从 A 先生的这段话中，也能够片断地反映出中华人民共和国成立前湖南村民们的生活。他提到"国民党征了好多次兵"，另一位访谈对象 Xls 则亲身经历了抓壮丁："解放前，我年轻的时候……就是担个担子到处卖东西嘛，货郎！后来抓壮丁就当兵去了，当了两个月就解放。解放军打过来的时候，我们就把枪丢了，跑到山上躲着，开小差。"[2]这也表现出社会局势对普通人生活的影响，当

---

[1]　《西双版纳湖南人访谈录》（2005 年 1—3 月），笔者调查笔记打印稿，Record 02。

[2]　《西双版纳湖南人访谈录》（2005 年 1—3 月），笔者调查笔记打印稿，Record 17。

然我们的重点在于 A 先生。上面的引文说到 1949 年，A 先生参加了中国人民解放军，当兵三年，这期间在他身上又发生了什么呢？

1950 年 6 月，朝鲜战争爆发；1950 年 10 月，中国人民志愿军渡过鸭绿江参战。这是中华人民共和国成立初期的重大事件，牵涉到国际国内政治、军事、经济，乃至社会的方方面面。冷战格局下，以美国为首的帝国主义国家对中国实行经济封锁，橡胶作为战略物资被严禁向中国出口。除三叶橡胶树外，银胶菊、大叶鹿角藤、苏联橡胶草等藤木、草本植物均可产胶，但藤本、草本产胶植物产胶量微少，经济价值低。三叶橡胶树原产于巴西亚马逊河热带雨林，是典型的热带树种，种植范围长期局限在狭窄区域内。根据 1980 年《大英百科全书》第 15 版记载："橡胶树仅仅生长在界线分明的热带地区——大约是赤道南或北 10 度以内。"印度橡胶局 1977 年第 88 次会议中讨论的《塔里普橡胶种植园》提及："世界上重要的橡胶种植区限于赤道以南 10 度到赤道以北 15 度之间的热带地区。"[①]我国引种橡胶始于 1904 年，德宏土司刀安仁引种橡胶苗 8000 余株，定植于盈江凤凰山，这批胶树后失管，任其自生自灭，至 20 世纪 40 年代末仅余 2 株。1905 年、1906 年，我国台、粤等地区亦引进橡胶，种植成功，在广东形成小规模种植。闽籍华侨钱仿舟于第二次世界大战前到西双版纳考察，认为今景洪一带，气候土壤均宜于植胶，后来因日军南进，钱被阻于南洋，计划中断。1947 年 1 月，钱仿舟于橄榄坝选址建胶园，当年 5 月装运橡胶种子 50 万粒回国，因途中耽搁，种子播种后未能发芽。次年 7 月至 9 月，钱带领李宗周等人，重新由泰国运实生树苗 2 万株种植成功，在西双版纳建立了"暹华胶园"。后因时局动荡、经费无继、管理不及，胶林屡遭牛毁火烧，至 1953 年暹华胶园交给国家时，仅余 89 株胶树。因此 20 世纪 50 年代以前，中国橡胶种植不成规模，"到 1949 年止，全国仅有橡胶树（苗）4.2 万亩，年产干胶 200 吨左右"[②]；橡胶工业原料不能自给，中国橡胶进口"1946 年为 2.11 万吨，1947 年为 3.89 万吨，1950 年为 7.15 万吨"[③]，仍不能满足需要。

---

① 转引自《西双版纳农垦志》，西双版纳州农垦分局 1999 年编印，第 96 页。

② 云南省农垦总局编撰：《云南省志·农垦志》，云南人民出版社 1998 年版，第 77 页。

③ 中央财经计划局：《橡胶工业基本情况（1951 年 11 月）》，载中华人民共和国国家经济贸易委员会编《中国工业五十年（第一部）》，中国经济出版社 2000 年版，第 1519 页。

朝鲜战争开始后，中国对橡胶的需求变得更为急迫。1951 年，广东农垦及海南垦殖分局成立，建立国营农场，植下中华人民共和国建立后的第一批橡胶。1951 年 8 月 31 日，政务院于第 100 次政务会议上作出了《关于扩大培植橡胶树的决定》。随即在华南地区加大、加快橡胶产业的发展，并在西南，主要是云南调查产胶植物资源。在华南橡胶发展的同时，1952 年底，中共中央、政务院指示正式开辟云南植胶区，决定由中共中央西南局和云南省委主持成立云南垦殖局。1953 年，云南垦殖局成立。①中国两大天然橡胶生产基地的诞生和朝鲜战争紧密联系在一起，此后的战局又继续对它们产生影响。

当然，朝鲜战争和橡胶基地本身并非此处讨论的内容，但是这些大事件究竟对 A 先生产生了什么影响，又与 A 先生有什么联系呢？ A 先生参军期间正值朝鲜战争时期，不过他所在部队没有被派往朝鲜战场，他当了三年多的兵，最后成了班长，这个时候——

> 部队让我们回家，我们的任务就是回来动员兵源，因为没有人当兵，要我们回来现身说法，动员人当兵到朝鲜去打美国鬼子。我就这样回了家，后来在家里当了大队干部，又搞初级社、高级社，我们那个高级社搞得好，我还到省里参加了劳模会……五二年我回家，一回家人家就给我介绍对象……我嘞，不想结婚，还想走，结果我满（小）叔骂我一顿，老人的思想就是要传宗接后。②

1952 年，A 先生从部队返回老家，也许部队在他们离开的时候真的有让他们"动员兵源"，"到朝鲜打美国鬼子"的宣传，但这肯定不是最重要的原因，更可能是因为 1950 年以后，中国军队不断精简。A 先生说他那时不想结婚，那么他想做什么？

---

① 参见《当代中国的农垦事业》编辑部编《当代中国的农垦事业》，中国社会科学出版社 1986 年版；云南省农垦总局编撰《云南省志·农垦志》，云南人民出版社 1998 年版；《中国农业全书·云南卷》编辑委员会编《中国农业全书·云南卷》，中国农业出版社 2001 年版。

② 《西双版纳湖南人访谈录》（2005 年 1 — 3 月），笔者调查笔记打印稿，Record 02。

我们部队排以上干部可以去广东种橡胶，我想去找我的老首长，当了排长，我也去广东。但后来结了婚就不行了……我成了家，有了娃娃就不能去广东了。①

1952 年，正是华南农垦加紧种植橡胶的时期，同时又是部队成建制或大批转业到农场参加生产的时期。年轻的小班长多么想到广东去，无奈达不到"排以上干部"的条件，只好回老家现身说法动员年轻人参军。回到醴陵，结婚生子，当大队干部，日子似乎就这么过下去了，可是外部世界依然在发生着变化，生活真的一成不变么？

鉴于 20 世纪 50 年代初的迫切需求，橡胶种植任务大，时间急，对生产的土地条件、物资供应等考虑不周，致使后来一段时期内华南橡胶成本高，质量低。1953 年 8 月朝鲜战争结束，西方对中国的经济封锁有所松动，"锡兰就公开同我们订立了橡胶贸易合同"②。中央根据国际国内情况的变化，决定收缩云南垦殖工作，转入小规模试种。经过几年的资源调查和橡胶树引种试种，至 1956 年，云南开始正式布点建立垦殖场发展橡胶。1957 年 3 月，农垦部部长王震来云南视察后，将云南省热作局改为省农垦局，由农垦部和省委双重领导。原垦殖场改为国营农场，同年又新建国营农场 5 个，接管军垦农场和地方农场 13 个，国营农场职工增加，橡胶苗大片定植。

橡胶不仅是战略物资，也是生产生活的必需品，尽管朝鲜战争结束，但国内建设和经济发展仍需要大量天然橡胶。1959 年，农垦部、化工部党组《关于大力发展天然橡胶的报告》，再次提出大面积植胶，按照报告提出的发展规模，"主要植胶区如海南岛及云南南部劳动力均极缺乏"③。这时，又恰逢中共中央北戴河会议提出"动员青年到边疆和少数民族地区参加社会主义建设"，"支边"运动轰轰烈烈。二者一拍即合，于是有了湖南向云南的"支边"移民，这些

---

① 《西双版纳湖南人访谈录》（2005 年 1 — 3 月），笔者调查笔记打印稿，Record 02。

② 《易湘秀局长在华南垦殖局第四次垦殖行政会议上的报告（一九五三年六月三十日）》，载农垦部政策研究室等编《农垦工作文件资料选编》，农业出版社 1983 年版，第 130 页。

③ 《农垦部、化工部党组关于大力发展天然橡胶的报告》（1959 年 2 月 23 日），载云南省农垦总局编撰《云南省志·农垦志》，云南人民出版社 1998 年版，第 782 页。

过程在上文中已多有提及，此处不再重复。

只是 A 先生的命运又在这样的社会发展历程和事件中悄然改变。1959 年底，湖南醴陵开始了第一批"支边"人员的动员工作。到云南去种橡胶！这个时候的 A 先生怎么想，怎么办呢？他说："我当时不想来云南种橡胶。"[①]到广东也是参与橡胶生产，为什么那个时候想要到广东的 A 先生，几年后却不愿意到云南呢？"广东是在地方上招了工人，让我们去管理老百姓。"[②]在 A 先生看来，排以上干部到广东自然也是处于管理层的，当年没有去成广东，回到老家当了大队干部，又成了家，这个时候已经有了三个孩子，所以他不愿意再远走他乡，去面对未知的生活了。但是那个时候，国家计划政府指令作用下的移民运动，"组织性"非常强，迁移与否并不依 A 先生的主观愿望为转移。

> 那个时候确定对象从大队干部开始。大队长被反右倾机会主义反下去了，他也是当兵回来的，他当大队长，我当总支书记，他讲一些话没有原则就被搞下去了。搞下去就确定第二个，是一个破产地主，成分高。第三个大队干部上有老人，我就没有老人，我当时有三个娃娃，有的最多就是有一个娃娃。其他都是年轻姑娘、伙子，刚刚结婚。[③]

于是乎，A 先生一家五口就这样"支边来了嘛！"

这是 A 先生迁移云南以前的故事。从他的经历中，我们看到，朝鲜战争也好，橡胶基地也好，并不发生在 A 先生身边，但是看似遥远的事件仍然与他产生不同的联系，面对这些事件他有自己的想法意愿，他做出自己的选择；同时，A 的各种选择都在当时的社会历史条件下被限定了，所以最后的结果也不会完全符合他的要求。这就是宏观历史和个体生命的互动！

---

①　《西双版纳湖南人访谈录》（2005 年 1 — 3 月），笔者调查笔记打印稿，Record 02。

②　《西双版纳湖南人访谈录》（2005 年 1 — 3 月），笔者调查笔记打印稿，Record 02。

③　《西双版纳湖南人访谈录》（2005 年 1 — 3 月），笔者调查笔记打印稿，Record 02。

二、出身不由己，道路可选择

生存是人类生活的第一要义，求生存需要物质基础，当基本生存条件得到保障时，进一步的发展又成为人们的追求。1950 — 1966 年的边疆移民，基本都是因"支援建设"到边疆的，这些"支边"移民的迁移正体现了那一时期人们求生存谋发展的途径和社会环境。

"出身不由己，道路可选择"是那时的一句著名口号。"文化大革命"前，每次升学考试都要对所有考生进行政治审查，政审的主要依据是家庭出身和主要社会关系，如果某人出身剥削阶级家庭，家中又有人被杀、关、管，再加上评语里有"划不清界限"等字样，则被划入"不宜录取"就没有什么悬念了，所以政审实际上决定了青少年的命运。当然，在实际的过程中，同样的家庭出身，可能对某些人影响大而对另一些人就要小些。这与考生的学校、招生的学校以及考生家长所在地党组织的人际关系和政治取向有关，在大政策的前提下，具体办事的人有较大的操作空间。对政治审查影响更大的是当时全国的政治大气候，例如1964 年，"四清"运动开展，阶级斗争全面升温，高校招生的阶级路线突然收紧。出身不好的考生几乎完全被拒之于高校门外，只有极个别高级统战对象的子女被录取。[①]

总之，对那时的青年来说，无论升学还是就业，工农和干部子女都有优先的权利，而那些"剥削阶级家庭"出身的青年则存在许多困难。不论出于逃避这些升学就业的歧视，还是为了改变这种状况，证明自己的"革命性"，许多出身不好的青年只能选择上山下乡、支援边疆。到 1966 年为止，全国上山下乡的城镇知识青年，已达一百余万人，这是一个以社会青年占多数，以普通市民子女为主体的青年群体，出身于"剥削阶级家庭"或"有问题家庭"的子女占据了相当大的比例。[②]西双版纳的武汉移民中，有好几个都是因为一些言论受到"冲击"，而到云南来支边的。

> Pzh：为什么选择到云南？这也许是我当时唯一的选择。我当时在学校里成绩还是名列前茅的，上大学应当没有问题。但在毕业前一年，我们班内

---

① 宋敏：《我们记忆中的高考》，载《电影故事》2009 年第 7 期。

② 定宜庄：《中国知青史——初澜（1953 — 1968 年）》，中国社会科学出版社1998 年版，第 298 页。

搞"自我革命"活动，讨论迟到、随地吐痰是不是有阶级斗争，我对此持怀疑与否定态度，因提意见与同学发生争辩，结果被认为阻挠革命活动，因而开除团籍。高考也参加了，当然是没被录取，当时并不公布分数。那一年，对我们这一批学生有三次机会，一是到新疆去，二是招收中学教师，三是招工。这三项我都报了名，但都杳无音信。因为我"思想有问题"，就是新疆我也去不成。[1]

武汉财贸支边"职工简明登记表"的"文化程度"一栏中，学历最高的是现勐海一中的一位退休教师 Lsl，为"大专二年"[2]。本来应该在 1962 年毕业的他，后来却没有拿到文凭，据说是和几个同学因为八字方针被"调整"出来了，"大学是读三年，我们等于是提前半年做了毕业考试，他就是落实八字方针，我们算三年又不能算，算两年半又说不清楚，所以一般填个两年完了"。离开学校后"出来又没有工作，当时我们就在小学代课，做代课老师。当时国家对于吸收人的编制很严，在我们那个时候，所以中小学都想要我们留在他们学校教书，但是没有这个编制，由于没有编制不是属于正式职工，所以我们也有点不安心。在 1965 年呢，云南省到武汉市招收财贸职工，到武汉来做一些报道……所以把这个当作一个机会，很乐意地就来了"[3]。对于他为什么被"调整"出来，也有同来的武汉人说，是因为他说了什么当时环境下不允许的话。[4]时过境迁，Lsl 的问题后来也得到了解决，"我们邓老上台以后啊，拨乱反正，有这么个精神以后，就给我们解决这些问题"，学校给他们补发了毕业证，并发放了平反证。在这个"迟来的毕业证"（参见图 3-1）上，毕业的时间是 1962 年，但照片上的 Lsl 已不再是那个二十二岁的青年了（参见图 3-2）。

这种受出身或者其他意识形态问题的影响而离开政治经济文化中心，"放逐"到边疆或农村的"广阔天地"中去"锻炼"，以期"大有作为"的不仅是城市中的青年，在部队转业或其他行业的支边人员中也不乏这样的情况。"1958

---

① 《走进西双版纳》，载《长江周末》第 127 期，1995 年 6 月 9 日。

② 《职工简明登记表》（1966 年 1 月 12 日），普洱市档案馆藏，档案号：14-1-38-90。

③ 《西双版纳武汉人访谈录》（2008 年 5 — 7 月），笔者调查笔记打印稿，Record 05。

④ 《西双版纳武汉人调查日志》，笔者调查笔记打印稿，2008 年 5 月 28 日。

年4月1日,昨天白天,参加了两个座谈会和一个小时的汇报会。通过座谈了解到,被批准转业的80余名机关干部中,绝大多数都是由于人所共知的政治因素,是所谓有着不同程度的'错误'的。都是些什么'错误'呢?——右派言论的错误,家庭出身的错误,海外关系的错误,个人历史虽然清楚但并不'清白'的错误等等。许多经过军校严格训练的,既有才华又有专长的二十几岁的知识分子连排干部,皆因上述'错误'而被'光荣'批准,成为机关中响应伟大号召'上山下乡'的'带头人'"①;"六万多转业军人中,多数是有文化的连、排干部,是正在军队正规化、现代化道路上迈进的尉官们。他们由于整风运动中响应党的号召,对党、国家和军队建设发表了不同意见,甚至多数是对军队基层领导和一些不符合现代化建设的现象,其中包括令人敏感的领导干部不正之风的问题,提出了尖锐的批评,就遭到了'毒草挨锄'的厄运,分别被扣上了'右派''中右'和'右言'的帽子,终于被'刷下来'了"②。所以,口号体现的并不仅仅是政策措施的制定和实施,也远不止社会观念和精神那样简单,而是一系列的社会事件、表象和仪式的集合。

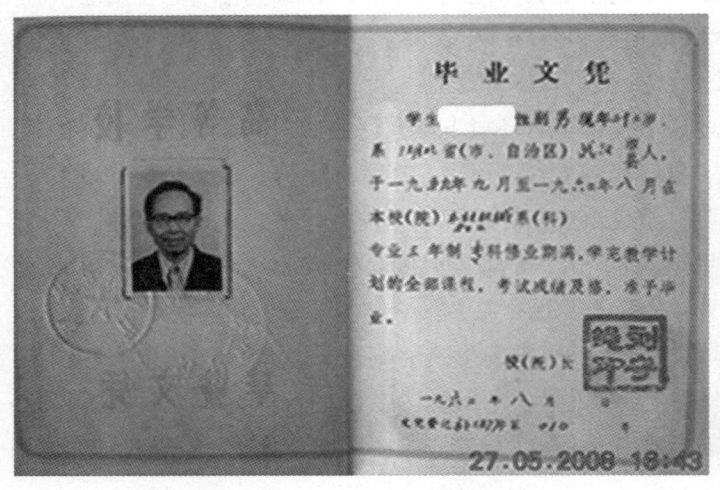
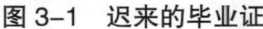

图3-1　迟来的毕业证　　　　　　　　图3-2　毕业照

除了阶级划分的"出身"以外,户籍制度下的"出身"也值得关注。在城

---

① 郑加真:《北大荒移民录(连载之二)》,载《中国农垦》1999年第7期。
② 郑加真:《北大荒移民录(连载之三)》,载《中国农垦》1999年第9期。

乡二元的社会结构中，中国农民一向羡慕城里人的生活，因为城里人有稳定的工作，有固定的工资收入，有相对齐全的生活设施，有按月定量的粮食供应，还有各种农民享受不到的福利待遇。人们被根据户口划分为"城里人"和"农村人"，二者在许多方面都存在差别。除却可以上学参军的青少年外，广大农民想要变为"城里人"的目标，只能通过职业的改变来实现。一个人一旦由国家安排了一个单位，在这个单位里有了一份固定的工作，就是国家职工和城市居民，端上了"铁饭碗"，吃上了"国家粮"，生老病死都有单位管。所以在工厂或其他单位做临时工、季节工、合同工的农民大有人在，一旦有机会他们便可转为正式职工，成为有口粮和领工资的城里人。城里人不愿意变为农村人，所以不管国家怎么宣扬和提倡"广阔天地，大有作为"，干部和职工仍不愿意被精简下放，那些既不能升学又没有工作的社会青年和他们的家庭也极力抗争到农村参加农业生产一事。"工作"对于中国人来说有着特殊的含义，多少年来，国人从不将农民种地称之为工作，而一定要有"单位"才叫工作，虽然有工作的人或者说国家职工不一定都生活在城市，但是在中国的居民身份划分里，凡国家职工都叫城镇居民，是广义上的城里人。"支边"就是如此，尽管要远离家乡到边疆去，尽管从事的也大多是体力劳动，但它能让农民变为工人，能让那部分很可能变为农村人的城里人改变境地，找到"单位"。

许多湖南移民和武汉移民"支援边疆建设"，都是在"出身不由己"的社会环境下所选择的道路。"当时有两个前提，一个是新疆支边去。天天宣传，把头都搞昏了，如果你不行就回农村去种田，而且我们生在城里面，那个新疆建设兵团，一听说建设么也是挖地，哎哟！这个想想也不想去了。那么农村里去呢？我虽然在城里长大，但是我还有亲戚在乡下，小时候读书我到乡下去，看看也不敢去在了，哦，那个挖地我咋个挖得动？财贸建设么，大不了我站柜台卖东西嘛！总的说唱高调是响应号召了，说最客观的，为了谋生出来的，这个说得更客观一点，我们撇开政治不谈。"[①]人们的行为无法超越所处的时代，在共和国十七年的宏观社会历史条件下，"出身不由己"的人们，"道路可选择"的范围其实十分有限，比如那些青年要么到边疆去，要么到农村去；要么到云南，要么去新疆，却鲜少有其他选择的机会。

---

① 《西双版纳武汉人访谈录》（2008 年 5 — 7 月），笔者调查笔记打印稿，Record 08。

"出身不由己"出现在特定历史阶段，但"道路可选择"这种人们为改变自己命运的努力与选择却并不限于特定的时代。广大"支边"移民们，不论最终离开还是定居下来，他们总是在不断选择自己的道路，追求自己理想的生活与事业。

1966年9月5日，继毛泽东在天安门城楼两次接见红卫兵之后，中共中央、国务院联合发出了《关于组织外地高等学校革命学生、中等学校革命学生代表和革命教职工代表来北京参观文化大革命运动的通知》，通知规定凡革命师生来京，一律免费乘坐火车，生活补助费和交通费都由中央财政中开支。这样"大串连"获得了合法的地位和必要的经济保证，串连的参加者很快从大中学校的师生扩展到社会上形形色色的人，其中就包括了以返乡为目的的"钢工总六六支边造反团"的各类成员，他们也扒火车进京，要求接见。

在计划经济管理体制下，高等学校统一招生，毕业后由国家统一分配就业，因此不论是想要摆脱"农民"身份的农村青年，还是下乡或支边的人们，都将"考学"视为改变命运的主要途径之一。"文化大革命"期间，中共中央、国务院发出《关于改革高等学校招生工作的通知》，提出了"新的办法"，将高等学校招生工作下放到各省、市、自治区办理。高等学校取消考试，采取推荐与选拔相结合的办法。"自愿报名，群众推荐，领导批准，学校复审"的十六字方针就成了中国大学录取学生的方法。直到1977年7月，第三次复出的邓小平分管科技和教育工作，提出了恢复高考的决议。1977年10月12日，国务院批转了教育部根据邓小平指示制定的《关于1977年高等学校招生工作的意见》，关闭了11年的考场才再次敞开大门。1977年12月，唯一的一次冬季高考，几百万学生报了名，这些考生中有许多是上山下乡的知识青年，他们从乡村、渔乡、牧场、工厂、矿山、营房奔向考场。

这些奔赴考场的知识青年，大多是"文化大革命"期间上山下乡的。1966年以前的"支边"移民中，也有不少初高中毕业生，不过他们到边疆的时间更早，适应的时间更长，而且他们基本上都有固定的职业，稳定的工资收入，在取消高考的11年乃至更长的时间里，他们在边疆工作生活，也有不少人已经成家生子。所以尽管"支边"人员中也有参加高考，上了大学的，但最终离开的毕竟是少数。

通过这两个片断，我们看到1950—1966年中国社会的几个不同侧面，看到历史中的人怎样生活，他们的命运怎样变化。历史不断发展，社会不断进步，变化不会停止，南下干部、安置失业人员和社会闲散劳动力、工业建设、精简城镇人口、户籍制度下的自流人口，等等，尽管还有太多太多的生命经历无法逐一描述，但作为历史的主体的民众仍在见证、参与和创造着历史。边疆也好，移民也罢，由于中国在变，他们也一直在"变"，社会历史的发展是多层次的，同一个时期，同一个事件下，有自己的经历，他人的经历，整个社会的经历，这些经历彼此互动。

第二节　他们如何评价自己的历史——移民心史的研究

在上一节中我们看到，各种看起来是由上而下发起并执行的政策或制度，却是由民众来实践和亲历的，他们不一定有宏伟的目标、长远的计划，但芸芸众生主观的立场和看法汇成了历史，他们的立场和看法决定了他们的行为，他们的行为影响着事物的发展，最终制约着政策的制定、修改，于是历史变得如此丰富多彩又难以捉摸。本节通过访谈和调查的资料，结合历史背景，对移民心史作粗浅的讨论。

一、"我的历史"——自我价值的认同与实现

移民不单单是人口空间的移动，还关涉到人们的"心理移动"，怎样看待和形容自身的经历和历史，实际上代表着他们对自身的评价，其中的一些看法和观点也许并不符合客观历史事实，但反映的却是人们的真实心态和观念。

移民不单单是人口空间的移动，还关涉到人们的"心理移动"，怎样看待和形容自身的经历和历史，实际上代表着他们对自身的评价，其中的一些看法和观点也许并不符合客观历史事实，反映的却是人们的真实心态和观念。

（一）我们因谁而来？

不论移民们在面对迁移时持何种心态，迁移总是代表了一种变动，人们在经历这一切的时候，也会有一些明显或微妙的心理变化，会产生不同的感情和观念去适应这些变动和变化。在对西双版纳湖南人和武汉人的调查研究中，笔者发现一个很有意思的现象，那就是对自己为何到云南，到西双版纳来，除了文件和众所周知的那些主要原因外，他们还将自己的迁移与伟人联系起来。

1960 年，"支援边疆和少数民族地区社会主义运动"中迁移云南的西双版纳湖南人，是农垦系统的"橡胶移民"。有关他们迁移的具体原因和来龙去脉，

在中篇中已有专节论述，"农垦"和"橡胶"是这次迁移的两个关键词，与20世纪60年代西双版纳湖南移民的迁移命运相连的历史人物，非当时的农垦部长王震莫属。

但事实上，湖南移民更多的是将自己的迁移与国家主席毛泽东联系在了一起。这种联系也许是他们自己做出的，更有可能是在动员迁移时作为政治宣传提出的，因为他们是"毛主席故乡的亲人"，这是在移民迁移过程中反复出现在欢迎标语中的口号。①这种宣传进而衍生成为具有一定版本的故事在坊间流传，后来甚至成为文本被记录下来，例如：

> 1960年湖南省醴陵市、祁东县、祁阳县的……支边人员响应党中央、毛主席屯垦戍边、建设祖国第二个橡胶生产基地的号召，高唱着"祖国号召一声唤，千军万马支援边疆"的战歌，奔赴边疆……50年代中期，植物学家蔡希陶考察了版纳后，向党中央、毛主席汇报说：西双版纳是块宝地，但缺少人才、劳动力。毛主席听了很高兴地说："我家乡人很多，可调一些去支边，开发边疆"。数万湖南人按照毛主席的指示，来到了大地秀丽似锦、植物五彩缤纷、土地肥沃、气候温暖的西双版纳。受到了当地政府、兄弟民族的热烈欢迎。民族群众打着象脚鼓、敲着芒锣、高呼着："共产党门秘（万岁）、门门秘（万万岁），毛主席门秘、门门秘"的口号，欢迎来自毛主席故乡的湖南籍支边人员。②

这类情节和那些真实的细节（例如移民迁出的具体县名）混同在一起，形成故事文本之后，又为更多的人，乃至非湖南移民所接受。例如财贸支边到勐海的Hyc就曾说过：

> 他们更早（指湖南人比武汉人到西双版纳更早），这个背景我也清楚，湖南人到边疆的背景，说起来这个既是史实，又跟伟人联系在一起，毛泽东的号召阿！因为当时呢，西双版纳要发展橡胶，知道吧？这是国家非常紧缺

① 参见《西双版纳湖南人访谈录》（2005年1—3月），笔者调查笔记打印稿，Record 01、Record 28。
② 曾键：《风雨支边四十年》，《中国农垦》2001年第12期。

的一个战略物资。当然这个史实不知道证实过没有，在中央高层，毛泽东提出来我家乡人多，让他们去支援边疆。[①]

西双版纳的湖南移民，作为全国"支边"运动的一部分，规模很大，关于他们的情况也就有影响得多。相较之下，20世纪60年代中期财贸支边的武汉移民比较不引人注意，也没有类似"毛主席故乡的亲人"、"我家乡人多"，这样广为流传和深入人心的故事。但是这并不代表他们对自己的迁移没有特别的想法，不代表他们不能构建自己的历史。相反，因为他们的不成群体，每个人对自己的历史都有不同的思考，仅列举其中一例为说明。

这位建构自己群体历史的人叫Rmd，到西双版纳"支边"之前，他是武汉的一个社会青年，没有固定的工作，打过几年工。1965年云南到武汉招工，他就报名到云南来了，一开始被分配到景洪粮食局，后来又经历过一些单位的调动，最后在运政所退休。

Rmd是一个不甘于寂寞的人，想法很多，在与笔者的交谈中，喜欢对国家大事发表议论和自己的看法，对当地社会的现状和自己的机遇也有颇多意见和不满。大概是在退休后的某一天，Rmd闲来无事到书店逛逛，随手翻翻书，也许他平时就喜欢有关大事件、大人物的书籍，那天看到一本关于原云南省委书记阎红彦的纪念文集，便驻足浏览起来。Rmd说他看到的这本书叫《回忆省委书记阎红彦》，后来笔者检索了有关阎红彦的书籍，并没有如此书名，但是相关的纪念文集有好几本，其中四川人民出版社1999年版的《怀念阎红彦》一书中，有许多内容与Rmd提及的内容相符。这应该是因为"那天我没有装着钱，所以没有买"，他当时没有买下此书，后来对书名记忆错误造成的。[②]

阎红彦，1909年出生于陕西省安定县（今子长县）瓦窑堡，1925年加入中国共产党，参加过西北清涧起义，是西北红军和陕甘革命根据地的创建人之一，转战南北，为中华人民共和国的建立作出了不可磨灭的贡献，是共和国第一批授衔的上将。此后，又先后担任四川省委书记、副省长兼重庆市委第一书记；1959

---

①　《西双版纳武汉人访谈录》（2008年5—月），笔者调查笔记打印稿。Record 07。

②　参见《西双版纳武汉人调查日志》，笔者调查笔记打印稿；《西双版纳武汉人访谈录》（2008年5—7月），笔者调查笔记打印稿，record 02。

年，调任中共云南省委第一书记兼昆明军区第一政委、西南局书记处书记。他主持云南工作期间，特别注意调查研究，了解和掌握云南省的特点、优势与劣势。派出多批调查组下去摸情况，自己也带头调查，制定和实施了一系列适合边疆和民族地区特点的具体政策。云南省经过通盘调整以后，出现了政治上安定，工农业生产迅速上升，整个国民经济协调发展的可喜景象，人们称这个时期是云南的黄金时期。[①]

这些事迹在《怀念阎红彦》一书中，不断被不同人所写的回忆文章提及和记述。当时翻阅此书的 Rmd 一定是很惊喜和激动的，因为他终于找到了"我们这批人为什么到云南来"的原委，而且这个原委还与一个了不起的人物有关。他不断强调阎红彦的个人品格和他实行的那些后来被证明具有前瞻性和先进性的观点和政策，比如对粮食超产部分实行"三三制"；发展多种经营；生猪"吃卖各半"；第一个给毛泽东写信反映撤销大锅饭；其发展生产力的思想和邓小平的"猫论"有异曲同工之效，却早得多等等。又把这些事迹都和武汉移民迁移云南的历史联系起来，在他看来，阎红彦主持滇省事务期间，通过多次调查研究，掌握了云南山区和少数民族地区的实际情况，十分重视商品经济对促进农业生产的巨大作用，并针对边疆商品经济不发达，商业工作无法开展的问题，实施了各项政策，而招收财贸人员到云南就是其中一个重要的具体行动。

Rmd 认为在云南到武汉招工之前，一九六五年七八月间，阎红彦同志到临沧、思茅、西双版纳等地视察。这一次视察的目的是进一步考察边疆四清运动从何入手的问题，和云南到省外招工并没有任何直接的联系。但阎红彦在调查中遇到的一些情况，十分吸引了 Rmd 的注意，例如"在沿途调查和访问中，他发现一部分少数民族文化十分落后，数字观念很差，有的少数民族词汇中没有"万"字。有个卖芒果的人，给一分钱卖一个，给一角钱卖十个就不干。许多合作社没有会计，有些有会计却不会算账，有个大队会计统计牲畜，到各小队每个牲口身上拔一根毛，跑了几天，回来的路上，他拔的一撮毛被风吹散了，结果拿不出数字来"。[②]同样的事件，不同的人会有不同的解读，对 Rmd 来说，这充分说明了

---

① 本书编写组：《怀念阎红彦》，四川人民出版社 2000 年版；李原：《阎红彦上将往事追踪》，云南人民出版社 2003 年版。

② 吴志渊、马原：《学习阎红彦同志对待云南边疆和民族工作的彻底唯物主义精神》，《云南社会科学》1985 年第五期。

边疆商业工作落后，所以云南向武汉招工，要这批武汉人来"换班"，换掉基层班子。他还认为这些人后来没有发挥应有的作用，就是因为他们本来是要来"换班"的，所以受到打压，所以得到重用的很少。[①]

Rmd 把武汉人迁移云南，甚至之后的发展与省委书记阎红彦联系在一起，不能说他的看法是错误的，因为武汉人到云南与当时省委书记的治滇思想也并非毫无关联。只不过，这个关于财贸支边与阎红彦关系的故事，在有关的文献中没有任何地方有明确的记载，省委书记的直接指示或解除也不会具体到这样小的一群移民。

国家主席毛泽东与省委书记阎红彦，都是个体移民对自己身份和历史的构建以及想象，是人们因实际需要而不自知地对历史的加工改造，但是这种想象一旦形成，就会有其扩散的空间；事实真相渐渐遮蔽掩盖，假象渐渐增添垒积，想象也可能最终会被构建成为历史，毛泽东之于湖南移民就是如此，阎红彦之于武汉移民也有可能会如此。

（二）"知识青年"与"社会青年"

作为中华人民共和国历史上特殊而又著名的一群人，那些上山下乡的"知识青年"家喻户晓，已经成为"文化大革命"的标志之一。不过，"知识青年"这一概念是 1966 年以后才出现的，在这之前，这些初高中毕业生也被称为"社会青年"。当然，"知识青年"和"社会青年"是不同时期的概念，它们的意义和指代并不完全相同。

"社会青年"一词使用广泛复杂，这个称呼包括的范围，即使在中央文件中也说法不一。广义地说，它指的不仅有未能升学的中小学毕业生，还有家庭妇女中的青年、个体手工业者中的青年、摊贩中的青年、尚未安置的复员退伍军人以及盲目流入城市的农村青年等，实际上是个成分很复杂的社会群体；而在中央的有些文件中，它又专指"现在城市街道上具有高小以上文化程度的停学待业青年"[②]。以上海为例，大体由这样几种人组成：一是历届初高中毕业生和很少数不服从分配的大专毕业生，共约 2 万人，占社会青年总数的 30%；二是被精简、

① 参见《西双版纳武汉人调查日志》，笔者调查笔记打印稿；《西双版纳武汉人访谈录》（2008 年 5 — 7 月），笔者调查笔记打印稿，Record 02。

② 定宜庄：《中国知青史——初澜（1953 — 1968 年）》，中国社会科学出版社 1998 年版，第 73-74 页。

退职或支援外地又自发回流的人，共 3 万，约占 45%；三是因各种原因中途辍学、退学的，共 1 万 5000 人，占 20%；四是被学校、工厂清洗下来的人，共占 5%。[1]从后来的情况看，将其视为停学待业的知识青年的情况更为普遍，他们事实上就是一个失业青年群体。动员到农村去参加农业生产是安置这些青年的一个主要途径，但最初还仅只是提倡，真正到农村去的青年毕竟只是一部分。后来，上山下乡成为国家的一项专门工作，"文化大革命"期间它作为政治运动在全国普遍深入展开，"知识青年"逐渐成为社会上公认的专有名词，取代了以往常用的"中小学毕业生""青年学生"等说法。从下乡前的身份说，它包括了应届毕业生和以往毕业后未能在城市就业的"社会青年"；从上山下乡的去向说，则包括了到国营农场的青年学生、到农村插队落户的新社员，以及到生产建设兵团和边疆各农场的以往"支边青年"。

云南省 1965 年向省外招收的财贸支边人员中，就有这么一批初高中毕业生，或者说是"社会青年"。本来"社会青年"也好"知识青年"也罢，都只是对这一群人的称呼，并不带有任何特殊的色彩，但从现实的情况看，"社会青年"既然是没能考上学校又没能找到工作的人，也就决定了他们在社会中处于相对在校青年更为低下的地位。这些社会青年在家中无所事事，看不到前途，因而思想混乱，怨言很多，不少人沦为二流子、小偷、流氓、盗窃犯，甚至有的组织反革命集团，[2]"社会青年"也变成了一个"不怎么好听"的词语。而"知识青年"一词，是在上山下乡被作为政策固定下之后，为了保证执行效果，表现政策的正确性和正面色彩应运而生的，突出了响应党和国家的号召"上山下乡""支援边疆"的意义，这当然比在社会上游荡、无所事事的"社会青年"要高尚、光荣、政治性强得多。

20 世纪 60 年代的城市青年，无论什么出身，都把自己的政治生命看得重于一切。有没有前途，首先就是有没有政治前途。在政治条件以及其他条件都相对较好的青年或进入大学，或应征入伍，或留在城市就业之后，下乡或到边疆的青年总会给人一种"被淘汰"的印象，"吃饭什么都靠父母，不劳而获的，什么都

---

① 定宜庄：《中国知青史——初澜（1953 — 1968 年）》，中国社会科学出版社 1998 年版，第 194 页。

② 定宜庄：《中国知青史——初澜（1953 — 1968 年）》，中国社会科学出版社 1998 年版，第 75 页。

不有的"；"名声不好听了嘛！好像是政治待遇，政治说起来都不好听，知识青年么好像政治上要响一些！"[1]于是，在"支边"以后，一些地方或某一些人仍然会对这些青年有所歧视，在公共场合，那些一同来"支边"的职工们有时为了维护青年们的面子也说他们是"知青"，但在私底下还是认为他们是"社会青年"。所以当年作为"社会青年"到云南参加财贸工作的武汉青年学生们，心里极不愿意接受和承认这个名头，极力要和"社会青年"一词撇清关系。好在他们"支边"不久，"知识青年"一词开始普及，根据"支边"以前青年学生的身份，他们便称自己是"知青"，尽管在严格的意义上，他们"有单位""拿工资"，并不属于在农村"挣工分"或农场的知识青年。

实际上，这些财贸支边的"社会青年"，他们在边疆的境遇要比后来的"知识青年"们好得多，但也许是"社会青年"这个称呼在当时确实"不是很好的称呼"，总是带给人们许多不好的联想："什么子？游手好闲！"以致造成一部分社会青年的心理失衡，"老是不舒服"[2]，总是认为自己受到了不公平的待遇，是受"歧视"的，总拿自己和真正意义上的"知识青年"作比较，而且总把注意力放在"知识青年"的"名声"上，却忽略了相对于"知识青年"，自己所得到的实际好处。其实，在"支边"以后，这些人都有了固定的职业，就是事实上的国家职工了，既不是什么"社会青年"，更不是"知识青年"，他们在这两个词上的耿耿于怀和纠缠不清，只不过是人们对追求自身价值和得到社会认同的表现。

反过来，无论青年学生还是原来的财贸职工，这批"支边"的武汉人，当时又是那些知识青年十分羡慕的对象，因为他们"有势力、有钱"[3]，有工作，有收入（而且相对而言是不低的收入），有一定的人际和社会关系。许多年过去后，当知青大返城的时代到来，财贸支边的武汉人注意到"知青回去，我们不能走"，他们看到"上海市，据我们了解，在若干年前就出来政策：凡是在云南边疆插队的这些知青，他们的子女达到十四岁的，一个，可以在上海落户。武汉市

---

① 《西双版纳武汉访谈录》（2008 年 5 — 7 月），笔者调查笔记打印稿，Record 09。

② 《西双版纳武汉访谈录》（2008 年 5 — 7 月），笔者调查笔记打印稿，Record 09。

③ 《西双版纳武汉人调查日志》，笔者调查笔记打印稿，2008 年 4 月 8 日。

就没有这方面的政策，所以上海这方面做得很好，多次组织人来慰问喽！"[1] "上海知青，到现在还允许你子女迁回上海啊！什么政策都有，北京嘛基本大部分都回去了，都招回去了。上海嘛一部分也回去了，但是北京、上海都有些政策给你，就是武汉没有"[2]。

所以，人们对自己生活的评价，其中有一个标准是来自和其他群体的比较，他们会从其他群体身上寻找与自己的相同点，然后认为自己也应享有同样的权利，或者会将其他群体的事情附会到自己的经历中去。因为在这种迁移的过程中，移民总要损失掉一些东西，这些东西也许是实物的，也许是精神或心理方面的，但在经历了迁移的变动后，这些损失在一定程度上被扩大了。于是，他们主观设定一条标准线进行比较，产生一种差距感，形成攀比心理。

（三）"支边"还是"移民"？

对于"移民"的定义，学界已经有不少的探讨和定义。[3]无论如何，在学术研究和概念定义上，无论是作为名词还是动词，"移民"是一个中性的词语毋庸置疑。"支边"是一个特殊的历史词语，关于它所指代的内容和意义的变化，在上文中已有论述。"支援边疆建设"也是一种迁移行为，因此支边人员也就是边疆移民的一类。

基于这样的出发点，在实际的研究和调查中，将 20 世纪 60 年代"支援边疆和少数民族地区社会主义运动"的西双版纳湖南人和 1966 年财贸支边的西双版纳武汉人称为"移民"，似乎是天经地义的，没有什么不妥。然而，那些在我们看来是湖南"移民"和武汉"移民"的人们似乎并不完全这样认为，他们中有的人对笔者称呼他们为"移民"提出了疑义；有的人第一次听到笔者用"移民"一词时，感到有些摸不着头脑，如湖南移民后裔 Wy 在看过笔者的调查提纲后说："嘿嘿……'当代移民问题'，你不说移民我还想不起'移民'这个词，只晓得是'支边'。"[4]还有的人对于把他们当作移民也能够接受，但总是在言辞中

---

① 《西双版纳武汉人访谈录》（2008 年 5 — 7 月），笔者调查笔记打印稿，Record 07。

② 《西双版纳武汉人访谈录》（2008 年 5 — 7 月），笔者调查笔记打印稿，Record 10。

③ 参见葛剑雄《中国移民史》第一卷，福建人民出版社 1997 年版。

④ 《西双版纳湖南人访谈录》（2005 年 1 — 3 月），笔者调查笔记打印稿，Record 23。

有意无意地突出他们的"支边"身份："我们从大的来说也是移民的一种方式了……元明清就有移民，中华人民共和国的移民方式不同，采取支边，采取下农村，'文化大革命'采取知识分子上山下乡。"①

他们不认可"移民"一词，并且有着较为深厚的"支边"情结，这种现象大概源自两方面的原因：一是在中国历史上的移民，包括军队及屯垦的戍卒，贬谪发配的罪犯，"最初到云南的就是充军，后来嘛的确是移民，国家有组织的移民"；还有人口稠密地区向地广人稀之地的迁移的人口，"因为这个地方人少，土地宽阔，落后！需要一批内地人来带动，刺激生产，是这种方式了嘛！并不是说你是坏人来移民"。②而云南在历史上，在那些"内地人"的观念里"是充军的地方"③。这样的事实，在一些人看来就好像移民，特别是移民到边疆，即等同于充军、流放，或者是因为生活不下去而流落到其他地方生活，总之在他们看来，"移民"与"社会青年"一样不是一个好词。另一个原因，就是对"支援边疆建设"大量的、正面的、动员式的宣传。中国历史上，人们通常不轻易背井离乡，特别是要迁移到遥远未知的边地去，这对于许多人来说是不能接受的。中华人民共和国建立后，为了各项建设和局势的需要，要人们移民到边疆去，除了给予物质上一定的待遇外，还需要不断地突出这类迁移活动重要和光荣的性质，从精神和信念上给予人们使命感，"支援边疆建设"一词就具有这样的效果，所以武汉支边的 Szc 认为"这个农场种橡胶的……你说是叫云南人来种的话，本来云南人就少，就想办法到其他地方移民来，不好意思叫移民嘛，就说是来支边"④。而且"支边"还给很多人造成一种错觉，那就是"讲'支边''支边'，都以为是支援边疆建设，支援一下嘛，建设好了就回去"⑤。

其实无论"志愿垦荒""支援边疆"，抑或"上山下乡"，这些国家计划或

---

① 《西双版纳武汉人访谈录》（2008 年 5 — 7 月），笔者调查笔记打印稿，Record 10。

② 《西双版纳武汉人访谈录》（2008 年 5 — 7 月），笔者调查笔记打印稿，Record 10。

③ 《西双版纳武汉人访谈录》（2008 年 5 — 7 月），笔者调查笔记打印稿，Record 07。

④ 《西双版纳武汉人访谈录》（2008 年 5 — 7 月），笔者调查笔记打印稿，Record 04。

⑤ 《西双版纳湖南人访谈录》（2005 年 1 — 3 月），笔者调查笔记打印稿，Record 04。

动员迁移的人口，都是移民，目的都在于使这些人能够在迁入地生根，只不过口号或名称不同而已。但是对历史上移民活动的主观认识，使一些人把"移民"看作不太好的事情，在这个意识基础上，中华人民共和国"支援边疆建设"新语词的出现，显得更加具有吸引力。所以对许多十七年移民来说，"支边"是他们对自己最重要的认同之一，他们力图维持这个已有的身份，以保持一种人生意义的最终归属。

二、"家"的概念

家对中国人的意义甚为重要，由家进而有了对家乡的深厚感情，有了"离土不离乡""落叶归根"等浓重的乡土情结，实际上代表了人们对自己身份及归属的认同，那么对于那些经过迁移，并且变化了常居地的移民来说，"家""家乡"是怎样的概念呢？移民的家乡是很难定性的，从他们开始迁徙的那一刻起，"家"及其含义就不断发生变化，不断被附加了新的意义。研究海外华人移民的学者提出：对华人移民而言，"祖先的家""情感的家"和"功能的家"构成了"家"的三个基本维度。[①]对 1950 — 1966 年的中国国内边疆移民来说，"家"也同样存在这种意义的分裂和多层次现象。

首先，移民的家乡首先来源于祖籍地这个参照对象。20 世纪 60 年代，以"支援边疆"名义进入西双版纳的湖南或者武汉移民，是离开家乡到边疆参加建设的，边疆不是家乡。所以，从西双版纳湖南移民和武汉移民的历史中，我们看到他们虽然在诸多方面都存在许多差异，但是在迁入初期都经历过一个比较集中的迁返阶段，在这个阶段"家乡"对于他们来说就是那个迁移以前一直生活居住的地方，包括 1963 年以前的湖南移民"返乡潮"，以及武汉移民成立的"钢工总六六支边造反团"等，这些以返回迁出地为目的的行动，是他们历史中最为重要的内容之一。

移民们的这种迁返的努力持续了很长时间，只不过在迁入初期显得比较剧烈和集中而已，即使最初的返乡潮流过去后，一旦有合适机会，很多人还是会迁回地做出各种选择和判断，为返回原籍作准备，为今后落叶归根打基础。本书在前文中谈到湖南移民向农场人转变时，曾列举了 A 先生子女的婚姻，其中 B4 的婚

---

① 王苍柏、黄绍伦：《回家的路：关于全球化时代移民与家园关系的思考》，载《广西民族学院学报》（哲学社会科学版）2006 年第 4 期。

姻实际是西双版纳湖南人这种返乡心态的反映：1981 年 A 的妻子杨氏和另一户家在农场的亲戚各自带着女儿回乡探亲，"想把她们嫁回湖南去"，"先不都是想湖南想家啊！嫁一个到湖南去，我就可以回去嘛"。这个找对象的过程持续到 1983 年，最后直到 1985 年 B4 嫁回了湖南。[1]

但是，当最初的返乡热潮过去后，大部分的移民最终定居生活下来，他们通过对传统社会组织原则和文化传统的创造性借用以及对集体记忆的选择性营造，来平复对家乡的怀念和迁移带来的心理焦虑。例如，在很长一段时期中，西双版纳湖南移民努力照搬了湖南乡村文化仪式，不仅组织了负责婚丧嫁娶时吹拉弹唱的小乐队，还包括筵席的菜式、礼仪的程序等。一些传统的实行，受到地域和社会条件的限制，他们就用其他的方式来体现此类意义，这就是所谓"创造性借用"，并且对于迁移的意义，选择性地营造了"毛泽东故乡的亲人"这样的集体记忆。

在经历了漫长的边疆岁月之后，故乡原籍逐渐地远离他们的生活，"年轻的时候，那个时候回家的愿望很强烈。越到后来么，越来越淡了"；"尤其是成了家以后"；"成了家，在当地找了对象……"[2]他们对家乡的概念，变得与 20 世纪七八十年代以后的其他移民有所区别又相互纠缠：那在时空上都相对遥远的原籍仍然是他们思念的"老家""故地""祖籍地"，但是他们的家庭、工作单位、至亲、好友，都不在那个遥远的家乡而是植于如今生活的这块土地上，迁入地在某种程度上对这些移民已具有了不完整的"家"的意义。更重要的是，移民对"家"的参照，更来自迁入当地的社会，迁移的经历和移民身上的移出地特征在同当地人群的反观中更具有了特殊性和差异性。

对移民后代来说，父辈的"家乡"也许仍然是他们观念上的"家乡"，这个家乡却又如此抽象，大多数人没有到过父辈的原居地，或者仅只是随父母"探亲"过一段时间，那个"家乡"的许多东西，是他们感到陌生的，离他们的生活太远太远。他们中有的人仍把自己当作"湖南人"或"武汉人"，可是他们身上却少有这些地域人群的特征，对于父辈的"家乡"，他们没有实际生活的经历与感情，最多只是走马观花的好奇与游历。对移民后代来说，原籍的"家乡"，只

---

① 据笔者 2005 年 1—3 月田野调查所得。

② 《西双版纳武汉人访谈录》（2008 年 5—7 月），笔者调查笔记打印稿，Record 11。

有在精神的层次上，才是和自己的父辈相提并论的概念，因为那并不是他们离开的地方和旅途的起点，而只是内地文化的代表和祖先的家园。甚至随着岁月的流逝，更多的移民后裔，连对父辈原籍地那种"家乡"想象的感情也没有了。但是因为他们的这种来源和对家乡的想象，很多实实在在的当地人仍然称他们为"小湖南""小武汉"。

所以，不论移民或移民后裔，同一个人在面对不同的对象或事件时具有不同的身份概念；不同的人因为个体经历的差异，对同一个事件或对象的态度也会有所不同。在面对当地人的时候他们会自我定位为"版纳的湖南人"，或者"版纳的武汉人"，这个时候他们强调的是原籍的特殊身份；在面对来自异地的游客、商贾、官员、研究者等其他各类人士时，他们又可能持一种"湘裔版纳人"或"武汉裔版纳人"的观念，这个时候他们应对的出发点是以本地人自居的；而且在那些20世纪70年代以后的移民面前，他们还会自觉不自觉地表现出自己的"支边"身份，以凸显不同。"家"对他们来说也变得有些不确定和模棱两可，他们的身份是晃动的、流变的，在使用这些概念自我定位时许多人有一种举棋不定、自相矛盾的心理，在"我是什么样的人"这样一个含糊不清的问题上，所有这些不同的向度，交织一起，纠缠不休。

既然"家"的概念正变得日益分化和难以确定，那么，移民还有"家"可言吗？可以确定的是，当移民离开最初的生活环境开始迁移，他们就不可能再回到原处，而对原居地"家"的怀念与想象，成为他们重要的寄托，但这并非传统意义上实在的、具体的、可以触摸的"家"。迁移之后，他们需要对自我身份作出新的阐释和理解，移居地对他们来说是"新家"，同时又是"不完整的家"，或者是"部分的家"，他们"既在此，又不在此"[①]。"我过去是谁，现在又是谁"，"他人认为我是谁"……这一系列对个体和群体身份的追问，是他们自己难以诉说和弄清，别人也无从体会和理解的问题。

在目前的学界研究中，历史学家、民族学者、社会工作者、心理专家等都已经认识到并十分重视关心民众生活和观念等问题，以上也是这些心态的确实且不完全的反映。同时，人们的这些自觉观念和心态，却通常不为他们自己所认知，大多数真正置身于历史中的民众不期望或从来没有意识到自己应该被记录下来，

---

① 王苍柏、黄绍伦：《回家的路：关于全球化时代移民与家园关系的思考》，载《广西民族学院学报》（哲学社会科学版）2006年第4期。

他们并不认为有这种必要，也不会觉得自己的经历有任何高深的意义。他们只是遵循着自己的生活，甚至不愿意谈论自己，我们只有从那些只言片语的描述中，去捕捉、去感受那些确实存在又无法确切言说的心路历程。

第三节　"西双版纳人"与地缘社会的形成

一、不同群体的交往与融合——"西双版纳人"趋向

从迁移过程和个体的经历来说，本书在第二章中提及的两个移民群体"湖南人"和"武汉人"，他们原本没有太多的联系，在共同经历了"支边"这样的历史事件之后，却在西双版纳碰了面，作为移民，他们中的大多数最终走到了一起。这个"一起"既是说他们从不同的地方来到同一个地方，也可以概括他们怎样从不同的群体逐渐向同一个群体——西双版纳人——变迁的过程。

"西双版纳人"，不单指版纳傣族或其他某一民族，而是指自 1953 年土地改革完成以来，在新的社会制度下，在这一片土地上共同生活、生产的人们，经过各方面交往和融合而成的新群体，这是以地域划分的人群。"西双版纳人"群体来源于"湖南人""农场人""武汉人""老傣族""僾尼人"……但对于群体外的人来说，他们都是"版纳人"，就像无论是北京人、上海人还是云南人，到了国外统统都是"中国人"。

群体内部来源不同人群的相互影响和融合，是一个相当复杂的过程，以每一个来源的人群为主都可以理出一条变迁的线索，每一个群体在与其他群体交往的过程中都形成一些看法，部分地接受对方，又在一定程度上影响对方。"湖南人""武汉人"最初到来时，无论从哪一方面，与西双版纳的世居民族都是格格不入的，但是人们在同一地域内生活，必然有各种各样的接触，不仅有学会傣语的李某，做鞋子到村寨卖的杨氏[①]，也有下乡参加各种工作组，和老百姓"三同"的武汉财贸支边人员。"我原来搞农村工作基本上是走路，从这个地方走到勐宋最高的峰我是去过，这边从整糯坝走到普文，走老的茶马古道，我们都走过"；"我们去傣族家、布朗族家、僾尼族家，大部分是傣族家。当时国

---

① 《西双版纳湖南人访谈录》（2005 年 1—3 月），笔者调查笔记打印稿，Record 04、Record 23。

家也在强调'同吃、同住、同劳动','三同'!'文化大革命'前后又加了一个'同学习',学毛著了嘛!"①还有主动和这些"武汉人""湖南人"打老庚、认干亲的本地民族。②湖南移民到来时,当地少数民族都几乎不会汉语,而是一些像李某这样的人,去学习少数民族语言;而武汉移民迁入后,在他们下乡工作期间,版纳村寨里的年轻人已经都会说汉语了,"老的不会说,年轻的都会说,像你(笔者)这个年龄好多都会说"③。移民到来后,与当地民族交错杂居,缩短了相互接触的距离,增加了交往的渠道与频率,使族际互动处于直接、充分和全面的状态。

移民和原住民之间的关系是移民史研究的重要课题,这种联系比较容易理解。这里要突出的是,不但外来移民和本地民族之间相互认识、熟悉、评价,就是移民和移民之间也在不断经历种种交往和融合。这个问题放在移民社会——农场中来看就很直观,前文曾经对湖南移民和"知识青年"之间的关系做过一些介绍,二者作为不同类型的群体,带有不同的特征,彼此也有对对方的看法和观念。同样作为农场职工,湖南籍的、墨江籍的、镇沅籍的、少数民族的工人,都是这样在互相接触中,逐步了解和认识对方的。

农场虽然是一个较为自成体系的居民社会,但其中的人也要与外界接触,也对"地方上"有自己的看法;在"地方"工作和生活的武汉人同样对湖南人、知识青年、农场有自己的看法和评价。尽管今天并没有多少人知道1966年这批财贸支边武汉移民,但是他们在"文化大革命"期间到西双版纳的上海知青中却很有影响。一位上海女知青到农场一段时间后,被培训为学校的教师,而在上岗之前,负责对她们进行简单培训的就是之前"支边"的那些武汉移民中的高中生,因为他们来得早,比较熟悉当地的情况,尤其是学龄儿童的情况;④景洪的Wjm谈到他在冷库上班的时候,因为"当时的生活非常苦,农场还没得肉吃!环境所迫!……当时我在冷库,因为得天独厚的优势,在冷库卖肉,一个月才卖一天两

---

① 《西双版纳武汉人访谈录》(2008年5—7月),笔者调查笔记打印稿,Record 02、Record 05。

② 据笔者2005年、2008年两次田野调查所得。

③ 《西双版纳湖南人访谈录》(2005年1—3月),笔者调查笔记打印稿,Record 23;《西双版纳武汉人访谈录》(2008年5—7月),笔者调查笔记打印稿,Record 04。

④ 《西双版纳武汉人调查日志》,笔者调查笔记打印稿,2008年6月25日。

天最多三天肉。……他们（农场的知识青年）没得肉票嘛！人家不发给他们，就找关系开后门拿"①。

在"地方"社会，不同来源的移民同样因各种原因产生各种方式的联系：一部分武汉青年学生到达昆明的时候，"还碰到四川来了一批（学生）了，他们穿的是统一发的服装，蓝色的棉服了嘛！到农垦的。我们高头写着的是'六六支边财贸人员'，服装么是乱七八糟、五颜六色的各种材料"②。这刚好与材料㊿的描述相符："1965 年 12 月 16 日，四川知识青年 2000 人和武汉财贸支边职工 2600 人，第一批人员到达昆明。"那些负责运送移民的卡车司机，就是武汉人最早接触的当地居民，也是最早从他们那里得知当地的一些概况的，"那个（西盟）县城听他们介绍说很小，有一个球场，背到高面打篮球，球滚下去，找一天才找得上来，我们就不想去了"，"那里（武汉）根本没有听说这些，到这里才听讲"，"那些驾驶员无形当中透露的消息……他们说澜沧那些地方比较艰苦，山区多，思茅地区勐海这个地方比较好，云南的产粮大县"③。Rmd 则因为在粮食局负责卖粮，"所以老景洪人我基本认得，当时大家都缺粮，每个月他们都要跟我见面一次，因为那个时候可以提前两天卖下个月的粮，到月头的时候买米都是比较拥挤的"④；云南腹里地区的山区农民，特别是邻近思茅地区的镇沅、墨江等地，也有不少人自发流入西双版纳并定居下来，笔者访谈的几位武汉男性移民，最后的配偶都是这类移民的后代。⑤

还有一些是间接的联系，比如为接待修筑道路的工役制队伍，云南"鉴于过去我省曾有迎接湖南支边移民及归国华侨移入等工作的经验，拟请农垦局及侨务

---

① 《西双版纳武汉人访谈录》（2008 年 5 — 7 月），笔者调查笔记打印稿，Record 04。

② 《西双版纳武汉人访谈录》（2008 年 5 — 7 月），笔者调查笔记打印稿，Record 10。

③ 《西双版纳武汉人访谈录》（2008 年 5 — 7 月），笔者调查笔记打印稿，Record 09。

④ 《西双版纳武汉人访谈录》（2008 年 5 — 7 月），笔者调查笔记打印稿，Record 02。

⑤ 参见《西双版纳武汉人访谈录》及《西双版纳武汉人调查日志》，笔者调查笔记打印稿。

处派有接待经验的人员协助接待办公室工作"①，在这样的过程中可能不同来源的移民也会有一些相同的经历。

以上只是具体的一些小事例，实际交往的层次、深度和广度都要复杂得多，总之，移民迁入后要建立新的社会关系，当地人面对外来人口的不断迁入也要不断调整社会关系，在包括居住格局、学习、工作、娱乐，乃至个人自发的社会交往等等多线条交织的联系过程中，"西双版纳人"群体正在逐渐形成。

二、地缘社会的形成

"西双版纳人"不仅仅是一个群体，还代表着一个地域社会，因为"社会和个人原是整体的东西，不过两方面的表示和看法而已。个人的思想行为，无一不含着社会的成分，欲知社会或团体本质，必须了解社会或个人的举止、行动和态度，个人不能离开社会而单独生存，社会没有个人，也不得谓之社会，因此研究社会脱不了个人，研究个人也脱不了社会，社会和个人是二而一的整体"②。在西双版纳地域范围内，以地域划分的人群必然带有地域特征，这些特征的出现也意味着地缘社会的形成。

首先，人们在生产与生计方面有相似的从业领域。据 1990 年第四次人口普查，西双版纳州 15 岁及 15 岁以上的在业人数有 432 003 人，占 15 岁以上人数的 79.16%，分为 10 个行业门类：农、林、牧、副、水利业 364 662 人，占在业人员的 84.41%；工业 13 086 人，占 3.03%；地质普查和勘探业 219 人，占 0.05%；建筑业 6958 人，占 1.61%；交通运输、邮电通信业 5109 人，占 1.18%；商业、饮食业、物资供销和仓储业 10 787 人，占 2.5%；房地产管理、公用事业、居民服务和咨询服务业 1803 人，占 0.42%；卫生、体育和社会福利事业 2279 人，占 0.53%；教育、文化艺术和广播电视业 7371 人，占 1.7%；科学研究及综合技术服务事业 2202 人，占 3.78%。③

从业人数最多的为农、林、牧、副、水利业。西双版纳农业历史悠久，农

① 《云南省交通厅关于征集河南、山东两省民工支援我省修建国防公路问题的报告》（1965 年 5 月 14 日），云南省档案馆藏，档案号：116-1-236-040~043。
② 林耀华：《从人类学的观点考察中国宗族乡村》，载林耀华著《从书斋到田野》，中央民族大学出版社 2000 年版。
③ 西双版纳傣族自治州地方志编纂委员会编：《西双版纳傣族自治州志（上）》，新华出版社 2002 年版，第 377 页。

作物以水稻、甘蔗、茶叶为骨干；在林业中，橡胶北移栽种的成功，使其成为西双版纳最大的产业之一，"云南的植胶面积现已达 300 万亩，西双版纳占 200 万亩，1999 年产干胶 13.75 万吨"[①]。相应的就有大量人口直接从事农业、橡胶生产或在与之相关的加工、运输等行业领域内谋生，如制胶厂、糖厂、茶厂、粮油食品加工厂的工人；以拉胶、运米、送茶等使本地货品流通的汽车驾驶员等。西双版纳农垦"以橡胶为基础产业。景洪、东风、勐捧 3 场是全国最大的橡胶生产企业，勐满、勐腊、橄榄坝、勐醒、勐养 5 场也都以植胶为主，黎明大渡岗 2 场部分植胶"[②]。不论国营农场怎样自成一体，农垦是存在于西双版纳地域社会之中的，所以农场的经济生产也对西双版纳社会产生影响，当地民营橡胶发展很快，到 1989 年，西双版纳"民营橡胶已达 54 万亩（当时农垦为 75 万亩），农垦植胶面积与民营橡胶面积之比为 100 : 78"[③]。除了给予各种物质支持，国营农场也派出技术人员指导示范民营橡胶操作，还为各乡（镇）派驻专人负责联系指导，不仅传授了橡胶种植技术，双方也交流了人才，一些派出的技术指导人员，在工作交往中被各族干部群众接纳，应邀留在地方政府工作，农场职工与当地民族共同利用自然条件，创造性地开发生产。商业、饮食业、物资供销和仓储业中，包括了国营商业的从业者及个体经营者。边贸和外贸是西双版纳商业的特色之一，与缅甸、老挝、泰国等周边国家既有外贸进出口关系，又有边境贸易往来。旅游业也是西双版纳经济发展的支柱，为此应运而生了为旅游业服务的旅行社、宾馆、酒店及运输等行业。

这些生计方式，不仅使移民改变了职业，当地民族也要不断适应新的环境，改变行为生活方式，所以不论外来还是世居，人们的这些生计方式是相互联系又不断变化的：当地民族一般依靠自家的土地从事农业生产，或者种植经济作物；家中剩余的劳动力间或从事边贸，有的在各类工厂或旅游服务业中工作。20 世纪 80 年代以前，进入西双版纳的移民及其后裔中很多是农场职工，其余的人也不外乎以上几种谋生方式，有一定经济基础的家庭也有意投资购地或种植经济作物。自流入西双版纳务工经商者，为生计四处奔走，或在集市开铺，时间久了就

---

① 徐明安：《把青春献给橡胶科技事业》，载《风雨话同舟——西双版纳州文史资料》第十四辑，第 82 页。

② 《西双版纳农垦志》，西双版纳州农垦分局 1999 年编印，第 1 页。

③ 云南省农垦总局编撰：《云南省志·农垦志》，云南人民出版社 1998 年版，第 433 页。

讨个当地人为妻，等到有了儿女之后，为了子孙今后的生计也就购置些田地。购置了土地的人不一定自己从事生产劳动，一家人买了橡胶地后，或者因为割胶辛苦，或者因为技术不好，他们便会雇人割胶，雇佣的劳力大部分来自云南内地农村的人口，这样更多的外地人口到西双版纳务工，加入西双版纳社会，不断融入西双版纳人群体中来。在这种求生存的过程中，人们相互交往，从表3-1来看，各行业中各民族的从业人数是比较均衡的，除了如建筑业等少数以外来务工人员为主的行业外，较少有某一行业从业人员以某一民族为主的情况。

表3-1　1990年西双版纳民族行业人口状况简表[①]

民族	在业人数（人）	农、林、牧、副、渔、水利业（人）	工业（人）	建筑业（人）	交通运输、邮电通信业（人）	商业、饮食业、物资供销和仓储业（人）	教育、文化艺术和广播电视业（人）
傣族	149 900	142 276	1291	105	763	1436	351
汉族	113 638	70 348	8465	5465	2999	6812	342
哈尼族	80 979	75 033	1450	262	519	977	125
拉祜族	24 774	23 443	291	42	144	225	29
彝族	19 240	15 202	726	185	405	673	93
布朗族	17 088	16 600	77	6	30	57	6
基诺族	9146	8141	228	8	65	193	29
瑶族	2247	7012	29	3	13	34	2

　　无论是来自内地的移民还是当地民族，都只能根据所处的自然环境和当下的社会发展作出选择，从发展的经历、从事的职业或求生的路子来说，橡胶产业、旅游业、境外贸易等是西双版纳经济的地域特征，而不再是农场和地方，汉族和少数民族的分别。

　　其次，地缘社会中不同来源群体相互交流的结果更多地体现在文化习俗领域，在西双版纳这个共同的地域范围内，外来人口和当地民族，"农场人"和

"老百姓"共同生产生活，习俗濡染、文化交流、相互学习、共同发展，逐渐趋于融合。

在吃穿住用等生活习惯方面，不论来自何处，西双版纳的常住或定居人口，在语言、居住、饮食、婚葬、娱乐等多方面都发生改变或出现添加。这一方面反映了近距离交往的深入性和全面性，另一方面也反映了在正常民间交往中得以伸展的文化交流的双向性和自愿性。

移民会自觉不自觉地对原有文化进行某种保护，但由于处于被包围的特殊环境，当地文化从四面八方渗透，无论是否愿意，是否抗拒，或迟或早，或深或浅，他们不断从对当地自然环境、社会风俗的不适应，向乐居其土，改造并接受当地风俗的方向转变。"我们来到这里还是有点感觉彻底地脱胎换骨了"，Hsz 初到景洪的三年中，水土不服，"腿一直流脓水，仿佛硬要三年才能适应这里"；退休后她想在武汉过一次春节，"结果到了十一月份我的皮肤已经受不了在武汉的那种干燥，我已经是在景洪的这种皮肤了，那个裂的这个口子啊！一条一条啊！会渗血……已经不能够适应那里的了。到了十一月底了，我还是熬不过，还是回来了，本来二月份就可以过春节了，我还是跑回来了，想在家过个春节都过不了"[①]。如今的西双版纳湖南人在生活习惯上，一方面保存了湖南文化的若干特质，另一方面又采纳了边疆文化的若干方式，受着双重文化的陶冶。上文提到的 A 先生一家，一桌年夜饭通常是各种菜式并举：有杨氏拿手的湖南"焙肉"，也有小女婿做的"苦菜喃咪"，还可能有儿女们跟知青学的菜式……这种"大杂烩"是"农场人"的文化融合，也是向着"西双版纳人"转变的表现。虽然祖籍在内地，虽然是汉族，但当有外地的朋友到来时，这些汉族移民或移民后裔也会带他们到傣族餐馆，因为"这是本地特色嘛！"

在语言方面，移民家庭成员互相交流时仍然使用家乡话，文化交融和婚姻关系使进入这些家庭中的云南汉族或少数民族也能融入其中交流。不过，西双版纳湖南人或武汉人使用的家乡话和传统方言已有很大差异，即使是第一代移民，经过多年在西双版纳的生活，回家探亲时"已经是尽量讲得地道了，讲了几句人家就听出来，说'你不是这里的吧？是出去哪里回来的？'"[②]汉族移民的大量

---

① 《西双版纳武汉人访谈录》（2008 年 5 — 7 月），笔者调查笔记打印稿，Record 01；《走进西双版纳》，载《长江周末》1995 年第 127 期。

② 《西双版纳湖南人访谈录》（2005 年 1 — 3 月），笔者调查笔记打印稿，Record 22。

进入，加上学校教育、广播电视的普及，也使大量的汉语词汇进入到哈尼语、傣语词汇当中，有的还成了日常用语。现代的少数民族碰到一起用汉语或略杂哈尼语交流的现象越来越普遍，就是有意用民族语言交流，也难免夹杂许多平时说惯了的汉语词汇，有的意思则只能用汉语词汇才能表达清楚。经常接触别族的少数民族青年汉语流利，少带或完全不带本民族口音，有的只能听懂一些日常用语，一些人已不会讲本民族语言。语言上这种相互影响的结果，就是出现了"版纳话"。西双版纳通用方言属于汉语北方方言，不过带有西双版纳地域口音。这种口音，与傣族、哈尼族等说汉语的口音有关，是民族融合在语音上的反映。在工作场所、学校、市场等公共空间，无论移民或移民后裔、当地少数民族都以这种"版纳话"作为沟通的媒介。

从内容的变化来看，一种文化习俗从接触到被吸收，往往要经历一些中间形态，或过渡环节。比如 20 世纪 50 年代初期，西双版纳普通中农以下居住的均为简陋茅草屋；从 60 年代起，富裕起来的傣族农民开始建盖干栏式瓦顶木结构楼房；80 年代起基诺族、哈尼族、彝族、拉祜族、布朗族等山区民族建砖瓦木结构平房，瑶族建木结构楼房；90 年代公路沿线傣族居民开始建钢混结构楼房，有的还用瓷砖贴面装修；[①]如今也有少数傣族盖住平顶楼房；带有民族特色的竹席、篾桌也进入边疆汉族的生活中。人们的宗教热忱往往并不专一于某一宗教、某一神灵，而是兼收并蓄，寻求众多神灵的帮助与保佑，西双版纳的汉族为保平安、求财运或多或少地参与过"拴线"等少数民族的宗教仪式。而在实际生活中，汉族人喜欢参与傣历新年的泼水、赶摆等活动，部分少数民族过某些汉族的节日的现象也越来越多见。随着时代的发展，西双版纳还出现了许多汉傣、汉"夷"[②]混合的产物，例如现代的冷饮店中也制作柠檬冰凉粉、舂黄瓜等少数民族传统食品。

这些相同或相似的特征，是不同来源的人群在西双版纳地域范围内，在共同的自然环境、社会条件影响下，相互融合所产生的结果。不同的文化习俗，被吸收的速度不同，大致说来，物质文化融合得快，非物质文化，如宗教、伦理、价值等的融合要慢些。食物、生产生活用具等物质文化是工具性的，不为从属问

---

① 西双版纳傣族自治州地方志编纂委员会编：《西双版纳傣族自治州志（中）》，新华出版社 2002 年版，第 9 页。

② "夷"在这里借指少数民族。

题所困扰，容易在各种类型的人群间共享。有的少数民族依旧居住在传统的房屋中，但却把各种现代家居用品先行搬进竹楼里享受；同样，各类民族服饰做工精巧，样式独特，移民们也竞相模仿。而在婚俗、冠笄等仪式文化或观念文化领域，由于涉及深层的民族心理和民族道统因素，变化比较迟缓。

由于历史原因和客观条件的影响，西双版纳人群体尚未完全形成，但从这些职业或生活习惯方面的相似性已经表现着他们更深层的群体特征。西双版纳湖南移民，群体迁入，群体变迁，他们经历了"湖南人—湖南移民—湖南籍农场人"的变化，他们的子孙正在向着"湘裔西双版纳人"变迁。如果仅仅单独看西双版纳武汉移民，他们是"去群体"性的，这是从来自武汉这个"群体"来说的，但是如果跳出来看，这批武汉人是"支边"移民的一部分，他们与共和国十七年中的边疆移民是有同一性的；更进一步说从他们迁入边疆开始，就处于一个不断地融入当地社会，向地域人群转变的状态中；他们不成"武汉人"群体，但却属于"支边"群体，正向着"版纳人"群体转变。

融合不会停止，群体也会不断地发生变化，但可以预见的是地缘社会正逐渐形成，"版纳人"群体处于人口增长、规模扩大的趋势之中。20世纪的外来移民经过迁移与适应，最终实现定居，他们的子孙继续变迁发展，不断朝着居其地、有其产、守其职、子孙承袭并向世居的西双版纳人的方向转变，尽管祖先是湖南人或武汉人，但他们与今天在湖南生活的湖南人，在武汉过日子的武汉人完全不同，在他们身上你看到的一定是"版纳味"，他们终将完全融入当地社会，真正成为版纳社会的一分子。总之"地有变迁，人有移徙，昔日桑田，今日沧海，今日的主人，昨日的远客，又岂能一一的作真实确尽的辨认？"①

第四节　支边与西双版纳社会变迁——现代化历程

1950—1966年，中国国内的移民具有向边疆流动的趋势，边疆多为少数民族地区，所以众多"支边移民"支援或迁入的是"边疆和少数民族地区"。内地以汉族人口为主的共和国十七年"支边移民"，直接改变了边疆少数民族地区的人口结构、分布；还从其他的方面不断改变了着边疆社会，潜移默化地促成或加快了边疆现代化的进程。

---

① 胡耐安：《边疆问题与边疆社会问题》，载《边政公论》第三卷第1期。

一、移民与边疆社会变迁

人们通常习惯于简单化的思维，偶尔翻阅历史也不过是为了寻找其中能够刺激大脑神经的惊艳绝群，并不在意凡夫俗子们的生活，其实没有平凡就没有奇迹，没有平凡也就没有丰功伟业。在宏观社会历史发展的潮流中，移民见证亲历，并在一定程度上参与创造，从各个方面改变着边疆。

某一地区的开发建设、生产发展是以人口为基础的。从经济角度看，人口是财富的生产者，有土固足以有财，但是土地的经济价值，需要劳力加入后才能发生，人不能尽力，地不能尽利，虽有大好资源，仍然没有为所用。因为地广人稀，且当地人乐安天命，无心生产，所以"天然财富莫由开发"，"非农业人口，那个仓库角角里面堆的大米就可以供应一两个月"；"杀一头猪，从早卖到黑都卖不完……肉都臭掉了"[①]；"一小捆菜，用芭蕉叶包好；几个鸡蛋，摆着卖"[②]。人口——劳力是财富生产，经济发展的关键，人口多则生产量大、消费量大，消费量大又可引起生产的增加，生产技术的改良，富源开发，财富增加，商业发达，人民生活得以提高，文化得以进步。例如农场附近的村民会到这些移民社区出卖多余的商品，在市场不发达的年代尤为多见，直到现在，村寨中的少年和老人，仍然会将数量不多的东西就近到农场去卖，有的人更是从勐海运米到勐捧各个农场居民点销售，这样在汉族聚居点的周围渐渐出现了较固定的集市，大的如东风农场兴建的东风集贸市场，是整个勐龙坝子最大、最为集中的集贸市场，1989 年"被西双版纳州人民政府评为'全州文明市场'；1990、1991、1993 年连续被州工商行政管理局评为'全州文明市场'；1992 年获云南省工商局授予的'全省文明集贸市场'光荣称号"[③]；小的如景洪五分场内的小集市。[④]移民对当地经济的推动不仅在于贸易的增加，还在于对当地生产技术的提高发挥作用，共和国十七年中的移民来自社会经济较为发达、生产技术水平较高的内地，他们的到来必然带来先进的生产技术，为当地社会注入新的社会活力，造成

---

① 《西双版纳武汉人访谈录》（2008 年 5 — 7 月），笔者调查笔记打印稿，Record 04。

② 《西双版纳湖南人访谈录》（2005 年 1 — 3 月），笔者调查笔记打印稿，Record 03。

③ 《西双版纳农垦志》，西双版纳州农垦分局 1999 年编印，第 413 页。

④ 据笔者 2005 年 1 — 2 月田野调查所得。

强烈影响，带动整个地区各民族的共同进步和发展。无论是湖南移民中原铁工、木工、砖瓦工、建筑工①，抑或是武汉移民中那些球类运动、摄影、绘画的特长②，他们所掌握的是十分平凡的一技之长，又是当时当地十分需要的一技之长，对当地民族的影响，对当地经济发展做出的贡献不容忽视。中国的其他边疆地区也一样如此，作为新疆建设兵团心脏的石河子市，由原来一个几十户人家的小村庄，变为获得"联合国人居环境奖"的新兴城市，正是移民的结果。

交通的改善是移民进入西双版纳的重要条件，许多移民本身就是为修筑道路而迁入边疆地区的，修筑国防公路的工役制队伍就是如此，以楚雄—勐捧线为例，"1965 年 5 月份由河南支边民工'公路九团'从勐捧修建至勐醒 80 公里，勐醒至江城大过岭由省公路工程三处修建，并由省公路设计院和施工队一道按六级标准（现四级上限），采取边测边施工方法修筑，于 1970 年州境路段全部竣工，共投资 2 720 万元。1973 年由出国筑路部队铺设了旧岭隘口至勐哈 45 公里的沥青路面"③。移民进入西双版纳后，不少人又亲身参与和推动了当地交通事业的发展：1960 年 10 月，思茅专局所属西双版纳 10 农场"抽调 3000 余人，组成筑路大队，修筑昆洛公路末端勐混至打洛路段"④；景（洪）（勐）仑公路的修建中"橄榄坝农场出动 162 人组成桥工队，专门负责桥梁建设"⑤；农场为了职工吃粮，胶苗、胶乳运送等问题，还自发组织工人修筑了许多道路；生产队建到哪里，道路就修到哪里，一般都与城镇和国家公路沟通，分场与生产队、分场与分场相互沟通，形成一个四通八达的交通网络，"到 1993 年，垦区公路总长为 984 公里，其中柏油、水泥路约占 57 公里，占总长度的 5.8%。有桥涵 102 座 1329 米"⑥。

西双版纳的旅游资源除了傣族社会历史遗迹，如曼听公园，前身为"春欢"

---

① 参见《湖南醴陵移民办公室、1959 年湖南醴陵各公社支援云南边疆人员交接清册、统计报表》，云南省档案馆藏，档案号：125-2-0516。

② 参见《职工简明登记表》，普洱市档案馆藏，档案号：14-1-38。

③ 西双版纳傣族自治州地方志编纂委员会编：《西双版纳傣族自治州志（中）》，新华出版社 2002 年版，第 625 页。

④ 《西双版纳农垦志》，西双版纳州农垦分局 1999 年编印，第 10 页。

⑤ 西双版纳傣族自治州地方志编纂委员会编：《西双版纳傣族自治州志（中）》，新华出版社 2002 年版，第 626 页。

⑥ 《西双版纳农垦志》，西双版纳州农垦分局 1999 年编印，第 177 页。

（直译为"魂园"），是西双版纳最高统治者的宫廷花园；以及自然风光，如版纳野象谷，位于勐养自然保护区南缘。还有不少是原来的研究所，或依托这些研究所的资源建立的植物园、研究机构。比如西双版纳热带植物园，位于勐腊县勐仑镇，全称为中国科学院西双版纳热带植物园，创建于 1959 年；药用植物园，位于景洪西路 33 号，坐落在中国医学科学院药用植物资源开发研究所云南分所大院内，始建于 1959 年 4 月；云南省热带作物科学研究所，前身为云南省特种林试验指导所车里试验场，建于 1953 年 9 月；中国实验动物云南灵长类中心猴园，是云南灵长类动物中心饲养灵长类动物的基础。[1]而这些研究所在早期都是由外地调入人员创建的，都是以移民为主的单位，这些机构早期的管理者或领导分别来自浙江、湖北、宁夏、四川、江西及省内的昆明等地。[2]这些研究所依托当地资源进行科学研究，也培养了不少本地科研人员，随着时代的发展又成为旅游景点。

社会变迁有好的方面，也有一些是不好的后果，移民的参与和影响同样有其积极和消极的两面性。移民移入后，打破了西双版纳本来的人口社会结构，以及原来传统土地制度下傣族与其他少数民族分布于坝区与山区的二元居住格局，不可避免地要造成对资源的争夺。经济不断发展，人口持续增加，人们对土地的需求量也随之扩大，因为有利可图，种植热带经济作物在西双版纳成为一大趋势。一方面是当地民族对土地的需求越来越大，农场和群众的土地犬牙交错，相互包围，经常有用地的冲突和矛盾发生；另一方面是一些经济状况差、生产力水平不高的山地民族仍在以低价将土地卖出，外来人口则购置土地种植。这实际上形成了土地兼并，拉大了贫富差距，部分人因为种植经济作物使得经济条件大大提高，而许多失去土地的人，尽管在短期内得到了一笔对于他们来说可观的、过去没有得到过的收入，但在今后一段时期内，他们的生存失去了保障。土地是农民的命根子，是他们的生产和生活之源，失去土地的农民在将来可能会成为社会不安定的一个因素。一个地区的社会性资源总是有限的，随着本地和外来人口的不断增加，对空间和资源的争夺必将更为激烈，外来人口的生存压力和世居民众

---

[1] 西双版纳傣族自治州地方志编纂委员会编：《西双版纳傣族自治州志（中）》卷32《旅游》，新华出版社 2002 年版。

[2] 西双版纳傣族自治州地方志编纂委员会编：《西双版纳傣族自治州志（下）》，新华出版社 2002 年版，第 103–109 页。

不断减少或失去土地的情况不可避免地要引发矛盾，造成隔阂和局部的不安定现象，影响不同群体间的融合，带来潜在的社会危机。社会经济的发展，人口的增加，也在一定程度上给西双版纳带来了生态问题。这些积极或消极的影响，不仅仅是外来移民直接或单独造成的，但都与他们有着千丝万缕的联系。同时这些问题也大多是社会发展和经济进步所不可避免的后果，随着科学技术和生产力的发展，人口素质的提高，一些问题将来是可以克服的。

橡胶生产支援了国家的战略和军事需要，橡胶生产推动了边疆经济的发展；财贸支边，在一定程度上缓解了内地大城市的人口及就业压力，推动了西双版纳的财贸工作，两次支边促进了"边"和"内"的交流及统一。通过本论中表5-1"1950—1966年西双版纳人口迁移状况简表"，我们还可以看到因各种不同目的迁入人口，从他们迁移的原因和经历，看到西双版纳的党政机关、学校、医院、卫生机构等事业单位是怎样建立起来的；茶厂等企业是怎样运作的；道路是怎样修筑起来的，原来不通路的地方怎样有了土路、砂石路，又怎样有了高速路；农垦的体制是怎样变化的；橡胶是怎样在这里扎根生长的；山川河岳是怎样变迁的；等等。

二、边疆文化的"内地①化"

人是文化的创造者，也是文化的重要载体，因此，人口的迁移，在本质上是一种文化迁移。当大批移民进入后，与当地人一起工作和生活时，他们彼此接触，相互模仿。

从移民自身适应性来看，迁移是一个重新学习社会文化的过程。到一个陌生地方生活，不仅经济状况和社会生活都要发生变化，而且生活的各个方面（如气候、食物、衣着等）都要随之改变，另外社会环境、社会关系也发生了较大的变动。要适应这种自然以及社会环境，对于移民本身来说，就有一个学习和调适的过程，只是过程有长短，难度有高低而已。而这个过程正是一个社会文化扬弃的过程。移民正是在适应环境和改变环境的过程中，继承了传统文化，发扬了优秀文化，使社会文化得以延续。

文化作为一种涵盖极广的概念，深入到人类生活的方方面面，即使没有受过系统知识教育的普通百姓，也可以是多种文化成果，如风俗、语言、实用技能等

---

①　指中国内地，即中原文化。

的携带者。在大批移民集中于一个区域时，他们所携带的文化元素汇集起来，就会使输入区的文化风貌产生根本性的改观。在移民受到当地生活习惯和风俗影响的同时，也给当地带来了新思想、新风俗、新习惯，对当地居民有很大影响。所以从客观作用和功能来看，移民是文化使者，他们把移出地的风俗习惯、语言、生活方式带给移入地。

和平协商土地改革瓦解了西双版纳自给自足的封建领主制经济，内地移民的到来及他们带来的先进生产技术则带动了当地经济的发展，而经济大幅度增长，农民收入逐年增加的现实教育了人们，又激发了群众的积极性，彻底改变了人们的观念。如今的西双版纳人已不再是"宁愿躺在床上养神，也不愿来挣这笔钱"了，而是想方设法改进生产，提高农副产品产量、生产适销对路的产品以获取更多的经济收入。过去傣族人民喜食糯食，西双版纳州种植水稻品种主要是糯稻。随着经济发展，人口增多，特别是外地人员越来越多，因为外地人不喜欢糯食，而且糯稻产量低，不适应形势发展的需要，粳稻（饭谷）开始推广种植。

作为一个历史上独特的与内地文化差异较大的地区，西双版纳的当地民族鲜少对现代中国的学习制度感兴趣，举国瞩目的高考对他们的吸引力也不大。中华人民共和国建立后，逐渐在西双版纳建立起了现代教育体制，但当地能够任教的师资严重不足，学校中的教师基本上也只能由外来移民担任。1973年的勐海一中，"党支部书记龙云翔是中共地下党员，派到滇军做革命工作。滇军调到东北打共产党，由于中共地下党卓有成效的工作，在曾泽生军长的领导下滇军在长春起义，为解放东北立了大功。龙书记还参加中国人民志愿军赴朝鲜作战，与美国鬼子交过手。校长陈凤文是昆明人，读中学时向往革命，参加地下党，到滇桂黔边纵队当女兵，随军参加解放思普沿边的战斗，20世纪50年代初到勐海从事教育工作。总务主任孟奇老师解放初期是昆明官渡区的土改大队长，领导官渡区的土地改革运动。20世纪50年代支援边疆来到勐海安家落户。教物理的许登铭老师是云南大学核物理专业1962届的高材生。也是教物理的王德远老师原来在昆明农林学院任教，化学老师纪廷弼是昆明工学院化工系的老师。陶孝贵和江国英老师毕业于昆明师范学院物理系，化学与生物老师黄志仙是云南大学生物系的高材生。体育老师蒋良勤毕业于西南师范学院体育系，在云南省体工队当过教练"[①]；前西双版纳州幼儿园园长Xxl，就是财贸支边的职工，幼儿师范毕业后

---

① 林超民：《乐育英才五十春　情系母校三十秋——勐海一中建校五十周年有感》，见作者搜狐博客。

在武汉一家银行附属幼儿园工作，而那个时候西双版纳的幼儿园"都是办得比较差的，没有一个专业的幼儿老师"，Xsl 后来"安排在幼儿园，幼儿园搞得很有起色"[①]。这些移民言传身教地在边疆不断传播中国内地文化传统。其他行业和领域内的外地移民，身上也有比较重视正规学校教育的传统，而读书考学是许多移民后代改变命运、求得稳定生计的一个重要途径。重教育、爱读书的风气随着移民的迁入和定居而移植到西双版纳，1993 年，西双版纳高考文理科状元分别来自景洪和勐海，双双考入武汉大学，都是当年武汉支边移民的后代[②]，他们之前互不相识，但这样的"巧合"恰恰说明了移民对当地文化所起的推动作用。另外还有许许多多考入中等专业学校、高等院校学习的移民后代，毕业后也有许多人留在当地工作，活跃在西双版纳社会各领域，为当地做贡献，并对当地文化产生潜移默化的影响。

移民和移民后裔通常是当地较早掌握新技能、接受新事物、尝试新东西的人，仅仅以 1966 年财贸支边的武汉人为例：Sxs 和 Qhf 都是 1966 年财贸支边到西双版纳的，后来结为夫妇，如今他们的长子在景洪做联想公司的总代理，Qhf 就在公司里帮忙做会计工作；Lsl 一度热衷于炒股；Wjm 毕业于武汉肉类联合加工厂职业技术学校，支边前在武汉肉类联合加工厂做电力工作，支边后在单位上不如意"就提出辞职"，干个体"自己搞事，自己找钱"，自己考了"电力工程师"，承包电力工程；[③]Zyx 因为喜欢画画选择到西双版纳，被分到勐腊县偏远的象明区粮管站，17 年后调至县委宣传部任副部长，又调至西双版纳州歌舞团任副团长，后又在州文化局工作至退休，作为画家，他的作品曾在香港、马来西亚、新加坡、澳门和日本等地展出并被收藏。[④]这些不仅是一种新的生产方式或生活方式的输入，而且实际上在潜移默化中使得边疆"文化内地化"了。

作为支边移民，普遍有一种要"改变边疆"的情怀，要把边疆改变成什么样子呢，参照物就是家乡，就是内地，那是他们心目中的"先进性"所在。尽管内地的模式不可能完全复制，这样的目的也不可能完全达到，但是这些人来到边疆，也不可能什么都不改变，他们开荒种粮，勘探地质，办工业，修水利，从事

①　《西双版纳武汉人访谈录》（2008 年 5 — 7 月），笔者调查笔记打印稿，Record 10。

②　参见《长江周末》1995 年第 127 期。

③　参见《西双版纳武汉人访谈录》（2008 年 5 — 7 月），笔者调查笔记打印稿。

④　《走进西双版纳》，载《长江周末》1995 年第 127 期。

交通、教育、医疗工作，在不知不觉中改变了周边社会。如今的西双版纳充满了现代气息，景洪已经从一个荒野的小镇变成繁华的自治州首府，商店林立、商品琳琅满目，街道车水马龙，生活在这里的人们衣着讲究，精神面貌积极健康，自由市场中商品应有尽有，顾客摩肩接踵。移民显然结束了这一地区的闭塞，是促进当地衣着、饮食和总体生活方式现代化的一个主要因素。这就是西双版纳的"内地化"。移民一方面带来了来自内地的观念和影响；另一方面，因为他们最终常驻不归，变为了当地人，而且是具有内地传统和观念的当地人，这样的人多了，边疆也就逐渐"内地化"了。从地理的概念说，边疆永远不可能内地化，而从经济和文化来说边疆却正日渐地"内地化"。

三、现代化历程与国家统一

西双版纳的许多当地民族都是跨中、老、缅、越、泰等国的跨境民族，与东南亚地区同民族人群在生活、习俗、语言上较相似，相互间往来频繁、联系紧密，以至民国学者认为西双版纳傣族地区为"占有政治上、经济上与文化上重要地位之区域与部族。……其地毗邻缅越……为国界之最外围。……摆夷与缅之掸，越之牢，泰之泰，语言相通，在历史上与现在，部族交往甚密如婚媾往来，年节报聘等有国际政治的重要性。是则摆夷之文化变迁与人民意向极需指导"。[1]因为"在国防重要的边区内，民族不统一，意志不集中，对于军事进行是不利的"[2]；过去"民族工作队出来的（人）"，"南京是中国是外国都搞不清楚，南京是哪个国家？他们都会问嘛！"[3]

现代化是多元的，包括社会文化的各个面向，诸如政治、教育、思想等。中华人民共和国成立以来，西双版纳从政治体制、社会经济乃至文化方面，现代化程度不断加深，从某种角度来说，其与内地联系越来越多，关系越来越紧密。对于边疆社会来说，这种"现代化"也许在很大程度上是一种移民现象，移民的移入和散处分布，西双版纳地域社会中不同群体间相互依存网络的发展，在整合过程中的相互作用，不仅使得当地经济发展、社会进步，而且打破了西双版纳当

---

① 陶云逵：《云南土著民族研究之回顾与前瞻》，载《边政公论》第一卷第5、6期合刊。

② 吴泽霖：《边疆的社会建设》，载《边政公论》第二卷第1、2期合刊。

③ 《西双版纳武汉人访谈录》（2008年5—7月），笔者调查笔记打印稿，Record 01。

地民族原已存在的相对固定和完整的民族地域，分割了传统的民族聚居区和共居区，将西双版纳各民族在千百年历史中逐渐形成的相对稳定的共同地域，割离成为一个个互有联系而分散、较小的民族聚居区，使很多民族由此丧失了单独聚居的地域，变成了汉族与少数民族大杂居的状况。在经济、从业、婚姻及其他各种交往过程中，各民族不断融合，改变着移民和当地居民的心理文化素质，"石头做不得枕头，汉人做不得朋友"的隔阂逐渐变淡、消失。这不是简单的"汉化"概念，各地不同文化的联系和接近，使各种风俗文化更加丰富多样，并使之趋向于融合进化，这种开放式的文化，有助于社会的文明和进步，其实在很多方面是"现代化"的现象。

不同群体的这种融合不是移民的本土化，也不是当地民族的消亡，而是双方互相影响、文化交融所形成的"西双版纳人"群体。西双版纳人不是汉族、傣族或某单一民族，而是中国范围内的地域人群，是中国人的一部分。共和国十七年间迁移边疆并定居发展的移民，吸引了更多投亲靠友、务工经商的内地人到西双版纳，新的外来人口不断流入使人口结构不断变动，新移民和"西双版纳人"这个群体融合后，又吸引着更多外地人口的到来，这种经移民—融合（西双版纳人）—吸引移民—新融合的反复过程，给"西双版纳人"群体带来新的活力，并使这一群体不断扩大，这种扩大不是人口的自然再生产，而是民族认同的结果。

移民不仅促进了西双版纳当地的民族融合，增进了边疆人民的内在向心力和国家认同感，他们还成为边疆和内地物质精神交流的媒介之一。他们通过各种沟通方式，如串亲、外出、写信、寄钱寄物等方式，把迁入地的各方面信息传递出去，客观上起了文化传播者的作用。移民在西双版纳生产和生活、安居乐业的状况，回乡探亲或年庆节日给家乡亲人捎去的木耳、笋干等土产，亲口讲述或书信往来中对西双版纳风土人情的描述等不仅吸引着更多的人到西双版纳，"弟弟妹妹都来过。他们也都说这个地方好，只是他们觉得太阳太厉害了，眼睛都睁不开"[1]；更重要的是增进了内地人民对边疆的了解和认同，消除了过去"云南人不讲卫生""云南人是蛮子""云南野兽多，经常咬人"[2]等偏见与隔阂。

---

[1]　《西双版纳武汉人访谈录》（2008 年 5 — 7 月），笔者调查笔记打印稿，Record 05。

[2]　中共醴陵县委：《关于动员一万名青壮年去云南参加社会主义建设的总结报告》，云南省档案馆藏，档案号：25-2-0515。

汉族是中华民族的主体和核心，这个核心的形成是民族融合的结果："汉族通过移民向周围的扩展和其他民族的加入，是汉族最终成为占中国人口90%以上，世界上人口最多的民族的主要原因"①。十七年支边移民的意义不仅在于使当地汉族和其他少数民族增加了人口，提高了质量，更重要的是表现在定居和发展过程中各族、各地人民之间建立起来的精神上和物质上的联系，远远超过了一般的物质交流和人员来往，而是铸造成一种"你中有我，我中有你"的局面，在感情和观念上起潜移默化的作用。在现代化的历程中，经济发达的多民族聚居区的社会制度和经济结构逐步扩散到经济不发达的少数民族聚居区，并使"边远地区"在社会与经济的发展方面逐步达到内地的程度和水平。西双版纳新文化和西双版纳人新群体使边疆和内地的差异缩小，民族认同加深，北京、上海、深圳等不再是遥远的地方，无论在心理上还是地理上。西双版纳由地方化社会向一体化的地域社会转变，"是民族的认同、文化的认同，更是国家的认同"②，对统一多民族国家的巩固和发展起着重要作用。

方国瑜先生在《论中国历史发展的整体性》③中指出：中国历史是一个整体，在这个整体之中有政权的统一与分裂，也有各民族发展的不平衡性，但不论政权分合、民族差异都不能改变其作为一个统一体的整体性。现代化历程与国家统一的关系就在于，一个在一定地域内的国家，其域内各部分在经济、政治和文化各方面存在一定的差异，这就是"不平衡性"；但是不论政权分合、民族差异都不会改变整体性，随着经济、政治和文化"整体性"的逐渐增强，统一国家也不断被巩固。在这个过程中，经济、政治、文化三个方面也许各个方面发展的速度是不同步的，而且最终不需要或不可能在三个方面都达到同一个水准。譬如政治可能是一元的、统一的，在经济方面的差异或许会大一些，而文化方面，例如语言、宗教，也许会长期保持一种"多元"状态，这也客观印证了整体性之下的不平衡。所以，移民参与见证了边疆社会的变迁，这种变迁在很大程度上是边疆社会经济文化的"内地化"。"内地化"是现代化历程中的一个表现，现代化历程最终增强了国家的统一。

① 葛剑雄主编：《中国移民史》第一卷，福建人民出版社1997年版，第94页。

② 林超民：《汉族移民与云南的统一》，载《云南大学学报》（哲学社会科学版）2005年第3期。

③ 方国瑜：《方国瑜文集》（第一辑），云南教育出版社2001年版。

第四章 结 论

在中华人民共和国成立 70 周年之际，步入新世纪的我们，回顾共和国的历史，不能不对 1950 — 1966 年这十七年的历史予以特别关注。这是新生人民政权起步的阶段，探索的阶段，也是令世人瞩目、值得国民骄傲的时期。但长期以来，人们对共和国历史的了解，往往只是流于对各类政策措施，诸种历史事件的罗列，如果从各个不同的角度、侧面来切入审视，所谓"横看成岭侧成峰"，社会的各个纬度、向度、阶层共同构成了这复杂丰富、生动多彩的十七年。所以，本书从人口迁移入手，又不囿于移民研究，尝试多方面、多角度、多层次地展现 1950 — 1966 年中国历史的方方面面，对于历史过程、现实问题、移民理论等方面，都可以得出一些有益的结论。

一、1950 — 1966 年中国边疆移民的客观历史，符合和印证了《论中国历史发展的整体性》[①]一文的观点

方国瑜先生认为：中国历史是一个整体，在这个整体之中有政权的统一与分裂，也有各民族发展的不平衡性，但不论政权分合、民族差异都不能改变其作为一个统一体的整体性。共和国十七年的移民历史就体现了这种整体性，受当时社会经济、政治、文化的影响，这一时期的人口迁移有许多普遍的特征，例如人口成规模集体迁移，以计划型指令性迁移为主，与区域经济格局和产业结构布局相关，边疆移民成为大趋势等。

方国瑜先生同时指出：在中国领域之内的社会经济发展是不平衡的，各地各族都有具体情况，因此多样性和复杂性是突出的。从共和国十七年西北、东北、

① 方国瑜：《方国瑜文集》第一辑，云南教育出版社 2001 年版，第 18 页。

西南边疆移民的具体情况来看，各地移民都不可避免地受到地域文化的影响，进而带有不同的特点。1950 — 1966 年的云南移民，就有很多独特之处，一方面是在内地省份和沿海城市精简城镇人口、中小学毕业生就业困难、大量社会青年无法安置的时期，云南各行各业却存在基本从业人员不足，且本省劳动力无法解决需求的状况。另一方面，共和国十七年的云南移民与其他边疆地区的人口迁移也不尽相同，独具特色：东北、西北农垦以军队建制建立，云南农垦却走了一条"非军垦之路"；与东北和西北边疆轰轰烈烈的人口迁移相比，云南的工农业移民是相对较少的，但是，迁入云南的移民却包罗了各行各业、社会各个阶层的人员。

方国瑜先生进一步指出：不平衡是整体之下的不平衡，独特性并不能掩盖整体性，仅仅比较个性特征是远远不够的，还需要用辩证统一的观点考察各类社会现象之间相互影响、相互作用的关系。1950 — 1966 年中的人口迁移受当时国际国内大环境的影响而具有许多共同特征，使其区别于共和国其他阶段的人口迁移，既不同于"文化大革命"时期轰轰烈烈、串联式，而又短暂的边疆移民，也不同于 20 世纪 80 年代后以牟利为主要目的的经商务工自流人口。边疆移民是这一时期的主流，这些边疆移民可以用"支援边疆建设"一词来形容和概括，"支边"是普遍现象，但是"支援边疆"大旗下的历次人口迁移都各自不同，不同区域的"支边"人群也很不一样；而当我们去认真深入地分析这些现象与不同，总结个性与特征的时候，就会发现"支边"的背后隐含着"援内"的意义和本质，不同因素的相互作用、相互影响，共同构成了十七年共和国史的整体，"支边"和"援内"就是这么一种相互作用的关系，这种互动最终带来了边疆和内地各方面的交流融合，并产生持续性的影响。

总之，中国历史发展的整体性理论，适用于古代中国，也适用于近现代中国，适用于社会历史发展的方方面面。

二、近年来，我国学术界对移民的研究偏重于以农村劳动力流动为主要特征的城市化运动，对边疆人口的流动和民族融合关注不够

20 世纪 50 年代以来，中国边疆社会变动的剧烈、深刻程度是以往任何时期都不能比拟的，这些变化背后的深层原因之一就是来自各地移民的进入。同时，边疆移民或边疆建设与开发，实际上与城市化运动，与沿海的发展是紧密联系在一起的。

　　1950—1966 年，是中国边疆社会历史发展的一个重大转折阶段，这十七年中的边疆移民以国家计划迁移为主，以"支援边疆建设"为号召，这种建设型的移民不是以牟利为直接目的的，这些"支边"移民是计划经济时期的强制性移民，自主意愿对迁移的影响较小，他们大部分只能在移居地扎根定居下来。这种迁移模式从理论上讲不甚符合人口迁移和经济发展的规律，但是另一方面，在国民经济宏观调控的基础上，这种计划型的移民对促进边疆经济发展、社会进步、民族融合起到了积极的作用，而不仅仅是为了谋取经济或其他利益的流动人口，在这一点上，共和国十七年"支援边疆建设"的历史，及"支边"移民的贡献和作用值得肯定。十一届三中全会后，我国经济体制由计划转向市场，东部沿海地区成为人口流动的主要方向，不仅许多打工仔来自西部边疆，智力型人才更是出现了"孔雀东南飞"的现象，这对边疆社会经济文化的发展造成了很大影响，并加速、加深了中国东西部地区的差距，所以共和国十七年"支边"移民问题，同样值得今天关注边疆社会发展和中国移民问题的人们重视。

　　在"支边"带来边疆经济发展、社会进步、民族融合的历史现象背后，共和国十七年中的边疆移民对于平衡中国沿海和内地、内地与边疆、东部与西部的人口、经济、社会问题同样功不可没，这是"支边"背后的"援内"本质。20 世纪 80 年代以后，我国经济体制由计划转向市场，逐渐兴起了"开发西部"的浪潮，这种开发为西部边疆地区注入了大量财力、物力，带来了新的生产力，它是对东西部差距过大，最终制约整个国家综合经济实力提高的一项政策性应对，对西部的"开发"也在为东部提供廉价劳动力、资源、市场。同时，我们也必须看到"支援"和"开发"也给边疆带来了一系列环境和社会问题。所以，无论是边疆移民，还是城市化运动中的移民，无论是边疆还是内地、东部还是西部，它们之间的"支援"和"帮助"是相互的。中华人民共和国成立以来，持续的边疆移民，建设与开发，使得边疆与内地在制度、经济、文化各方面的差异不断缩小，这正是"支边"与"援内"互动的结果。

　　在如今的现实社会中，经济利益被当作重要的甚至是唯一的衡量标准，因此西部和边疆通常被当作"落后的""需要帮助"的对象，人们通常忽略了"支边"背后的"援内"本质，西部和边疆为国家整体利益、经济发展做出的巨大贡献，应该得到应有的承认。

三、1950—1966 年的中国移民，尤其是边疆移民的历史能够补充和完善目前国内外移民研究的理论与方法

中国是一个高度制度化的国家，人口的迁移是在国家制度、政策和行政命令的强有力保障下实施的，制度的变迁、政策的变化不断作用于迁移活动，这就与雷文斯坦"迁移法则"等理论将经济因素作为引发人口迁移运动的主导形成了鲜明对比。所以共和国十七年的人口迁移是"有计划的强制移民"，这类移民的迁移、发展历程、心理变迁就与市场经济体制和人口自由迁徙制度下的移民不同，所以开展在海外移民研究的同时，中华人民共和国历史发展的不同时期移民活动是怎样变化的，有什么不同的特点和趋势，同样值得我们去全面、深刻地研究。

近年来，《闯关东》《走西口》等以移民为主题的热播电视连续剧，因其刻画了普通民众的传奇而受到人们的喜爱。当然，历史研究不是编写或杜撰传奇，但那些看似平淡琐碎的生活中，其实蕴藏着无限的精彩，涵盖了社会生活的方方面面。移民研究就不仅是一系列重大历史事件，不仅是简单的地理位置变化，不仅是迁移原因、数量、类型、分布、影响等整体的、结构化的问题，而是人的研究，是生活经历、个体生命、心态变迁等丰富多彩、生动活泼的微观世界，宏观与微观、制度与生活、文化与心态都是密不可分的。

由于人口迁移活动的纷繁复杂，资料的收集、整理、鉴别和运用是移民研究的一大难题。中国历史上移民问题的研究，很大程度上受到研究材料的限制，1840 年以前的移民研究只能依靠各种文献，而古籍中的记载并不完全且极不平衡，出现研究成果集中在某几个朝代，而其他阶段无人涉及的"一边倒"现象。近现代的移民问题，在文献资料的基础上，有了更为精确和详细的统计数据作为支撑，这大大推动了研究的发展，但有关人口迁移的统计往往受到各种因素的影响。仅仅依靠文献和数据，仍然难以向世人展现那种丰富多彩、气势恢宏的移民历史。

下面我们就将宏观叙事与微观过程相结合，将从上往下的视角与由小见大的方法融会贯通，从不同的切入点审视历史，在尝试弄清 1950 — 1966 年边疆移民背景、数量、类型、状况的同时，深入十七年移民的云南区域研究及西双版纳湖南人和武汉人的个案，不但在文献数据的资料上力求穷尽，而且对至今健在的移民和他们的后代进行访谈，这是新的尝试，在方法上有了突破，在材料上也就更

为丰富、生动和真实。不只强调从下往上或从上往下看历史，而是将二者的互动过程客观地展现出来，在这样的过程中，中国社会的方方面面、移民生活的林林总总、边疆历史的形形色色，有了生动活泼、丰富多彩的面孔。

古代或近代的移民社会已经一去不返，不可再现，仅凭流传下来的有限的文献，许多研究只能是"推测"的结果。而那些西双版纳的湖南人、武汉人，活生生地进入了我们的研究视域，他们的历史不仅本身是极有研究价值的，而且对于历史移民的一些尚未明确的问题提供了新的思考路径。例如"改土归流"之后，儒家文化在滇川黔交界的彝族地区传播，促成了这一地区社会生活的普遍变化，其中重要的一点是当地彝族开始"改汉姓，说汉语"[①]，这种变化的历程究竟是怎样的呢？今天西双版纳勐捧农场的少数民族职工尤其是僾尼人，逐渐改变了那种父子连名的起名方式，开始给自己的后辈用汉姓，父亲叫"×康""×沙"或"×白"的，给孩子起名时用"康""沙""白"为姓，此后就延续下去不再改变，这是比较方便的；还有一些人名字里最后一个字和汉姓搭不上界，比如"×追"，在这种情况下，他们会重新找一个汉姓为孩子命名，而且通常会选"李""张"等大姓；有的人给孩子同时起僾尼名和汉名，比如汉名为"康艳"、僾尼名叫"劳通"；有的给女孩用汉名，男孩用僾尼名，一个叫"李阳"的女孩，她的两个哥哥分别叫"白干"和"白迁"；最干脆的是就不用僾尼名了，一位张姓僾尼女子，还坚持认为他们祖辈就是姓张的，这些都是笔者见过的真实情况。其他如历代军屯制度及移民、边疆移民的原因和类型、边疆社会的文化冲突与融合、移民社会的变迁等等方面，当今移民社会都为我们提供了新的思考路径。鉴古知今，因为我们总是在前辈创造和遗留下来的历史中生活，也正因为历史的这种延续性，所以"知今"又何尝不能"鉴古"，明白当下，何尝不能够看到过去呢？

四、1950—1966年云南移民的状况，西双版纳人口迁移的历史，对于整个中华人民共和国史的研究，对于当今中国现实社会有其特殊意义

移民研究并不是单纯的时空变化，人口增减，如果将"移民"现象作为人类社会发展史上的常态问题，动态考察移民过程，可以更加全面、整体地认识历

---

① 潘先林：《民国云南彝族统治集团研究》，云南大学出版社1999年版，第65页。

史。从历史发展的角度来看，1950—1966年的各种流移过程及移民社会与文化的建构，是在一个动态的不同社会发展脉络的历史时空下进行的，移民的动态不仅体现在迁移过程中，他们的适应、定居、生存、发展也是个不断变迁的历程，而且人口的持续迁移与自然增长往往同时进行，湖南人初步实现定居、繁衍后代的时期，武汉人正处在迁移的阶段。历史发展不是单线进行的，不同移民群体各自见证了中华人民共和国、云南边疆、西双版纳社会历史的不同阶段、不同方面。通过对多个移民群体的研究能够反映不同社会历史环境下的人口流动；通过对典型小群体的细致研究，能够反映类似小群体以及他们之间的相互关系，最终弄清一个由无数小群体构成的整体社会的历史和现状。因此，移民研究对于中华人民共和国史的研究是重要的、不可或缺的。

集中全国力量发展工业和大规模农业垦荒运动都是共和国十七年历史的主音符，由此带来的人口迁移当然频繁且规模宏大，正因为如此，同一时期云南的情况常常不为研究者们注意，但这恰恰是共和国十七年云南移民研究的意义所在。如果从中华人民共和国人口迁移的历程来看，1950—1966年的云南移民状况是一种独特的类型。历史上，限于这一地区社会经济发展水平的程度，人口相对较少，自然增长缓慢，有较大的移民空间。另一方面，由于气候、交通和地理位置、社会经济文化差异的关系，内地移民进入云南比较困难，所以古代进入云南的移民几乎都是由中央王朝或封建政权有目的地组织迁入的。近代以来，随着内地和沿海地区人地矛盾日益突出，中国东北、西北地区和东南沿海逐渐形成了人们为谋生而"闯关东""走西口""下南洋"的移民潮，而地处西南的云南始终没有出现过人口自发迁入的潮流。[①]所以，1950—1966年新疆、黑龙江等地大规模的移民迁入，受到当时"支援边疆建设"的影响，更是"闯关东""走西口"自发移民潮惯性存在的结果。相比之下，省际人口自发迁入极少的云南，更具有共和国计划移民的特征。西双版纳作为一个1953年和平协商土地改革之前一直以独立状态存在的"小王国"，更是"支边"移民历史的典型地区，研究共和国十七年的边疆移民，研究共和国边疆社会的变迁，不能忽视云南，无法脱离对西双版纳的研究。

共和国十七年的云南边疆移民，西双版纳"支边"移民研究，对于当前边

---

① 这并不是说没有自发流入云南的人口，而是说没有形成像"走西口""闯关东"那样规模的自发移民潮。

疆稳定、民族团结及和谐社会的建设，更有启发性的现实意义。2008 年 3 月 14 日，西藏拉萨市发生打砸抢烧严重暴力犯罪事件；2009 年 7 月 5 日，新疆乌鲁木齐市发生打砸抢烧严重暴力犯罪事件。两起事件都受到境外分裂势力指使，扰乱社会秩序，危害人民群众生命财产安全，在一定程度上对边疆的稳定产生了影响。相较之下，1950 年以来的云南边疆社会稳定，并未发生大的民族间冲突和突发事件。2009 年 8 月缅甸果敢地区发生军事冲突，中方人员、商铺遭受财产损失，局势紧张，但邻近的云南边境地区并未受到消极影响，并未引发纷乱，而是为拥入的边民难民提供了有秩序的、很好的帮助和安置。这至少从一个侧面说明了中国西南部，以云南为主的边境地带社会稳定、民族和谐的现实。

边疆稳定、民族团结、国家统一是多种因素共同作用的结果，但移民一定是其中一个重要因素。西双版纳湖南与武汉"支边"移民，并不是特例，这样的移民广泛地存在于云南边疆，从这样的意义上来讲，中华人民共和国十七年中对云南的移民无疑是成功的，值得我们深入研究和总结。其中重要的一点是，边疆移民的立足点应该在于"建设"，在于不断缩小边疆与内地政治、经济、文化差距的一体化进程。如果只谈"开发"，而没有对未来发展建设的思考，必然带来各种严重的环境和社会问题，拉大东西部差距，并最终影响边疆稳定和民族团结。

1950 — 1966 年间"支边"移民的广度、深度，移民的素质的确促进了边疆社会经济的进步，同时加深了边疆和内地的联系。如今，那个独立性很强的西双版纳自治"小王国"已经不复存在，和平协商土地改革瓦解了封建领主制经济，"支边"移民带来了如今地方经济的重要支柱之一——橡胶；新的财贸系统也是新税收制度建立的象征，那些收购粮食、茶叶的武汉移民，作为国家粮食、商业、贸易部门的工作人员，代表着国家控制的力量。"支边"和"援内"的互动，形成了新的地缘社会，加速了边疆现代化的进程。因此，"支边"和"援内"就是民族融合和国家统一的体现。

附　录

【参考一】

迁入云南的湖南支边人员数有如下几种记载：

"根据云南、湖南两省协议，1959 — 1960 年，湖南农村 3.72 万人（其中青壮年 2.18 万人，家属 1.45 万人）支援边疆农场建设。"（《云南省志·农垦志》，第 344 页）

"自 1959 — 1960 年，湖南省向云南的思茅地区、红河地区、德宏地区、临沧地区的数十个农场共移民 36 965 人，其中青壮年 22 307 人，家属 14 658 人。"（《中国人口·云南分册》，第 207 页；《云南省志·人口志》，第 86–87 页）

据《参加边疆建设青年安置情况统计表（1960 年 12 月）》，共计 36 646 人。（云南省档案馆藏，档案号：125–2–0707）

小计 36 608 人。（《湖南支边人员安置与返籍情况简表》，云南省档案馆藏，档案号：125–2–1025）

"两批共接待安置了湖南支边青壮年 21 977 人，家属 14 649 人"，共计 36 626 人。（《接待安置湖南支边人员情况》，云南省档案馆藏，档案号：125–2–1026）

"1959 和 1960 年先后接待安置了两批湖南支边青壮年及其家属共 37 162 人，其中妇女占 49% 强，青壮年 21 789 人，家属 15 373 人。"（《安置湖南支边人员工作报告总结》，云南省档案馆藏，档案号：125–2–1026）

"1959 年 12 月至 1960 年元月和 1960 年 10 月份，我省先后接收湖南支边人员两批，共 36 637 人……"（《关于湖南支边人员私自返乡的几个问题》，云南省档案馆藏，档案号：125–2–1027）

其中第一批数量：

"1959年组织15 395人（其中劳动力10 135人）去云南省西双版纳傣族自治州的景洪、勐海、勐腊三县和红河哈尼族彝族自治州的河口、金平、蒙自三县支援边疆建设。"（《醴陵市志》，第112页）

"自从去年12月至今年1月，我省共接待安置了湖南支边青壮年10 095人，随迁家属5212人（占总人数34%），共15 307人。"（《关于1959年接待和安置湖南支边青壮年工作情况和今后意见的报告》，云南省档案馆藏，档案号：125-2-0512）

"1959年12月至1960年元月第一批从湖南醴陵县的移民是15 307人（家属在内）……"（《参加边疆建设青年安置情况统计表》，云南省档案馆藏，档案号：125-2-0707）

第二批数量：

"湖南省祁东县参加云南边疆社会主义建设的支边人数，共计16 271人。"（《接收湖南省祁东县支边人员数综合情况》，云南省档案馆藏，档案号：125-2-0516）

"湖南省祁阳县参加云南边疆社会主义建设的支边人员共计5060人。"（《接收湖南省祁阳县支边人员数字综合情况》，云南省档案馆藏，档案号：125-2-0516）

"祁东、祁阳参加云南边疆社会主义建设的支边人员共计21 331人。"（《接收湖南省祁东、祁阳县支边人员综合数字情况》，云南省档案馆藏，档案号：125-2-0516）

"1960年10月至12月从湖南祁东、祁阳二县移民是21 339人（家属在内）……"（《参加边疆建设青年安置情况统计表》，云南省档案馆藏，档案号：125-2-0707）

【参考二】

思茅地区湖南"支边"人员的相关资料有：

"其中思茅地区安置22 236人……"（《中国人口·云南分册》，第207页；《云南省志·人口志》，第86页）

"根据中央书记处决定及湘滇两省协议，来自湖南醴陵、祁东2县的支边青壮年21 939人（其中家属8649人）1960年分两批到达各场。"（《西双版纳农垦志》，第53页）。按：由于第一批青壮年1959年底从湖南出发，最早的于12月27日到昆明[①]，所以到达各地州时已经是1960年元月，因而两批"支边"人员实际上都是1960年到达安置地的。

"1959 — 1960年两批湖南来的移民增加了人口2.5万……"（《西双版纳国土经济考察报告》，第140页）

"思茅地区安置支边人数22 211人。"（《补助湖南支边青壮年经费明细表》，云南省档案馆藏，档案号：125–2–0865）

"思茅地区安置数22 363人"。（《湖南支边人员安置与返籍情况简表（1962）》，云南省档案馆藏，档案号：125–2–1025）

"思茅专区原支边人员总数22 167人。"（《湖南支边工人变化统计表（1962年2月8日）》，云南省档案馆藏，档案号：125–2–1025；《安置湖南支边人员工作报告总结》，云南省档案馆藏，档案号：125–2–1026）

分批统计数据：

"1959年12月起至1960年元月第一批……安置在思茅专区所属农场6212名，家属3387名；……""1960年10月11日到11月3日第二批……分别安置在西双版纳州的18个农场12 746人（青壮年7076人，家属5688人）；……"（《接待安置湖南支边人员情况》，云南省档案馆藏，档案号：125–2–1026）据此计算共得22 345人。

"1959年12月，湖南醴陵支边青壮年9227人（含家属3065人）由湖南启程，于次年元月分批到达景洪……13场……"（《西双版纳农垦志》，第9页）

"今年从十月十一日到十一月十三日共接待安置了湖南支边人员21 339人……他们分别安置在西双版纳州的18个农场12 764人……"（《1960年下半年接待安置湖南支边青壮年工作总结》，云南省档案馆藏，档案号：125–2–0704）

"祁东县分别安置在思茅地区的易武县3577人，勐海县2531人，景洪县6656人。"（《动员青年参加边疆建设情况统计表》，云南省档案馆藏，档案号：125–2–0707）

"今年10月14日至11月7日，我们胜利地接待安置了湖南衡阳专区祁东

---

① 《湖南省首批青壮年昨抵昆　省市各界万余人前往车站迎接》，载《云南日报》1959年12月27日第1版。

县黄土铺等 19 个人民公社支边青壮年家属 12 717 人，在西双版纳地区 18 个国营农场……"（《思茅专区安置委员会接待安置工作小结》，云南省档案馆藏，档案号：125-2-0713）

参考文献

一、著 作

［1］苍铭.《云南边地移民史》［M］.昆明：民族出版社，2004.

［2］定宜庄.《中国知青史——初澜（1953 — 1968 年）》［M］.北京：中国社会科学出版社，1998.

［3］方国瑜.《明代在云南的军屯制度与汉族移民》［M］，载《方国瑜文集》（第三辑）.昆明：云南教育出版社，2003.

［4］葛剑雄、安介生.《四海同根——移民与中国传统文化》［M］.太原：山西人民出版社，2004.

［5］葛剑雄.《中国人口史》（第一卷）［M］.上海：复旦大学出版社，2002.

［6］葛剑雄.《中国移民史》（第一卷）［M］.福州：福建人民出版社，1997.

［7］柯树勋.《普思沿边志略》［M］，载《中国西南文献丛书》（第 122 册）.兰州：兰州大学出版社，2004.

［8］李德滨、石方.《黑龙江移民概要》［M］.黑龙江：黑龙江出版社，1987.

［9］李拂一.《车里》［M］.上海：商务印书馆，1933.

［10］李拂一.《泐史》［M］.文建书局，1947 年.

［11］李若建编著.《人口社会学基础》［M］.广州：中山大学出版社，1992.

［12］林超民.《林超民文集》（第一、二卷）［M］.昆明：云南人民出版社，2008.

［13］刘小萌.《中国知青史——大潮（1966—1980年）》［M］.北京：当代中国出版社，2009.

［14］刘小萌、定宜庄等.《中国知青事典》［M］.成都：四川人民出版社，1995.

［15］陆韧.《变迁与交融：明代云南汉族移民研究》［M］.昆明：云南教育出版社，2001.

［16］路遇.《中华人民共和国人口五十年》［M］.北京：中国人口出版社，2004.

［17］罗平汉.《大迁徙：1961~1963年的城镇人口精简》［M］.南宁：广西人民出版社，2003.

［18］马戎.《西藏的人口与社会》［M］.昆明：同心出版社，1996.

［19］马曜、缪鸾和.《西双版纳份地制与西周井田制比较研究（修订本）》［M］.昆明：云南人民出版社，2001.

［20］秦树才.《清代云南绿营兵研究——以汛塘为中心》［M］.昆明：云南教育出版社，2004.

［21］沈益民、童乘珠.《中国人口迁移》［M］.北京：中国统计出版社，1992.

［22］石方.《中国人口迁移史稿》［M］.黑龙江：黑龙江人民出版社，1990.

［23］田方、张东亮.《中国人口迁移新探》［M］.北京：知识出版社，1989.

［24］闫天灵.《汉族移民与近代内蒙古社会变迁研究》［M］.北京：民族出版社，2004.

［25］徐杰舜.《雪球——汉民族的人类学分析》［M］.上海：上海人民出版社，1999.

［26］姚荷生.《水摆夷风土记》［M］.昆明：云南人民出版社，2003.

［27］翟振武、段成荣等.《跨世纪的中国人口迁移与流动》［M］.北京：中国人口出版社，2006.

［28］张宁.《勐捧模式研究——国营农场与边疆少数民族的协调发展》［M］.昆明：云南民族出版社，1998.

［29］［美］鲍大可 著，孙春英 译.《中国西部四十年》［M］.北京：东

方出版社，1998.

　　［30］［美］唐纳德·里奇（Donald A. Richie）著，王芝芝、姚力 译.《大家来做口述历史：实物指南》（第二版）［M］.北京：当代中国出版社，2006.

　　［31］湖南省志编纂委员会.《湖南省志·地理志》［M］.长沙：湖南人民出版社，1961.

　　［32］醴陵市志编辑委员会.《醴陵市志》［M］.长沙：湖南出版社，1995.

　　［33］湖南省祁东县志编纂委员会.《祁东县志》［M］.北京：中国文史出版社，1992.

　　［34］景洪县地方志编纂委员会.《景洪县志》［M］.昆明：云南人民出版社，2000.

　　［35］云南省勐海县地方志编纂委员会.《勐海县志》［M］.昆明：云南人民出版社，1997.

　　［36］云南省勐腊县之编纂委员会.《勐腊县志》［M］.昆明：云南人民出版社，1994.

　　［37］国营勐捧农场编.《勐捧农场志（1974 — 1997）》［M］.云南省勐捧农场编印，2000.

　　［38］西双版纳傣族自治州地方志编纂委员会.《西双版纳傣族自治州志》［M］.新华出版社，2002.

　　［39］《西双版纳农垦志》，西双版纳州农垦分局编印，1999.

　　［40］新疆维吾尔自治区地方志编纂委员会.《新疆通志·生产建设兵团志》［M］.乌鲁木齐：新疆人民出版社，1997.

　　［41］云南省地方志编纂委员会.《云南省志·农垦志》［M］.昆明：云南人民出版社，1998.

　　［42］云南地方志编撰委员会编.《云南省志·人口志》［M］.昆明：云南人民出版社，1998.

　　［43］张静如等编.《中国共产党通志》（第一卷）［M］.北京：中央文献出版社，2001.

　　［44］张静如等编.《中国共产党通志》（第四卷）［M］.北京：中央文献出版社，2001.

二、论 文

[1] 安介生：《历史时期中国人口迁移若干规律的探讨》，载《地理研究》2004 年第 5 期。

[2] 陈东林：《中国共产党三代领导集体的西部开发思想与实践》，载《当代中国史研究》2001 年第 4 期。

[3] 程贤敏、石人柄：《西双版纳的社会变迁与人口再生产类型的演变》，载《中国人口科学》1991 年第 4 期。

[4] 程印学：《清代傣族地区的移民开发及对傣族社会的影响》，载《商丘师范学院学报》2005 年第 6 期。

[5] 邓立木：《云南边疆地区移民文化形成与特征初探》，载《云南民族学院学报》（哲学社会科学版）2000 年第 3 期。

[6] 邓永进：《移民与开发——近现代西双版纳人口变动与民族经济文化发展问题研究》，载《新松集》，云南大学出版社 1996 年版。

[7] 葛剑雄、曹树基：《移民与中华民族的形成》，载《历史教学问题》2000 年第 3 期。

[8] 葛剑雄：《研究中国移民史的基本方法和手段》，载《浙江社会科学》1997 年第 4 期。

[9] 郭文东、杨萍：《支边青年今安在》，载《人才开发》1998 年第 2 期。

[10] 和渊：《西双版纳：二十世纪整合中的中国边疆》，硕士学位论文，云南大学，2001 年。

[11] 贾大明：《关于解决农垦政企分开问题的若干思考》，载《中国国情国力》1995 年第 12 期。

[12] 贾大明：《我国橡胶生产面临的严峻问题及对策》，载《中国农垦》1989 年第 2 期。

[13] 简兆鄂、黄兴：《首批支援西双版纳建设的武汉支边青年》，载《武汉文史资料》，1999 年 7 月。

[14] 江应樑：《明代外地移民进入云南考》，载《云南大学学术论文集》，1963 年第 2 集。

[15] 江应樑：《云南土司制度之利弊与存废》，载《边政公论》第六卷第一期。

［16］柯寿俊：《上海，修个支内支边的纪念物很值得》，载《人才开发》1997 年第 12 期。

［17］李进：《罗伯特·E. 帕克关于移民问题的传播研究》，载《东南传播》2006 年第 10 期。

［18］李若进：《困难时期的精简职工与下放城镇居民》，载《社会学研究》2001 年第 6 期。

［19］李晓斌：《清代云南汉族移民迁徙模式的转变及其对云南开发进程与文化交流的影响》，载《贵州民族研究》2005 年 3 期。

［20］李玉昌：《关于支援边疆建设青年安置工作中的几个问题》，载《中国农垦》1959 年第 17 期。

［21］［美］李中清：《1250 — 1805 年西南移民史》，载《社会科学战线》1983 年第 1 期。

［22］［美］李中清：《明清时期中国西南的经济发展和人口增长》，载《清史论丛》第五辑，中华书局 1984 年版。

［23］林超民：《汉族移民与云南统一》，载《云南民族大学学报》（哲学社会科学版）2005 年第 3 期。

［24］林超民：《水傣还是纯傣？》，见搜狐狐博客，http://chaomin.blog.sohu.com.

［25］林超民：《民族身份的识别与认同》，见搜狐博客，http://chaomin.blog.sohu.com.

［26］陆韧：《明朝统一云南、巩固西南边疆进程中对云南的军事移民》，载《中国边疆史地研究》2005 年第 4 期。

［27］陆韧：《明代云南汉族移民定居区的分布与拓展》，载《中国历史地理论丛》2006 年第 3 辑。

［28］陆韧：《明代汉族移民与云南城镇发展》，载《云南社会科学》1999 年第 6 期。

［29］陆韧：《明代云南的驿堡铺哨与汉族移民》，载《思想战线》1999 年第 6 期。

［30］鲁西奇：《移民生存与发展》，载《读书》1997 年第 3 期。

［31］覃明兴：《移民身份建构研究》，载《浙江社会科学》2005 年第 1 期。

［32］秦树才、田志勇：《绿营兵与清代云南移民研究》，载《清史研究》2004 年第 3 期。

［33］陶云逵：《云南摆夷族在历史上及现代与政府之关系》，载《边政公论》第一卷第九、十期。

［34］陶云逵：《论边地汉人及其与边疆建设之关系》，载《边政公论》第二卷第一、二期。

［35］田翠芝：《河南支边青年在西藏的岁月》，载《文史月刊》2005 年第 5 期。

［36］王苍柏、黄绍伦：《回家的路：关于全球化时代移民与家园关系的思考》，载《广西民族学院学报》（哲学社会科学版）2006 年第 4 期。

［37］王赓武：《社会纽带与自由：移民社会的选择问题》，载《南洋问题研究》2001 年第 1 期。

［38］徐黎丽、陈文祥：《当代西北少数民族地区移民对民族关系的影响》，载《兰州大学学报》（社会科学版）2004 年第 3 期。

［39］曾键：《风雨支边四十年》，载《中国农垦》2001 年第 12 期。

［40］张清满：《社会主义建设史上的一项大工程——60 年代初期精简职工和减少城镇人口的回顾》，载《四川党史月刊》1990 年第 11 期。

［41］张毅、何秉宇：《新疆兵团人口迁移与新疆社会发展》，载《新疆大学学报》（哲学·人文社会科学版）1999 年第 4 期。

［42］郑加真：《北大荒移民录（1－9）》，载《中国农垦》1999 年第 6-12 期；2000 年第 1-3 期。

［43］周兴国：《构建中国特色、中国风格和中国气派的中国口述史学——关于口述史料与口述史学的若干问题》，载《当代中国史研究》2004 年第 4 期。

三、统计文献及文史资料

［1］朱向东编：《2000 人口普查分县资料》，中国统计出版社 2003 年版。

［2］景洪市统计局编：《景洪市统计年鉴（2003）》，景洪市统计局 2003 年版。

［3］杨子慧主编：《中国历代人口统计资料研究》，改革出版社 1996 年版。

［4］云南省人口普查办公室编：《云南省 2000 年人口普查资料》，云南科

技出版社 2002 年版。

［5］云南省人口普查办公室编：《云南省第三次人口普查手工汇总资料汇编》，云南省人口普查办公室 1983 年。

［6］云南省人口普查办公室、云南省统计局人口处、云南省公安厅三处编：《云南省人口统计资料汇编（1949—1988）》，云南人民出版社 1990 年版。

［7］云南省统计局：《云南省统计年鉴（2001）》，中国统计出版社 2001 年版。

［8］陈云著：《陈云文稿选编（1949—1956）》，人民出版社 1982 年版。

［9］当代云南编辑部：《当代云南大事记要（增订本）（1949—2006）》，当代中国出版社 2007 年版。

［10］当代中国丛书编辑部：《当代中国的基本事业》，中国社会科学出版社 1989 年版。

［11］当代中国丛书编辑部：《当代中国的农垦事业》，中国社会科学出版社 1986 年版。

［12］当代中国丛书编辑部：《当代中国的人口》，中国社会科学出版社 1988 年版。

［13］高治国主编：《当代中国的云南》，当代中国出版社 1991 年版。

［14］云南卷编委会编：《跨世纪的中国人口（云南卷）》，中国统计出版社 1994 年版。

［15］云南省人口普查办公室：《世纪之交的中国人口（云南卷）》，中国统计出版社 2005 年版。

［16］刘宝俊主编：《宁夏回汉团结四十年》，宁夏社会科学院印刷厂，1998 年。

［17］马洪主编：《现代中国经济事典》，中国社会科学出版社 1982 年版。

［18］农垦部政策研究室、农垦部国营农业经济研究所、中国社会科学院农经所农场研究室编：《农垦工作文件资料选编》，农业出版社 1983 年版。

［19］中华人民共和国农业部农垦司、中国农垦经济研究与技术开发中心编印：《农垦工作文件资料选编（1983—1990）》，中华人民共和国农业部，1991 年。

［20］中华人民共和国农业部农垦局编印：《农垦工作文件资料选编（1991—1995）》，中华人民共和国农业部，1997 年。

〔21〕《云南省经济综合志》编纂委员会编印：《云南省经济大事辑要（1911—1990）》，《云南省经济综合志》编纂委员会，1994年。

〔22〕云南省人民政府办公厅编：《云南经济事典》，云南人民出版社1991年版。

〔23〕云南省统计局编：《云南四十年》，中国统计出版社1989年版。

〔24〕中共思茅地委党史研究室编：《中国共产党思茅地区大事记》，云南人民出版社2002年版。

〔25〕中共西双版纳州委党史征集研究史编：《西双版纳五十年（1950—2000）》，云南民族出版社2000年版。

〔26〕中共云南省委党史研究室、云南省档案馆编：《云南五十年——中共云南省社会主义时期大事记》，人民日报出版社1999年版。

〔27〕中华人民共和国国家经济贸易委员会编：《中国工业五十年》（第一部），中国经济出版社2000年版。

〔28〕中华人民共和国国家经济贸易委员会编：《中国工业五十年》（第五部），中国经济出版社2000年版。

〔29〕《中国农业全书》总编辑委员会主编：《中国农业全书·云南卷》，中国农业出版社2001年版。

〔30〕邹启宇、苗文俊主编：《中国人口·云南分册》，中国财政经济出版社1989年版。

〔31〕西双版纳州农垦分局编印：《版纳垦区》，西双版纳州农垦分局，1983年。

〔32〕本书编写组编著：《怀念阎红彦》，四川人民出版社2000年版。

〔33〕李原：《阎红彦上将往事追踪》，云南人民出版社2003年版。

〔34〕勐捧农场编印：《金凤起舞——纪念勐捧农场建场三十周年文集（1974—2004）》，2005。

〔35〕云南农垦集团有限责任公司编印：《绿色潮涌——纪念云南农垦创建五十周年文集（1951—2001）》，云南农垦集团有限责任公司，2003年。

〔36〕王民信主编：《戍边五十年——纪念中国人民解放军第四兵团进军云南暨云南解放五十周年》，云南人民出版社2000年版。

〔37〕国营景洪农场五分场编印：《天河三十年》，1993年。

〔38〕黎明农工商联合公司五分场编印：《五分场概况》，黎明五分场，

1990 年。

［39］成都军区政治部宣传部编：《西南戍边史话》，四川人民出版社
1995 年版。

［40］云南省国营农场地图集委员会编制：《云南省国营农场地图集》，
1989 年。

四、档案、报纸

［1］勐海县档案馆藏，档案号：24-1-74。

［2］思茅行署商业局政治处：《思茅专署人事科、专署商业局、地委财贸
部关于干部任免、调动人员处分、支边工作情况的报告、通知、决定》（1966
年 2 月—1966 年 12 月），普洱市档案馆藏，档案号：14-1-36。

［3］思茅行署商业局政治处：《地区商业局及直属公司、勐腊、江城、
西盟县商业系统干部、职工、党员花名册，天津、武汉支边职工名册》（1966
年），普洱市档案馆藏，档案号：14-1-38。

［4］云南省委财贸政治部：《中央财贸政治部、财办关于协助云南做好招
收学生、抽调职工的通知》（1965 年），［ ］云南省档案馆藏，档案号：13-2-
35。

［5］云南省委财贸政治部：《财贸政治部、财办关于武汉、上海、天津职
工问题的文件》（1966 年），云南省档案馆藏，档案号：13-2-78。

［6］云南省委财贸政治部：《关于武汉、天津、上海支滇职工的材料》
（1968 年），云南省档案馆藏，档案号：13-2-85。

［7］云南省劳动局：《中共云南省劳动局党组、中央、国务院，省委、省
劳动局党组关于出国政审、劳动力安排、修国防公路、控制增加指示的通知，企
业工资计划、工厂指标，山东、河南至云南招收工人条件，轮换工转为固定工》
（1965 年 1 月—1965 年 11 月），云南省档案馆藏，档案号：116-1-0234。

［8］云南省劳动局：《中共中央、省委、劳动局关于党组扩大会、制度、
决议、工作要点、浙江招工工人、四川华东招收知青、调工人修公路、安置下
乡青年、招收退伍兵、工资、老弱职工列编外、控制商业加班加点》（1964 年 1
月—1965 年 11 月），云南省档案馆藏，档案号：116-1-0235。

［9］云南省劳动局：《劳动部、省劳动局从上海、浙江、四川等招工来
昆》（1965 年 2 月—1965 年 11 月），云南省档案馆藏，档案号：116-1-0236。

［10］云南省劳动局：《中共中央劳动部、河南、山东、云南省劳动局关于在外地招工的请示报告、批复》（1966 年 1 月—1966 年 12 月），云南省档案馆藏，档案号：116-1-0256。

［11］中共思茅地委办公室：《原省、地委关于迎接安置慰问湖南支边青年的指示、意见、报告》（1960 年），普洱市档案馆藏，档案号：Z1-3-81。

［12］《国家农垦部、移民局、云南省农垦局党组 1959 年关于迎接安置湖南支边青年一万多的请示、指示、报告、总结》（1959 年），云南省档案馆藏，档案号：125-2-0512。

［13］《湖南省、云南省、农垦局关于动员湖南支边青年协议书、宣传计划、提纲、作好安置工作的通知、请示、简报》（1959 年），云南省档案馆藏，档案号：125-2-0513。

［14］《云南省劳动安置委员会、农垦部、槟榔寨、广龙、勐醒、大渡岗农场 1959 年关于移民分配安置情况统计表》（1959 年），云南省档案馆藏，档案号：125-2-0514。

［15］《湖南省醴陵县移民办公室、县委动员支边对摸底、宣传、教育计划办法、工资调查、总结报告、指挥人员名单》（1959 年 11 月），云南省档案馆藏，档案号：125-2-0515。

［16］《湖南醴陵移民办公室 1959 年湖南醴陵各公社支援云南边疆人员交接清册、统计报表》（1959 年 12 月—1960 年），云南省档案馆藏，档案号：125-2-0516。

［17］《祁阳、祁东、醴陵县移民办公室 1959 年湖南云南省三县支边人员花名册》（1960 年），云南省档案馆藏，档案号：125-2-0517。

［18］《醴陵县移民办公室一九五九年支援边疆人员随同家属分户花名册》（1959 年），云南省档案馆藏，档案号：125-2-0545。

［19］《省动员安置委员会湖南贵州广西省农垦局农场关于接待和安置湖南支边青年工作的会议的通知、总结、报告、协议、倡议书》（1960 年），云南省档案馆藏，档案号：125-2-070。

［20］《本局、省动员安置委员会粮食厅、公安厅关于接待安置湖南省支边青年工作的指示、意见、报告》（1960 年），云南省档案馆藏，档案号：125-2-0704。

［21］《省接待安置委员会工作简报》（1960 年），云南省档案馆藏，档

案号：125-2-0706。

［22］《农垦局各农场有关湖南支边青壮年移交情况安置分配统计表》
（1960年），云南省档案馆藏，档案号：125-2-0707。

［23］《省动员安置委员会　农垦局关于欢迎湖南省支边青年工作的宣传计划提纲讲话稿》（1960年），云南省档案馆藏，档案号：125-2-0708。

［24］《本局所属思茅专局各农场关于接待安置湖南支边青壮年工作的总结报告》（1960年），云南省档案馆藏，档案号：125-2-0713。

［25］《湖南省支边青年干部花名册》（1960年），云南省档案馆藏，档案号：125-2-0715。

［26］《省劳动局　农垦总局关于湖南省支边青年工资评级的联合通知，局场的请示、总结、批复》，云南省档案馆藏，档案号：125-2-0745。

［27］《省农垦总局安置湖南支边青壮年工作的请示、报告、通知》（1961年），云南省档案馆藏，档案号：125-2-0865。

［28］《农垦局1962年湖南支边脱产干部花名册及返籍情况统计表》（1962年），云南省档案馆藏，档案号：125-2-1025。

［29］《省农垦总局关于接待安置湖南支边人员情况总结、通知及统计表》（1962年），云南省档案馆藏，档案号：125-2-1026。

［30］《省农垦总局关于1962年湖南支边青年私自返乡及脱身处理返场的情况、报告、通知、意见》（1962年），云南省档案馆藏，档案号：125-2-1027。

［31］《各垦区、公社、农场关于1962年湖南支边人员安置工作（包括逃跑）情况报告及湖南来函证明的信件》（1962年），云南省档案馆藏，档案号：125-2-1028。

［32］《思茅地区热作所、东方橄榄坝、东方红农场报送湖南省盲流人员花名册》（1966—1967年），云南省档案馆藏，档案号：125-2-1578。

［33］《本局下属景洪农场一九六七年湖南省自流人员统计表、花名册》（1967年），云南省档案馆藏，档案号：125-2-1579。

［34］《省委办公厅、省人委、本局、省军管会关于处理湖南自流人员的请示报告、协议、通知、情况》（1966—1968年），云南省档案馆藏，档案号：125-2-1618。

［35］《1957年移民工作的主要任务（社论）》，载《光明日报》1957年

2月6日。

〔36〕《长江周末》第 127 期，1995 年 6 月 9 日。

〔37〕《到祖国最需要的地方去！百万移民在边疆安家立业——内地青年纷纷表示愿献身于建设边疆壮丽事业》，载《人民日报》1958 年 12 月 2 日。

〔38〕《动员城市剩余劳动力上山下乡（社论）》，载《文汇报》1958 年 1 月 8 日。

〔39〕《共青团天津市委给天津市支援边疆建设青年的复信》，载《河北文学》1965 年 4 月号。

〔40〕《关于教育和组织、安排中小学毕业生的一些做法（综合稿）》，载《人民教育》1957 年第 89 期。

〔41〕《国务院关于同意将内务部主管的移民工作划归农垦部主管的批复》（1958 年 3 月 24 日），载《中华人民共和国国务院公报》1958 年第 12 期。

〔42〕《湖南省首批青壮年昨抵昆 省市各界万余人前往车站迎接》，载《云南日报》1959 年 12 月 27 日第 1 版。

〔43〕《湖南省青壮年代表张发富同志的讲话》，载《云南日报》1959 年 12 月 27 日第 1 版。

〔44〕《湖南省公安厅来昆设办二代证点——湖南老乡在昆明就能换身份证》，载《春城晚报》2006 年 10 月 31 日 B5 版。

〔45〕《胡昭衡同志给天津市支援边疆建设青年的复信》，载《河北文学》1965 年 4 月号。

〔46〕《加强思想教育 关心青年生活 共青团武汉市委在社会青年中积极进行工作》，载《湖北日报》1962 年 1 月 27 日。

〔47〕《昆明千多名知识青年在西双版纳农场积极劳动 把青春和知识贡献给边疆的农业建设》，载《云南日报》1963 年 10 月 20 日。

〔48〕李之钦：《谈高小、初中毕业生从事农业劳动问题》，载《中国青年》1955 年第 16 期。

〔49〕《刘披云副省长的讲话》，载《云南日报》1959 年 12 月 27 日第 1 版。

〔50〕罗明安：《武汉市是怎样组织城市学生上山下乡的？》，载《中国青年报》1957 年 8 月 3 日。

〔51〕《内务部召开座谈会讨论选举和移民工作》，载《人民日报》1956

年 7 月 7 日。

农垦部移民局：《进一步做好动员内地青年支援边疆民族地区社会主义建设的工作》，载《民族团结》1960 年 4 月。

［52］农垦部移民局运输管理处：《大力做好支援边疆建设青年的迁送工作》，载《中国农垦》1959 年第 11 期。

［53］《切实做好移民垦荒工作（社论）》，载《光明日报》1956 年 3 月 3 日。

［54］《上海一万社会青年举行盛大集会表雄心树壮志坚决响应党的号召：到农村去，到边疆去！》，载《解放日报》1964 年 5 月 3 日。

［55］邵式平：《干部上山下乡的两年》，载《人民日报》1960 年 2 月 17 日。

［56］《社会青年工作要跑步赶上去（社论）》，载《中国青年报》1956 年 1 月 25 日。

［57］《谈谈关于"移民开垦"问题》，载《新华日报》1956 年 6 月 11 日。

［58］《武汉市是怎样组织学生参加农业生产的》，载《湖北日报》1957 年 7 月 12 日。

［59］《下放干部，建设农村，加强改造（社论）》《全省决定下放十四万干部和临时工》，载《云南日报》1957 年 12 月 21 日。

［60］《有组织有计划地移民垦荒的第一年全国移民七十多万开垦了大量荒地》，载《人民日报》1956 年 12 月 28 日。

［61］《中共湖北省委会　湖北省人民委员会关于今年中小学毕业生升学就业问题的指示》，载《湖北日报》1957 年 4 月 11 日。

［62］《中共武汉市委发出决定　清理劳动力下放干部加强农业生产第一线》，载《长江日报》1960 年 10 月 25 日。

［63］《组织移民，到青海去参加农业建设（社论）》，载《天津日报》1956 年 1 月 20 日。

六、调查材料、调查笔记

［1］《傣族社会历史调查（西双版纳之一）》，云南民族出版社 1983 年版。

［2］《傣族社会历史调查（西双版纳之二）》，云南民族出版社 1983 年版。

［3］《西双版纳湖南人访谈录》（2005 年 1 月—3 月），笔者打印稿。

［4］《西双版纳武汉人访谈录》（2008 年 5 月—7 月），笔者打印稿。

［5］《西双版纳武汉人调查日志》，笔者调查笔记打印稿。

后　记

　　十年后，当面对此书出版时，我身在充满着繁杂工作、生活琐事的普洱思茅，脑中浮现的是云大科学馆里林超民老师与我们一起讨论历史是科学还是人文的情景。于学术而言，著作是科学研究的结果；于生活而论，此书也是小我的轨迹。

　　1999 年至 2009 年，2009 年至 2019 年，于我而言是两个重要的十年：十年的云大学生生涯，十年的普洱学院工作经历。求学—结婚—工作—生育，在履历上、在生活上看起来都足够简单，但即便是宏观研究，二十年也是一个足够划分阶段的断面。十个年头到十个年头的悄然逝去中，是历史深处、细处的"人们"。云大十年，从最初只为查找资料方便写成"干部工作总结式"的本科论文；到追寻那些遵循生活，不愿谈论自己，也没有人记得的普通名字的生命；再到档案、报刊碎片中奇妙的发现与验证……这就是共和国"支边"移民与"援内"的历史呀！在普洱学院的十年，从社科系，到教务处，再到艺术学院，在一个个移民、移民后代，或是新移民寻求安身立命之所的过程中，这个学校、这个地区发生着奇妙的变化。这就是父辈们走过的计划经济时代，我们正在经历的市场经济时代，以及自己和孩子将要经历的新时代呀！

　　我终于真正理解老师们对于"一切历史都是当代史""一切历史都是思想史"的批判与反思。于是，在课堂上我经常跟学生们说："历史，关乎于脑，也关乎于心"。所以，尽管这本书的研究不可避免地会带有历史和时代的局限，哪怕无法呈现所有的面貌，就算只是留作史料，无论如何还是顺其本心，尽量把自己脑中的思考呈现出来，这也是对二十年里，无法在这里一一谢过的恩师、家人、益友、同仁的感谢。你们，都在我的心里……

文　婷